KB145708

한국어 교육문법의 지도법

노채환 지음

박이정

한국어 교육문법의 지도법

초판 1쇄 인쇄 2023년 08월 01일
초판 1쇄 발행 2023년 08월 04일

지 은 이 노채환
펴 낸 이 박찬익
책임편집 권효진
편   집 심지혜
펴 낸 곳 (주)박이정출판사
주   소 경기도 하남시 조정대로45 미사센텀비즈 8층 F827호
전   화 (031)792-1195
팩   스 (02)928-4683
홈페이지 www.pijbook.com
이 메 일 pijbook@naver.com
등   록 2014년 8월 22일 제2020-000029호

I S B N 979-11-5848-907-6 (93710)
책   값 22,000원

한국어 교육문법의 지도법

머리말

　필자가 한국어교육에 첫발을 내딛은 것은 한국국제협력단(KOICA) 파견으로 미얀마 양곤외대에서 한국어 강사로 미얀마 학생들에게 한국어를 가르치게 되면서였다. 젊음의 패기를 무기로 수업을 시작한지 얼마 되지 않아 한 학생이 "선생님, 저는 요즘 바쁘고 있어요"라고 말하는 것을 듣고 지금 생각하면 부끄럽지만 그 당시에는 도대체 왜 이렇게 말하는 것인지 이해할 수가 없었다. 그 후 학생들은 이러한 질문뿐만 아니라 '-아/어/여서'와 '-(으)니까'는 어떻게 다른지를 시작으로 질문들을 쏟아 내기 시작했고 초보 한국어 교사였던 필자는 그때마다 어떻게 대답해야 할지를 몰라 난처해 했었다. 학생들의 질문에 어떻게 대답하면 좋을지 생각하면서 '아! 외국어로서 한국어를 가르친다는 것이 결코 쉬운 것이 아니구나'라고 스스로의 부족함을 발견함과 동시에 외국어로서의 한국어 문법에 재미와 관심을 갖게 되었던 것 같다.

　그 후 한국어교육 현장에서 다양한 학생들을 만나 한국어를 가르치며 학생들의 여러 재미있는 질문과 또 다양한 오류들을 접할 수 있었고 이들에게 어떻게 하면 한국어 문형을 더 잘 전달할 수 있을까 고민하게 되었다. 혼자였다면 아마도 답을 찾지 못했겠지만 그때 같은 한국어교육 기관에서 그러한 고민들을 함께 나눌 수 있는 동료 한국어 선생님들이 있었기에 조금씩 답을 찾아 나갈 수 있었다. 선생님들과 함께 강의안을 작성하면서 유사 문형에 대해 연구하고 학생들의 질문에 어떻게 대답하면 좋을지, 학생들이 만들어 내는 오류를 어떻게 수정하고 지도하면 좋을지 토론했던 시간들은 추리 소설에 나오는 어려운 문제들을 해결해 가는 것처럼 무척이나 즐거웠다. 그리고 그러한 시간들이 쌓이면서 이제 한국어 교육문법을 어떻게 지도할 것인가에 대해 조금은 감을 잡았다고 말할 수 있게 되었다.

　외국어로서 한국어를 배우는 학습자들은 한국어 문형을 바탕으로 학습을 해 나가게 된다. 이러한 면에서 볼 때 외국인 학습자들은 한국어 교육문법을 배운다고 할 수 있다. 따라서 외국인 학습자를 가르치는 교사는 이들에게 어떻게 한국어 교육문법을 지도해야 하는지 바르게 알아야 할 것이다.

이 책은 필자가 '한국어 교육문법의 지도법' 강의를 담당하면서 수업에서 다룬 내용들을 깁고 엮어서 만들었다. 기본적으로는 한국어 초급에서 다루어지는 교육문법 항목들을 중심으로 하고 여기에 일부 한국어 중급의 교육문법 항목들을 뽑아 한국어 수업의 단계를 따라서 교사가 알아야 할 지식과 이를 학습자들에게 전달하는 방법에 대해 기술하고자 하였다. 그리고 필자가 한국어 교사로서 실제 교육 현장에서 고민했던 부분들과 한국어를 배우는 외국인 학생들과 만나며 겪었던 경험들을 담아 한국어 교사의 입장에서 한국어 교육문법을 어떻게 지도해야 하는지 실제적인 요소들을 담고자 하였다.

이를 위해 먼저 각 교육문법 항목의 의미를 파악할 수 있는 간단한 대화문을 제시하였다. 대화문에서 교육문법 항목이 어떠한 의미와 기능으로 쓰이는지를 알고 그에 따른 학습 목표와 해당 차시에 익혀야 하는 교육문법 항목의 의미를 제시하였다. 그리고 도입과 제시 단계에서의 지도 방법과 연습과 활용 단계에서의 지도 방법에 대해 수업의 단계에 따라서 교사가 지도에 중점을 두어야 할 부분과 주의해야 할 부분들이 무엇인지 기술하였다. 도입과 제시 단계에서는 교사-학생(T-S)으로 이루어지는 상호작용 예시를 보여 강의안을 작성하는 예비 교원과 초임 교원들에게 도움을 주고자 하였고 필요한 경우 연습과 활용 단계에서도 학생들의 눈높이에 맞춘 T-S 예시를 제시하였다.

또한 각 교육문법 항목별로 연계되는 교육문법 항목들과 유사 교육문법 항목들 간의 차이에 대해 설명하였다. 학생들이 교실에서 묻는 다양한 질문들을 토대로 유사 교육문법 항목들에 대해 교사가 알아야 하는 내용과 함께 학생들의 눈높이에 맞게 그 차이와 쓰임을 어떻게 전달할 수 있는지에 대해 기술하였다. 또 문형에 따라서 학생들이 자주 범하는 오류의 예와 그에 따른 지도 방안에 대해서도 기술하였다.

한국어 교사를 꿈꾸며 한국어 교육문법 항목의 내용과 지도 방법에 대해 공부하고 있는 예비 한국어 선생님들과 지금도 열심히 한국어 문형을 연구하며 수업을 준비하는 한국어 선생님들에게 이 책의 내용이 조금이나마 도움이 되었으면 한다.

책을 쓰면서 여러 얼굴이 떠올랐다. 한국어 교사로 근무하는 동안 항상 수업의 설렘을 느끼게 해 준 학생들, 그리고 학생들 이야기와 수업 이야기로 시간 가는 줄 모르고 즐거운 수다를 나누었던 동료 선생님들, 책을 쓰는 내내 이들과 같이 쓰고 있다는 생각이 들었다. 이들에게 받은 것은 너무나 많은데 이 책에 다 담아내지 못한 것은 모두 필자의 부족함 때문이다.

이 책에서 다루지 못한 내용들에 대해서는 오늘도 즐겁고 신나게 한국어 수업을 하고 있는 현장의 한국어 선생님들께서 채워 주시리라 믿는다.

2023년 7월

노채환

차 례

차 례

1. 교실 현장에서 한국어 교육문법 지도의 실제

1) 한국어 교육문법 지도 수업

• 50분을 기준으로 <u>도입 - 제시 및 설명 - 연습 - 활동 - 마무리</u>로 이루어진다.
• 한국어 문형(교육문법) 학습은 말하기 시간에 이루어진다.
• 한 차시에 보통 1개의 문형을 학습하게 된다.
• 학생들이 학습한 문형을 학습한 날에 사용할 수 있도록 하는 것에 목표를 둔다.

2) 수업의 준비

❶ 교재 연구: 오늘 지도할 내용은 무엇인가? (문법, 어휘, 발음, 담화...)

　　　　　　교재에서 대화 구성은 어떻게 이루어지는가?

　　　　　　교재에서 문형은 어떤 기능으로 사용되고 있는가?

❷ 문형 연구: 가르칠 문형에 대해 얼마나 알고 있는가?

　　　　　　교육할 문형의 사용, 제약, 타 문형들과의 유사점과 차이점을 알고 있는가?

❸ 교수 연구: 도입과 제시 및 설명 어떻게 할 것인가?

　　　　　　연습을 어떻게 구성할 것인가?

　　　　　　활동을 어떻게 구성할 것인가?

❹ 학습지도안 작성 및 숙지: 교사는 위의 내용을 고려하여 학습지도안을 작성하고 숙지하고
　　　　　　있어야 한다.

3) 수업에서

❶ 수업 단계에 맞추어 원활하게 진행할 수 있어야 한다.
❷ 학생들과 상호작용을 통해 수업을 진행해야 한다.
❸ 학생들의 숙달도에 따른 교사말을 사용해서 진행해야 한다.
❹ 학생들 질문 및 오류에 대해 적절한 대답과 피드백을 주어야 한다.

4) 수업 후

❶ 수업에 대한 반성: 목표한 대로 수업이 이루어졌는가에 대해 평가한다.
❷ 학생들 오류 정리: 오류에 대한 원인 분석 및 정리를 한다.
❸ 학습지도안 보완: 수업을 통해 보완할 내용이 있는 경우 수정과 보완을 한다.

2. 이다, 있다/없다, 이다 vs 있다

1) 이다

(1) 학습목표: '이다'를 사용하여 질문과 대답을 할 수 있다.

(2) '이다'의 의미

• 명사 뒤에 붙어 서술이나 물음을 나타낸다.

  - 주어가 지시하는 대상의 부류나 속성을 지정하는 뜻을 나타낸다.

  - 문장의 서술어가 되게 한다.

  - 선행명사가 모음으로 끝날 경우 '이'가 생략되기도 한다.

> '학생이에요 / 가수예요'와 같이 사용된다.

(3) 도입과 제시

• 교실 상황: (학생들은 서로 이름이나 국가를 알고 있다.)

> T: 안녕하세요. 저는 노채환이에요. 한국사람이에요.
> 판서: 안녕하세요. 저는 _____이에요. _____이에요.

• 학생들이 돌아가며 이름과 국적을 말하게 한다.

> T: OO 씨는 중국 사람이에요?　　　OO 씨는 중국 사람이에요?
> S: 네, 중국 사람이에요.　　　　　아니요, 일본 사람이에요.

  - 대화를 통해 물음과 대답에 쓰일 수 있음을 보인다.

  - 학생들이 보통 알고 있으나, '네', '아니요'를 제시하고 확인한다.

• 국적과 직업 어휘 등을 제시한다.

(4) 연습과 활용

• T-S의 묻고 답하기를 통해 '이에요?/예요?', '이에요./예요.'를 연습한다.

> T: OO 씨는 미국 사람이에요?
> S: 네, 미국 사람이에요.

T: OO 씨는 베트남 사람이에요?
S: 네, 베트남 사람이에요.

• 사물 어휘를 제시하고 사물의 이름 묻기를 할 수 있다.

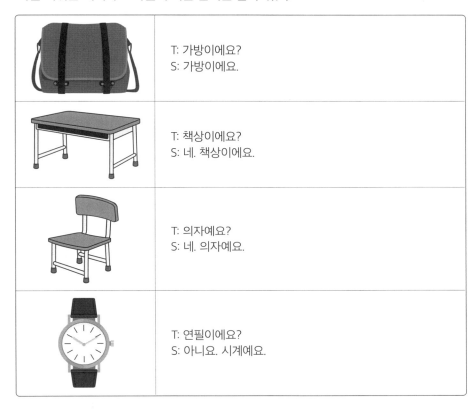

	T: 가방이에요? S: 가방이에요.
	T: 책상이에요? S: 네. 책상이에요.
	T: 의자예요? S: 네. 의자예요.
	T: 연필이에요? S: 아니요. 시계예요.

• 누가 누가 많이 맞추나(국적/직업/사물 카드 활용) 게임을 활용할 수 있다.
- 학생 수에 따라 2-3명 씩 한 팀을 이루게 한다.
- 교사는 여러 단어 그림 카드를 활용해 학생들에게 묻는다.
- 빨리 대답하는 팀이 카드를 가져가게 한다.
- 단어 카드를 많이 모은 팀이 이긴다.

T: 누구예요?	S: 선생님이에요.
T: 뭐예요?	S: 책상이에요.
T: 중국이에요?	S: 아니요. 한국이에요.

• 친구 인터뷰하고 친구 소개하기(말하기 활동/쓰기 활동) 등을 할 수 있다.

이름: 국적: 직업:	이름: 국적: 직업:

- 이름, 국적, 직업을 적을 수 있는 간단한 활동지를 준비한다.
- 이름과 국적, 직업을 적게 한다.
- 반 친구들이 모두 일어나서 주어진 시간 동안 여러 사람을 만나게 한다.
- 친구들을 통해 얻는 정보를 바탕으로 친구들을 소개하는 말하기 활동을 한다.
- 숙제로 간단히 적은 활동지를 보면서 완성된 문장 쓰기 활동을 한다.

  ⇒ 학생들이 직업을 모두 학생이라고 적을 수 있으므로 직업에는 학생이 아닌 것을 생각해서 적게 한다. 또는 칠판에 현재보다 10년 후인 연도를 쓰고 이때 직업을 생각해서 적게 하면 직업 어휘에서 배운 다양한 직업을 활용할 수 있다.

• 명함 교환하며 소개하기
- 학생들이 명함을 만들 수 있는 활동지(A4 한 장 기준 4~6장 정도 명함 양식)을 준비한다.

이름: 노채환 국적: 한국 직업: 선생님	이름: 노채환 국적: 한국 직업: 선생님

- 학생들은 돌아다니면서 명함을 주고받으며 자기 소개하는 활동을 한다.
- 학생들이 받은 명함을 보면서 친구들을 소개하는 활동을 한다.

2) 있다/없다

(1) 학습목표: '있다, 없다'를 사용하여 무엇이 있는지 없는지 말할 수 있다.
(2) '있다/없다'의 의미:

• 존재나 소유를 나타낸다.
- 'N이/가 있다/없다'의 형태로 쓰이며 주로 어휘로 제시된다.

(3) 도입과 제시

- 교실상황: 보통 '이다'를 학습한 후에 '있다/없다'를 학습한다.

> T: 여기는 교실입니다. 여기... 장보 씨가 있어요?
>   (장보 학생을 찾는 모습을 보여주며) 아! 장보 씨가 있어요.
> T: 일본 사람이 있습니까?
> S: 네, 있습니다.
> T: 네, 일본 사람이 있습니다. 유카리 씨는 일본사람입니다.

- 학생들과 교실에 누가 있는지 무엇이 있는지 같이 확인한다.

> T: 교실입니다. 에어컨이 있습니다. 텔레비전이 있습니다. 청소기가 없습니다.

⇒ 이때 교사는 손동작으로 O, X를 보여주며 발화한다.

- 장소 어휘 등을 제시할 수 있다.

(4) 연습과 활용

- 장소 어휘를 카드 또는 사진으로 제시하고 'N이/가 있다/없다'를 연습한다.

> T: 여기가 어디입니까?
> S: 도서관입니다.
> T: 무엇이 있습니까?
> S: 책이 있습니다. 책상이 있습니다.
> T: 누가 있습니까?
> S: 학생이 있습니다.

- 장소 그리고 설명하기
- 학생들에게 A4 또는 A3 백지를 나누어 주고 자기에게 친숙한 장소(교실, 학교, 방, 고향)를 간단하게 그리게 한다.
- 장소에 있는 것들을 소개하는 활동을 한다.

3) 무엇이 다를까?

(1) 이다 / 아니다

	이다	아니다
학교문법	서술격 조사	형용사
한국어교육	용언으로 분류, '이다'	형용사
쓰임	N(이)다	N이/가 아니다
	저는 중국사람이에요.	저는 중국사람이 아니에요.

⇒ '이다'를 학교문법에서는 '조사'로 분류하지만 외국어로서 한국어를 배우는 학생들에게는 '이다'가 '이에요/예요/입니다' 등으로 활용하여 쓰이는 것에 초점을 맞추어 용언과 같이 다룬다.

(2) 이다 VS 있다

- '이다'를 처음 학습하는 경우 '저는 학생입니다. = I'm a student'와 같이 'be' 동사로 받아들이는 학생들이 많다.
- 학생들의 오류: 저기에 책상입니다. / 제 동생은 예쁩입니다.

❶ 반대의 개념을 통해 가르친다.

> 이 사람은 에릭 씨입니다 ⇔ 에릭 씨는 한국 사람이 아닙니다.
> 에릭 씨가 있습니다. ⇔ 에릭 씨가 없습니다.

❷ 문장 연습을 통해 가르친다. O, X 하고 고쳐 보기

1) 저는 장보 있습니다.	O	X
2) 제 이름은 유리입니다.	O	X
3) 저는 미국사람입니다.	O	X
4) 강 씨는 중국 사람 있습니다.	O	X
5) 이 사람은 제 동생 없습니다.	O	X
6) 저는 스마트폰입니다.	O	X
7) 저는 가방이 있습니다.	O	X
8) 저기는 식당가 없습니다.	O	X
9) 이것은 고상 씨 책 있습니다.	O	X

10) 제 고향이 폴란드입니다.	O	X
11) 저는 대학생 있습니다.	O	X
12) 저것은 과일입니다.	O	X
13) 친구가 한국사람 없습니다.	O	X
14) 한국 선생님입니다.	O	X
15) 태국, 일본 학생이 있습니다.	O	X

⇒ 초급에서는 '이다/아니다', '있다/없다' 앞에 오는 조사의 형태에 실수와 오류가 많으므로 조사를 확인하는 문제를 같이 넣는다.

○ 생각해 봅시다

다음의 문장은 '이다'가 사용된 문장이다.
내가 아는 외국어로 전환해 보고 '이다'의 쓰임을 생각해 보자.
예) 요즘, 우리 애들이 정말 말썽이에요.
    그 정도는 누워서 떡 먹기지.
    저는 매운 음식을 좋아하는 편이에요.
    물은 셀프입니다.
    또 그 얘기야?

3. 이/가, 은/는, 이/가 vs 은/는

1) 이/가

> 민수: 책상이 있어요?
> 다카시: 네, 책상이 있어요.
> 민수: 의자가 있어요?
> 다카시: 네, 의자가 있어요.

(1) 학습목표: '있다'를 사용하여 사물의 존재를 말할 수 있다.

⇒ 사물의 존재를 나타내는 '있다/없다'를 학습할 때 주격조사 '이/가'를 제시하고 학습한다.

(2) '이/가'의 의미

- 명사 뒤에 붙어 문장의 주어를 나타낸다.
- 어떠한 상황이나 상태의 주체나 대상임을 나타낸다.
- 형태: 선행명사가 모음으로 끝날 때 '가', 자음으로 끝날 때 '이'를 사용한다.

2) 은/는

> 유키: 민수 씨는 학생이에요?
> 민수: 네, 저는 학생이에요. 유키 씨는요?
> 유키: 저는 가수예요.

(1) 학습목표: 자기소개를 할 수 있다.

⇒ '이다'를 통해 자기소개에 대해 배울 때 보조사 '은/는'을 제시하고 학습한다. 이때 '은/는'은 주제를 나타내는 기능으로 사용된다.

(2) '은/는'의 의미

- 명사 뒤에 붙어 문장의 주제를 나타낸다.
- 문장에서 다루는 내용이나, 정보, 설명의 대상, 주제임을 나타낸다.
- 형태: 선행명사가 모음으로 끝날 때 '는', 자음으로 끝날 때 '은'을 사용한다.

3) 은/는 VS 이/가

❶ 일반적으로 '이다' 문장에서는 '은/는'을 사용한다. 이때 '은/는'과 함께 쓰는 선행명사는 문장의 초점(주제)이 된다.

> ㄱ. 나는 한국 사람입니다.(자기소개할 때, 앞으로 자신에 대해 이야기할 것을 나타낸다.)
> ㄴ. 여기는 제 방입니다.(앞으로 방에 대한 이야기를 하기 위한 도입 문장이 된다.)

⇒ 교사는 한 문장으로 끝나는 것이 아니라 '은/는'을 사용한 주제 문장 후에 이와 관련된 하나의 이야기를 할 것임을 보여주는 것이 좋다.

• 질문의 초점이 의문사 '누구, 무엇, 언제, 어디'에 놓이는 경우 '이다' 문장에서 '이/가'를 사용한다.

> ㄱ. 누가 치엔 씨예요?　　　　　　　제가 치엔이에요. VS 저는 치엔이에요. (?)
> ㄴ. 누구는 치엔 씨예요? (x)
> ㄷ. 어디가 치엔 씨 반이에요?　　　여기가 제 반이에요. VS 여기는 제 반이에요. (?)
> 　　어디는 치엔 씨 반이에요? (x)

⇒ 교사가 특정 학생이나 장소를 찾는 모습을 보여주는 것이 좋다.

❷ 이야기(담화)에서 새로운 주어(신정보)에 대해서 이야기할 때는 '이/가'를 쓰고, 이미 알고 있는 주어(구정보)에 대해서 이야기할 때는 '은/는'을 쓴다.

> ㄱ. 저기 철수가 옵니다.
> ㄴ. 철수는 내일 부산에 갑니다.
> ㄷ. 철수는 부산에 친구가 있습니다.

⇒ ㄱ에서 처음 '철수'가 등장했기 때문에 신정보이며 이때 '철수가'로 사용했음을 알 수 있다. 해당 문장에서 '철수는'이라고 쓴다면 그 앞에서 다른 이야기가 있었다고 생각된다.
처음으로 '철수가'가 도입되어 신정보로 제시된 후 ㄴ부터는 구정보가 되어 '철수는'으로 문장이 이어짐을 알 수 있다.

💬 **생각해 봅시다**

다음 영어 문장을 한국어로 번역해 봅시다.

'Once upon a time, there was a princess. The princess was very beautiful.'

'옛날에 (한) 공주가 살았습니다. (그) 공주는 아주 예뻤습니다.'

'옛날에 공주가 살았습니다. 공주는 아주 예뻤습니다.'

– 영어의 부정관사, 정관사에 대응하는 것이 무엇인지 생각해 보자.

❸ '이/가'는 앞부분에 초점이 놓이나, '은/는'은 뒷부분에 초점이 놓인다.

> ㄱ. 철수가 학교에 갔어요.('철수'에 초점 – 학교에 간 사람이 누구냐에 대한 대답)
> ㄴ. 철수는 학교에 갔어요.('학교에 갔어요'에 초점 – 철수는 뭐 하냐에 대한 대답)

❹ '이/가'와 '은/는'의 연습
- 받침의 유무에 따른 변별 연습이 필요하다.

> – *선생님가 말했어요.

⇒ 초급에서 형태 교체 연습이 반드시 필요하다. 중급 이상의 학생들도 실수하는 경우가 많으므로 수업 시간에 형태 오류가 나오면 수정해 주어야 한다.

• T-S 연습

> T: (교실을 둘러보다 책을 보고) 이것이 무엇입니까?
> S: 그것이 책입니다.
> T: 그것은 책입니다.(학생의 말 다시 고쳐 말하기)

> T: 이것이 공책입니까?
> S: 네, 그것은 공책입니다.
> T: (의자를 가리키며) 이것이 책상입니까?
> S: 아니요, 그것은 의자입니다.

• 교실에 있는 사물을 이용. T-S, S-S 연습

> T: (텔레비전을 가리키며) 무엇입니까?
> S: 텔레비전입니다.
> T: 네, 이것은 텔레비전입니다.
>   (새로운 대상을 가리키며) 이것이 무엇입니까?
> S: 책상입니다.
> T: 네, 이것은 책상입니다.

하나 더 📖 | 외국인 학생의 오류

ㄱ. *철수가도 갔어요.
ㄴ. *철수는도 갔어요.
ㄷ. *의자는이 있어요.

⇒ 외국인 학생의 경우 주격조사 '이/가'와 보조사 '도'를 같이 쓰는 오류를 많이 범한다. 또한 목적격조사 '을/를'과 보조사 '도'를 같이 쓰는 오류도 많이 발생한다. 이는 격조사는 문법을 나타내고 보조사는 어휘적 의미를 더해준다고 인식하기 때문이다. 실제로 보조사는 격조사와 함께 쓰일 수 있다.

ㄱ. 너만이 진정한 학생이다.
ㄴ. 너만을 사랑해
ㄷ. 너만은 나를 믿어야 돼

따라서 교사는 학생들이 조사 '은/는/이/가/을/를'과 '도'를 같이 쓰는 경우 분포상 같이 쓰지 않음을 알려주어야 한다.

하나 더 📖 | 인칭 접미사 '-이'

혜윤이가 이 그림을 그렸대요.

위 문장에서 혜윤 뒤에 쓰인 '-이'는 무엇일까?

보통 이름 뒤에 '-이'가 붙은 후 다시 주격조사가 붙은 경우, 이때의 '-이'는 '인칭 접미사'로 친근함을 나타내주는 역할을 한다.

공룡이가 노래를 한다.(X)　　　크롱이/크롱이가 노래를 한다.(O)

위 문장과 같이 일반적으로 동물 명칭에는 '-이'를 붙이지 않지만 동물에 이름을 부여하여 그 이름을 지칭할 때는 '-이'를 붙여 쓸 수 있다. 이때 붙는 '-이'는 주격조사가 아니라 인칭 접미사이며 그 뒤에 주격조사 '가'가 결합하는 것이다.

4. [장소]에 있다 / [장소]에 가다/오다/다니다 / [장소]에서 동사

1) [장소]에 있다

> 민수: 책이 어디에 있어요?
> 다카시: 책이 교실에 있어요.
> 민수: 책상 위에 있어요?
> 다카시: 아니요. 책상 위에 없어요. 가방 안에 있어요

(1) 학습목표: 위치 표현을 알고 장소에 무엇이 있는지 말할 수 있다.

(2) '[장소]에 있다/없다'의 의미

• 장소를 나타내는 명사 뒤에 붙어서 사람이나 물건의 위치를 나타낸다.

2) [장소]에 가다/오다/다니다

> 다카시: 미키 씨, 어디에 가요?
> 미키: 마트에 가요. 다카시 씨는 어디에 가요?
> 다카시: 저는 공원에 가요.

(1) 학습목표: 장소 표현을 알고 목적지로의 이동을 말할 수 있다.

(2) '[장소]에 가다/오다/다니다'의 의미

• 장소를 나타내는 명사 뒤에 '에'가 붙어서 목적지로의 이동을 나타낸다.

⇒ 한국어의 '가다'와 '오다'는 1인칭 '나'의 위치가 기준이 된다.

- '나'를 기준으로 내가 있는 위치에서 움직이면 '가다'

> "응, 지금 갈게"

- '나'를 기준으로 내가 있는 위치로 타인이 움직이면 '오다'

> "집으로 빨리 와!"

- '나'의 이동이 출발인 경우: "어제 5시에 집에 갔는데"(출발 시간)
- '나'의 이동이 도착인 경우: "어제 5시에 집에 왔는데"(도착 시간)

• 학생들의 오류

> T: 고상 씨? 지금 어디예요?
> S: 아, 선생님 미안해요. *지금 학교에 오고 있어요.

⇒ 학생의 기준에서는 학생이 이동하는 것이므로 '가다'를 사용해야 한다. 교사는 학생과 선생님이 전화하는 상황에서 두 사람이 있는 위치를 그림으로 그리고 화살표를 통해 이동의 방향을 나타내어 화자의 위치에서 어떻게 말하는 것이 좋은지 보여 준다.

3) [장소]에서 동사

> 미키: 다카시 씨, 어제 뭐 했어요?
> 다카시: 한국 영화를 봤어요.
> 미키: 극장에서 한국 영화를 봤어요?
> 다카시: 아니요, 집에서 봤어요.

(1) **학습목표: 장소 표현을 알고 장소에서 이루어지는 행위를 말할 수 있다.**

(2) **'[장소]에서 동사'의 의미**

• **장소를 나타내는 명사 뒤에 '에서'가 붙어서 동작이 이루어지는 장소를 나타낸다.**

⇒ '에서'를 제시하는 단계는 한국어 동사(동작 동사)의 어휘 제시 및 어휘 확장이 이루어지는 단계이다. 교사는 다양한 장소 카드를 활용해서 그 장소에서 일어나는 행위에 대해 동사 카드를 활용하여 어휘를 익히고 문장을 만드는 연습을 진행해야 한다.

하나 더 📖 | 이것만은 꼭! 동사와 형용사의 구분

(1) 아래 단어들을 '동사'와 '형용사'로 분류해 보자.

중요하다, 무리하다, 필요하다, 사랑하다, 피로하다, 감사하다, 시시하다

동사(Action Verb)	형용사(Describe Verb)

(2) '동사'와 '형용사'의 구분법

① 평서형 종결어미 '-ㄴ다/는다'과 결합 여부에 따라 구분한다.

밥을 먹는다 VS 혜윤이는 예쁘다

 - 'ㄴ다/는다'가 붙으면 동사

② 관형사형 전성어미 '-는'과 결합 여부에 따라 구분한다.

밥을 먹는 사람 VS 예쁜 혜빈이

 -'는'이 붙으면 동사, 형용사는 받침 유무에 따라 '-ㄴ/은'이 붙는다.

③ 명령형 종결어미 '-아/어/여라', 청유형 종결어미 '-자'와의 결합여부에 따라 구분한다.

밥 먹어라/밥 먹자 VS *예뻐라/*예쁘자

④ 진행표현 '-고 있다, -아/어/여 있다'와 결합 여부에 따라 구분한다.

밥 먹고 있다 VS *예쁘고 있다.
의자에 앉아 있다 VS *마음이 편해 있다.

⇒ '동사'와 '형용사'를 단순히 동작이나 상태만 생각하여 직관으로 판단해서는 안된다.
⇒ 품사 분류의 기준: 의미, 형태, 기능 3가지를 모두 고려해야 한다.
⇒ 한국어에서 '형용사'일지라로 학생의 언어로 번역했을 때 '동사'가 되는 경우가 있다.

(3) 위의 내용을 참고하여 다음 단어들을 동사와 형용사로 구분해 보자.

즐거워하다, 들리다, 살갑다, 중요하다, 번뜩이다, 개다
출출하다, 고맙다, 이러하다, 필요하다, 참하다, 늙다

동사	형용사

정답: 동사: 즐거워하다, 들리다, 번뜩이다, 개다, 늙다
　　　형용사: 중요하다, 출출하다, 고맙다, 이러하다, 필요하다, 참하다

5. -(으)ㄹ 거예요, -(으)ㄹ까요?, -(으)ㄹ래요,
-(으)ㄹ까요? vs -(으)ㄹ래요

1) -(으)ㄹ 거예요

> 마크: 민수 씨, 주말에 무엇을 할 거예요?
> 민수: 축구를 할 거예요. 마크 씨는 뭘 할 거예요?
> 마크: 저는 약속이 없어요. 그래서 집에서 쉴 거예요.
> 민수: 그러면 우리 같이 축구를 해요.

(1) 학습목표: 미래의 일이나 계획에 대해 말할 수 있다.

(2) '-(으)ㄹ 거예요'의 의미

- 동사 뒤에 붙어 앞으로의 일이나 미래의 계획을 나타낸다.
- 동사에 붙어 앞으로 어떤 행위를 하겠다는 의지나, 의사, 주관적 소신을 나타낸다.

(3) [동사](으)ㄹ 거예요 VS [동사/형용사](으)ㄹ 거예요

앞으로의 행위	상황, 사실에 대한 추측
주말에 영화를 볼 거예요. 내년에 결혼을 할 거예요. 수업을 끝낼 거예요. 점심에 무엇을 먹을 거예요?	주말에 비가 올 거예요. 아이가 예쁠 거예요. 수업이 끝날 거예요. / 수업이 끝났을 거예요. 맛있을 거예요.

- [동사]와 결합하는 경우 일반적으로 주어가 앞으로 할 행동을 나타낸다.
- 동사와 형용사에 두루 결합하는 경우 상황이나 사실에 대한 추측을 나타낸다.
  ⇒ 따라서 교사는 미래를 나타내는 '-(으)ㄹ 거예요'가 형용사와 결합하는 경우 추측의 표현이 됨을 알고 미래와 추측을 구분하여 가르치는 것에 유의해야 한다.

2) -(으)ㄹ까요?

> 미키: 내일 몇 시에 만날까요?
>
> 마크: 열두 시 어때요?
>
> 미키: 미안해요. 오전에 일이 있어요. 저녁은 어때요?
>
> 마크: 괜찮아요. 일곱 시에 만날까요?
>
> 미키: 네, 좋아요.

(1) 학습목표: 다른 사람의 의향을 물을 수 있다.

(2) '-(으)ㄹ까요?'의 의미

- 동사 뒤에 붙어서 다른 사람의 생각을 묻거나 제안할 때 쓰인다.
- 상대방의 의향, 의견을 묻거나 제안함을 나타낸다.

(3) 의향 VS 제안

의향, 의견 물음: [동사/형용사](으)ㄹ까요?	제안: [동사](으)ㄹ까요?
이 영화 재미있을까요? 식당이 문을 열까요? 혜윤이가 예쁠까요?	영화 보러 갈까요? 영화 보고 점심 먹을까요? 같이 보러 갈까요?

⇒ '-(으)ㄹ까요'가 제안의 의미로 쓰이는 경우에는 형용사와 결합할 수 없다. 이 경우 보통 부사 '같이'와 함께 쓰는 경우가 많으며 '같이'를 쓰지 않더라도 문장의 의미 속에 제안하는 행동을 함께 한다는 것을 알 수 있다. 따라서 교사는 '의향'을 묻는 것과 '제안'을 묻는 것을 구분하여 가르치는 것에 유의해야 한다.

⇒ '의향'과 '제안'을 순차적으로 학습한 후에는 이를 통합한 활동을 하는 것이 좋다.

(4) 통합 활동 예시

- **친구와 약속 정하기**
  - 다른 일정표 2개를 준비하여 학생 A와 B에게 하나씩 준다.
  - 같이 하고 싶은 것을 '-(으)ㄹ까요?'를 활용해서 묻고 자신의 일정에 대해서는 '-(으)ㄹ 거예요'를 활용하여 말하게 한다.

시간 \ 요일	월요일	화요일	수요일	목요일	금요일
오전		도서관			
오후	한국어 수업		친구	한국어 수업	아르바이트

시간 \ 요일	월요일	화요일	수요일	목요일	금요일
오전			한국어수업	친구	공항
오후	도서관				

3) -(으)ㄹ래요

> 마크: 미키 씨, 뭐 먹을래요?
> 미키: 이 식당은 비빔밥하고 냉면을 잘해요.
> 마크: 그래요? 그러면 저는 냉면을 먹을래요.
> 미키: 마크 씨는 뭐 먹을래요?
> 마크: 저는 비빔밥이요.

(1) 학습목표: 다른 사람의 의향을 묻고 자산의 의향을 말할 수 있다.

(2) '-(으)ㄹ래요'의 의미

- 동사 뒤에 붙어서 말하는 사람의 의향을 표현하거나 듣는 사람의 의향을 물을 때 사용한다.

4) -(으)ㄹ까요? VS -(으)ㄹ래요

❶ '-(으)ㄹ까요?'는 동사와 결합하는 경우 일반적으로 제안의 의미를 포함한다. 따라서 그 행동을 함께 한다는 의미를 나타낸다. 이에 반해 '-(으)ㄹ래요'는 상대방의 의사, 의향을 물어보는 것으로 사용된다.

> 예)
> 영화 볼까요? (같이 보자는 의미로 제안 / 영화 보는 것에 대한 청자의 의향을 물음)
> 영화 볼래요? (영화 보는 것에 대한 청자의 의향을 물음)
>   (나한테 영화표가 있는데 내가 시간이 없어서 못 가는데 나 대신 볼래요?)
> - 영화 보는 행위에 화자가 포함되지 않고 청자에게 의향을 물음

❷ '-(으)ㄹ까요?'는 질문의 형태로만 사용되나 '-(으)ㄹ래요'는 대답의 형태로 쓸 수 있다.

> A: 영화 볼까요?
> B: 네, 영화 볼까요.(X)
>
> A: 영화 볼래요?
> B: 네, 좋아요. 볼래요.
> B': 미안해요. 오늘은 집에 갈래요.

> Q. 다음 중 문형의 기능이 다른 표현을 골라 보자.
>
> ① 내일 명동에 갈까요?
> ② 명동에서 영화도 볼까요?
> ③ 명동에 사람이 많을까요?
> ④ 영화 보고 커피도 마실까요?

정답: ③

해설: ③에서 '많을까요?'는 청자의 생각을 묻는 것으로 쓰였다. 다른 문장은 모두 함께 하자는
의미로 사용되었다

6. -아/어/여서

1) -아/어/여서

> 민수: 미키 씨는 수영을 자주 해요?
> 미키: 아니요. 요즘은 너무 바빠서 거의 못해요.
>   민수 씨는 낚시를 자주 해요?
> 민수: 네. 요즘 날씨가 좋아서 자주 해요.

(1) 학습목표: '—아/어/여서'를 사용하여 이유를 말할 수 있다.

(2) '—아/어/여서'의 의미

- 동사나 형용사 뒤에 붙어서 앞의 내용이 뒤의 내용의 이유가 됨을 나타냄
  - 동사나 형용사 어간의 끝음절의 모음이 'ㅏ, ㅗ'일 경우 '-아서' 사용
  - 동사나 형용사 어간의 끝음절의 모음이 'ㅏ, ㅗ'가 아닌 경우 '-어서' 사용
  - '하다'의 경우 '-여서'가 사용되는데, 주로 줄어든 형태 '해서'로 사용
  - 명령, 청유문에 사용하지 않는다.

(3) 도입과 제시

- 학생들에게 주말에 어디에 가는지 묻는다.

> T: OO 씨는 어디에 자주 가요?
> S: 저는 명동에 자주 가요.
> T: 왜요? 왜 명동에 자주 가요.
> S: 명동에 옷이 많아요. 쇼핑해요. 재밌어요.
> T: 아, 명동에 옷 가게가 많아요?
> S: 네.
> T: 아, 명동에 옷 가게가 많아서 명동에 자주 가요.

- 다른 학생들에게도 자주 가는 곳을 묻고 왜 가는지 함께 물으며 이유에 대해 알게 한다.

• 형태 제시: N(이)라서, -아/어/여서

학교 - 학생이라서	학교 - 학교라서	
가다 - 가서	오다 - 와서	
먹다 - 먹어서	마시다 - 마셔서	공부하다 - 공부해서
예쁘다 - 예뻐서	덥다 - 더워서	

> T: 서울이 한국의 수도예요. 그래서 사람이 많아요.
>   서울은 한국의 수도라서 사람이 많아요.
> T: 옷을 사고 싶어요. 어디에 가요?
> S: 동대문 시장이 싸서 동대문 시장에 가요.
> S: 동대문 시장이 싸서 동대문에 가세요.(X)

⇒ '-아/어/여서'의 문장 형태 제약을 학습하지 못한 단계에서는 명령과 청유의 문장을 연결하는 오류를 범하는 학생들이 많다.
⇒ 교사는 문장 끝에 '-(으)세요'는 말할 수 없다는 것을 간단하게 설명해 준다.

> T: 동대문 시장이 싸니까 동대문에 가세요. 이렇게 말해요. 다음에 배울 거예요.
> S: 어제 친구를 만났어서 기분이 좋았어요. (X)

⇒ '-아/어/여서'는 시제 제약이 있어 과거 시제와 결합하지 않는다.
⇒ 교사는 연결어미로 쓰이는 '-아/어/여서'는 과거와 결합할 수 없다는 것을 간단하게 설명해 준다.

> T: '-아/어/여서'는 '-았/었/였-'하고 같이 쓰지 않아요. 시간은 문장 마지막에 써요.

(4) 연습과 활용

• 단어 카드로 단순 형태 변화 연습
• 문장 연결하기, 문장 완성하기

친구가 아주 바빠요.	예쁜 옷을 사고 싶어요.
머리가 아팠어요.	친구를 못 만나요.
요즘 옷이 별로 없어요.	도서관에서 공부해요.
시험이 있어요.	약을 먹었어요.

- 이유로 연결할 수 있는 두 개 문장을 제시한다.

- 후행절을 주고 문장 완성하기

  > - 아/어/여서 깜짝 놀랐어요.
  >   화가 났어요. 아주 기뻤어요. 힘들었어요. 울었어요. 행복했어요.
  >
  > - 아/어/여서 N을/를 좋아해요.
  >   N을/를 좋아하지 않아요. N을/를 샀어요.

  ⇒ 교사는 '–아/어/여서' 형태가 노출된 후행절을 먼저 보이고 이후에는 '–아/어/여서'가 없이 후행절만을 보이고 연습을 한다.

- 친구 인터뷰하고 정보 채우기 활동(이 활동을 위해 시간 표현을 먼저 제시해 주어야 한다.)

  > 무엇을 자주 해요? 왜 해요? 얼마나 자주 해요?

  ⇒ 함께 제시하는 시간 표현: 전혀, 가끔, 보통, 자주, 항상

7. -(으)니까, -아/어/여서 vs -(으)니까

1) -(으)니까

> 미키: 친구가 새집으로 이사했어요. 그래서 축하해 주러 가요.
> 민수: 그래요? 집들이에 가는군요?
>   그럼 이사한 집에 가니까 휴지나 세제를 사 가세요.

(1) 학습목표: '-(으)니까'를 사용하여 이유를 들어 명령, 권유를 할 수 있다.

(2) '-(으)니까'의 의미:

- **동사, 형용사 뒤에 붙어 앞의 내용이 뒤의 내용의 이유임을 나타냄**
- 받침이 없는 말, 'ㄹ'받침으로 끝나는 용언 어간 뒤에는 '-니까'로 사용

  ⇒ 교사는 수업의 초점을 '이유'를 들어 다른 사람에게 '권유, 제안, 명령, 청유'를 하는 것에 두어야 한다. 이유에 초점을 두는 경우 '-아/어/여서'와 구분이 어려우므로 '-(으)니까'가 '권유, 제안, 명령, 청유'에 상황에서 사용된다는 기능적인 요소에 초점을 두고 수업을 구성해야 한다.

(3) 도입과 제시

- **교실 상황: 학생들이 서로에 대해서 어느 정도 알고 있다.**

> T: 내일은 장보 씨의 생일이에요. 무슨 선물이 좋을까요?
> S: 모자가 좋아요.
> T: 왜요?
> S: 장보 씨는 모자를 자주 써요. 모자를 좋아해요.
> T: 네, 장보 씨는 모자를 좋아하니까 모자를 선물로 주세요. 이렇게 말할 수 있어요.

- 학생들과 생일에 어떤 선물이 좋을지 돌아가며 이야기해 본다.
- '-(으)니까'는 '이유를 들어 다른 사람에게 명령이나 청유할 때 사용함을 제시한다.

- **형태 제시: -(으)니까**

가다 - 가니까	먹다 - 먹으니까	공부하다 - 공부하니까
놀다 - 노니까	듣다 - 들으니까	
예쁘다 - 예쁘니까	좋다 - 좋으니까	덥다 - 더우니까

(4) 연습과 활용

- 선행절을 주고 문장 완성하기 - 후행절에 부탁, 청유, 명령 등을 사용하도록 연습

날씨가 좋으니까 ~~~ 시간이 없어요.	시험이 있으니까 ~~~ 시험이 끝났어요.	친구 생일이니까 ~~~ 내일 시험이에요.

⇒ 교사는 '-(으)니까' 형태가 노출된 문장을 먼저 보이고 이후에는 선행 문장만을 보이고 연습을 한다.

- 이유를 들어 상대방 설득하기

여행: 산 VS 바다
선물: 각자 하기 VS 함께 돈을 모아서 하기

2) 무엇이 다를까?

(1) [동사](으)니까 VS [동사/형용사](으)니까

1) [동사](으)니까 - 발견　　　　　시제 결합 불가

명동에 가니까 사람이 많았어요.　　　*명동에 갔으니까 사람이 많았어요.

2) [동사/형용사] - 이유　　　　　시제 결합 가능

날씨가 좋으니까 명동에 놀러 갑시다.　시간이 많았으니까 명동에 갔어요.

(2) -아/어/여서/ VS -(으)니까

-아/어/여서	-(으)니까
앞선 행위나 상태가 <u>원인이나 이유임</u>을 나타낸다.	앞의 내용이 뒤의 내용에 대하여 이유나 <u>판단의 근거임</u>을 나타냄

-아/어/여서	-(으)니까
과거 시제 결합 불가 배가 <u>아팠어서</u> 학교에 못 갔어요(X) 　　　아파서	과거 시제 결합 가능 배가 <u>아팠으니까</u> 학교에 못 갔어요.(O, ?) ⇒ 위 문장은 비문은 아니나 '배가 아파서 학교에 못 갔어요'가 더 자연스럽다. ⇒ 교사는 일반적인 평서문에서는 '-아/어/여서'를 통해 이유를 말하게 하는 것이 좋다.
배가 아파서 학교에 못 갔지!	배가 아팠으니까 학교에 못 갔지! ⇒ 후행절에 말의 '뉘앙스'가 추가되는 경우 '-(으)니까'가 후행절을 말하는 근거의 의미를 갖게 되어 쓰임이 자연스럽다.
명령, 청유형 사용 불가 날씨가 좋아서 놀러 가자 (X)	명령, 청유형 사용 가능 날씨가 좋으니까 놀러 가자(O)

1) '-(으)니까'는 주관적이고 개인적인 판단으로 인해 자신의 생각을 듣는 사람에게 강하게 이야기할 때 사용하는 문형이다. 이러한 이유로 인해 주로 청유나 명령, 설득하는 상황에서 자주 사용된다. 예문이나 연습하는 상황을 이러한 경우로 제시해서 연습하는 것이 좋다.

2) 화자 개인의 생각이나 경험에서 나온 것을 말하거나 앞의 내용이 뒤의 내용에 대하여 판단의 근거가 될 때는 '-(으)니까'를 쓰는 것이 자연스럽다. 다음 문장에서 어떤 문장이 자연스러운지 생각해 보자.

(일반 사실)
ㄱ. 저는 어제 비빔밥 먹어서 오늘은 냉면 먹었어요.
ㄱ'. 저는 어제 비빔밥 먹었으니까 오늘은 냉면 먹었어요.

(희망)
ㄴ. 저는 어제 비빔밥 먹어서 오늘은 냉면 먹고 싶어요.
ㄴ'. 저는 어제 비빔밥 먹었으니까 오늘은 냉면 먹고 싶어요.

(의향, 의지)
ㄷ. 저는 어제 비빔밥 먹어서 오늘은 냉면 먹을래요.
ㄷ'. 저는 어제 비빔밥 먹었으니까 오늘은 냉면 먹을래요.

의미가 더해짐에 따라

'-(으)니까'
사용이 자연스러워짐

3) '-(으)니까' 뒤에 오는 문법 표현들

-는 게 어때요?, -지 그래요?, -았/었//였으면 해요.

⇒ 중급에서 다른 청유 표현을 배운 후에 학생들이 선행절에 '−아/어/여서'를 쓰는 오류를
많이 범한다. 교사는 중급에서 청유 표현을 가르칠 때 선행절의 연결어미로 '−(으)니까'를
사용하는 것을 확인하여 오류를 방지해야 한다.

8. -고, -아/어/여서[순차]

1) -고

> 미키: 민수 씨, 오랜만이에요. 그동안 잘 지냈어요?
> 민수: 네, 잘 지냈어요. 미키 씨는 방학 때 뭘 했어요?
> 미키: 저는 한국어 공부도 하고 여행도 했어요.

(1) 학습목표: 여러 문장을 연결하여 말할 수 있다.

(2) '-고'의 의미

- 문장의 동사, 형용사, '명사+이다'에 붙어서 앞 문장과 뒤 문장을 대등하게 이어 줄 때 사용한다.
  - 시간의 순서와 관계없이 행위나 상태, 사실을 나열함을 나타낸다.(나열)
    ⇒ 나열의 '-고'는 과거 시제가 결합할 수 있고 선행문과 후행문의 주어가 다를 수 있다.

  - 행위를 시간 순서에 따라 연결함을 나타낸다.(순차)
    ⇒ 순차의 '-고'는 과거 시제가 결합할 수 없고 선행문과 후행문의 주어가 일치해야 한다.

(3) 도입과 제시

- 학생들에게 자기소개를 다시 하게 한다.

> T: 다카시 씨, 자기소개 좀 해 주세요.
> S: 저는 학생입니다. 저는 일본 사람입니다. 저는 20살입니다.
> T: 네, 다카시 씨는 학생이고 일본 사람이고 20살이에요.

> T: 다카시 씨는 무엇을 좋아해요?
> S: 저는 한국 음식을 좋아해요. K-pop을 좋아해요.
> T: 아, 한국 음식을 좋아하고 K-pop도 좋아해요.

⇒ 몇 학생에게 자기소개를 하게 하거나 좋아하는 것을 물어 '-고'를 사용하여 '-고'에 나열의 의미가 있음을 제시한다.

- 형태 제시: -고

- 시간 순서를 나타내는 '-고'의 도입과 제시

  ⇒ 학생들에게 어제 무엇을 했는지 묻는다. 이때 아침, 점심, 저녁과 같은 시간 어휘를 사용하면 자연스럽게 시간적 순서의 의미를 제시할 수 있다.

  ⇒ 학생들이 '그리고'를 알고 있는 경우가 많으므로 두 개의 문장 사이에 '그리고'가 있는 형태에서 '-고'로 연결됨을 보여주면 쉽게 이해시킬 수 있다.

(4) 연습과 활용

- 나열의 '-고': 이 사람은 누구일까요? 반 학생들의 특징을 여러 개 말하게 하고 누구인지 맞히는 활동

  ⇒ 교사가 먼저 학생 1명의 특징을 몇 가지 말하고 전체 학생이 누구인지 맞추게 한다.

  ⇒ 다음으로 학생들에게 반 친구를 한 명 생각하게 한다. 그리고 그 친구의 특징을 몇 가지 '-고'를 사용해서 말하게 한다. 목표 문형을 사용해서 생각하는 친구에 대해서 설명하면 다른 친구들은 그 말을 듣고 그 사람이 누구인지 맞히도록 한다.

- 순서의 '-고': 어제, 주말의 일과 이야기하기 등을 짝활동으로 진행한다.

  ⇒ 이때 교사는 반드시 먼저 한 일을 말하도록 해야 한다. 시간 순서에 따라서 한 일을 말하도록 한다.

- 통합 활동: 주말에 만난 친구에 대해 이야기하기

  ⇒ 주말에 만난 친구에 대해 소개할 때는 나열의 '-고'를 사용할 수 있다.

  ⇒ 그 친구와 주말에 한 일에 대해 시간 순서 대로 말하게 할 때는 순서의 '-고'를 사용할 수 있다.

2) '-아/어/여서'[순차]

> 미키: 한국은행이 어디에 있어요?
> 민수: 길을 건너서 왼쪽으로 가세요.
> 미키: 여기에서 멀어요?
> 민수: 아니요. 가까워요. 조금만 가면 있어요.

(1) 학습목표: 동작을 순서대로 연결하여 말할 수 있다.

(2) '-아/어/여서'의 의미

- 동사 뒤에 붙어서 서로 관련이 있는 일들을 순서대로 연결할 때 사용한다.

(3) 도입과 제시

T: 주말에 어디에 가요?
S: 명동에 가요.
T: 그래요? 명동에서 뭐 해요.
S: 친구를 만나요. 쇼핑을 해요.
T: 아, 명동에 가서 친구를 만나요. 명동에 가서 쇼핑을 해요.
T: 친구를 만나서 친구하고 뭐 해요?

- 몇 학생들에게 주말에 어디에 가는지, 그 장소에서 무엇을 하는지를 묻는다.
- 학생들에게 아침에 일어난 후에 무엇을 하는지 묻고 학생들의 대답을 '-아/어/여서'를 사용해서 하나의 문장으로 바꿔 주고 이를 통해 행위의 시간 순서를 보여 준다.
- 그리고 그 행위를 하는 사람이 동일 주어라는 주어 일치를 보여 준다.

T: 저는 주말에 명동에 가서 쇼핑을 했어요. 명동에 간 사람이 누구예요?

S: 선생님이요.
T: 쇼핑을 한 사람은 누구예요?
S: 선생님이요.
T: (칠판에 있는 문장에서 '명동에 가-' 위에 선생님을 그리고 '쇼핑을 하-' 위에도 선생님을 그린 후 같다는 표시를 한다.) 맞아요. 명동에 가는 사람, 쇼핑하는 사람 같은 사람이에요.

⇒ 한국어를 배우는 학습자에게 주어라는 말을 사용하지 않아도 문장 안에서 주어 일치 제약을 학습자 수준에 맞게 설명할 수 있다.

• 형태 제시: -아/어/여서

(4) 연습과 활용

- **장소를 제시하고 그 장소에서 무엇을 하는지 말하기 연습**
- 장소 카드를 주고 해당 장소에 가서 이어서 하는 행위를 말하게 한다.

- **지도를 보고 말하기 연습**
- 지도를 통해 장소 찾아가기를 할 수 있다. 방향 어휘와 위치 어휘를 사용해서 길을 묻기, 가르쳐 주기를 한다.

하나 더 🖐 ㅣ 외국인 학생의 오류 [순차의 경우]	
T: 어제 뭐 했어요? S: 어제 학교에 가고 친구를 만났어요.(?)	- 하나의 사건으로 '-아/어/여서'로 연결해야 함 - 나열로 해석되면 가능함
T: 어제 뭐 했어요? S: 어제 학교에 갔어서 친구를 만났어요.(X)	- 선어말어미 결합 제약을 어김
T: 어제 뭐 했어요? S: 어제 명동에 가서 동대문도 갔어요.(X)	- 관련성 있는 내용으로 연결되어야 함
T: 명동에서 뭐 했어요? S: 옷을 사서 친구하고 밥 먹었어요.(X)	- 관련성 있는 내용으로 연결되어야 함

9. -고 vs -아/어/여서[순차]

(1) 문형의 의미

-고	-아/어/여서
문장의 동사, 형용사, '명사+이다'에 붙어서 앞 문장과 뒤 문장을 대등하게 이어 줄 때 사용한다.	동사 뒤에 붙어서 서로 관련이 있는 일들을 순서대로 연결할 때 사용한다.

(2) 제약

1) 과거 시제 결합 여부

-고	-아/어/여서
과거 시제 결합 가능	과거 시제 결합 불가능
어제 학교에 가고 친구를 만났어요.(?)	어제 학교에 가서 친구를 만났어요.
어제 학교에 갔고 친구를 만났어요.	어제 학교에 갔어서 친구를 만났어요.(X)
어제 학교에 갔고 마트에 갔고 세탁소에 갔어요.	어제 학교에 가서 마트에 갔어요(X)
시제의 결합은 독립적 사건을 의미한다. 학교를 가서 친구를 만나는 행위까지가 하나의 일련의 사건이 된다.	

2) 선행절과 후행절 교체

-고	-아/어/여서
교체 가능	교체 불가 - 의미 변화
어제 학교에 가고 친구를 만났어요.(?) 어제 친구를 만나고 학교에 갔어요.	어제 학교에 가서 친구를 만났어요. 어제 친구를 만나서 학교에 갔어요.
마트에 가고 쇼핑을 했어요. 쇼핑을 하고 마트에 갔어요.	마트에 가서 쇼핑을 했어요. 쇼핑을 해서 마트에 갔어요.(?/이유 표현)
약을 사고 먹었어요.(?) 약을 먹고 샀어요.(?)	약을 사서 먹었어요. 약을 먹어서 샀어요.(이유 표현)
'-고'는 대등하게 이어질 때 쓴다 = 나열	'-아/어/여서'는 선행절이 의미적으로 후행절에 종속된다. = 관련성

3) 주어 일치

-고	-아/어/여서
주어 불일치 가능	주어 불일치 불가
혜윤이는 노래를 하고 혜빈이는 춤을 춰요.	혜윤이는 노래를 해서 혜빈이는 춤을 춰요. (이유 표현)
주어의 수는 사건의 수를 의미한다.	
주어가 두 개이므로 두 사람이 각각의 행위를 하는 두 가지 사건을 나열한 것	주어가 두 개이므로 이때 '-아/어/여서'는 이유로 해석된다. 혜빈이가 춤을 추는 이유는 혜윤이가 노래를 하기 때문인 것이다.

4) 관련성

-고	-아/어/여서
선행절과 후행절의 밀접성 없음	선행절과 후행절이 밀접한 관련이 있음
빨래를 하고 ~~~	빨래를 해서 ~~~
밥을 하고 ~~~	밥을 해서 ~~~
학교에 가고 ~~~	학교에 가서 ~~~
선행절이 후행절에 영향을 주는가? -> 예상 가능성의 여부	
빨래를 하고 밥을 먹었어요.	빨래를 해서 널었어요.
밥을 하고 청소를 했어요.	밥을 해서 먹었어요.
학교에 가고 학원도 갔어요.	학교에 가서 공부를 했어요.

하나 더 📖 │ 외국인 학생의 오류 – 어떻게 고쳐 주면 좋을까?

T: 하루 일과를 말해 봅시다.
S: 아침에 일어나서 세수를 해요. 세수를 해서 옷을 입어요. 옷을 입어 밥을 먹어요. 밥을 먹어서 학교에 가요. 학교에 가서 공부를 해요. 공부가 끝나서 집에 와요.

⇒ 위의 문장을 수정해 주면서 하루 일과를 '–고'와 '–아/어/여서'를 사용해서 말하는 연습을 할 수 있다.

Q. 다음 중 문형의 기능이 다른 표현을 골라 보자.

① 출출한데 라면 끓여서 먹을까?
② 라면 먹고 극장에 가서 영화 볼까?
③ 숙제는 영화 보고 와서 하면 되지.
④ 갑자기 친구가 와서 그냥 집에 있었어.

정답: ④

해설: ④는 이유 표현의 '-아/어/여서'가 쓰였다.
　　　다른 문장에서는 순차를 나타내는 '-아/어/여서'가 쓰였다.

10. 안 V, 못 V, 안 V vs 못 V

1) 안 V

> 민수: 오늘 날씨가 어때요?
> 다카시: 추워요.
> 민수: 오늘도 비가 와요?
> 다카시: 아니요. 비가 안 와요.

(1) 학습목표: '안'을 사용하여 부정 표현을 말할 수 있다.

(2) '안'의 의미

- 동사나 형용사 앞에 쓰여 부정이나 반대의 뜻을 나타낸다.

(3) 도입과 제시

> T: 오늘 날씨가 어때요?
> S: 좋아요.
> T: 지금 비가 와요?
> S: 아니요.
> T: 네. 지금 비가 안 와요.

- 학생들이 알고 있는 동사와 형용사를 사용하여 부정을 나타낼 때 '안 V'의 형태를 사용함을 제시한다.
- '안 V'를 '-지 않다'보다 먼저 제시한다.

- 형태 제시: 안 V
- 동사 중에서 'N하다'의 형태는 'N(을/를) 안 하다'의 형태로 쓰임을 제시한다.

> T. 지금 숙제를 해요? 아니요, 지금 숙제를 안 해요.
> T. 여러분 지금 일해요? 아니요, 지금 일을 안 해요.
> T. 친구한테 전화를 해요? 아니요, 친구한테 전화 안 해요.

- '이다(N예요/N이에요)'는 '이/가 아니다(이/가 아니에요)'로 쓰임을 제시한다.

> T. 이것은 책이 아니에요. 이 사람은 학생이 아니에요.

특정 어휘의 부정(반의)을 제시한다.

  ⇒ 있다 ↔ 없다, 재미있다 ↔ 재미없다, 맛있다 ↔ 맛없다, 알다 ↔ 모르다

> **하나 더 ✍ | 한국어에 하나 더 있는 어휘!**
>
> '모르다'는 '알다'의 부정을 나타내는 독립적 어휘인데 다른 언어들에서는 찾아보기 힘든 어휘이다. 즉 영어로는 'do not know'이고 일본어는 '知らない'이다. 중국어에서는 '不知道'이고 독일어로는 'nicht wissen'과 같이 대부분의 언어는 '알지 않다', '안 알다'와 같이 부정 표현을 사용한다.

(4) 연습과 활용

- 부정형으로 바꾸는 연습: 단어 카드를 보고 부정형으로 바꾸는 연습을 한다.
- 주말 이야기하기: 주말에 무엇을 하는지 무엇을 안 하는지를 쓰고 발표하게 한다.
- 이 사람을 찾아 주세요!
- 반 학생들이 '안 V'의 형태로 친구를 묘사하는 5개의 문장을 만들게 한다.
- 퀴즈 형식으로 누구인지 맞추는 활동을 한다.

> S: 수업 시간에 안 자요. 고기를 안 먹어요. 키가 안 커요. 안경을 안 써요.
>   밥을 빨리 안 먹어요. 이 사람은 누구일까요?

2) -지 않다.

- '안 V'를 학습한 후에 같은 문장을 가지고 '-지 않다'로 바꾸어 쓸 수 있음을 제시

> T: 오늘 날씨가 어때요?
> S: 좋아요.
> T: 지금 비가 와요?
> S: 아니요. 비가 안 와요.
> T: 네. 비가 오지 않아요.

- 단어 카드를 가지고 '안 V'의 형태를 'V지 않다'로 바꾸는 연습을 한다.

- 초급에서는 '안 V'와 'V지 않다'의 의미가 같은 것으로 제시한다.
- 음절이 긴 단어는 단형 부정보다 장형 부정이 주로 쓰인다.

  예) 이 꽃은 안 아름답다. VS 이 꽃은 아름답지 않다.

  　교실이 안 깨끗해요. VS 교실이 깨끗하지 않아요.

- '-지 않다'는 선행 용언의 품사에 따라 활용함을 제시한다.
  예) 동사: 먹지 않는다. 먹지 않는 사람

  　형용사: 예쁘지 않다. 예쁘지 않은 사람

3) 못 V

> 민수: 다카시 씨는 취미가 뭐예요?
> 다카시: 제 취미는 수영이에요. 민수 씨도 수영을 좋아해요?
> 민수: 아니요. 저는 수영을 못해요.

(1) 학습목표: '못'을 사용하여 부정(능력, 상황) 표현을 말할 수 있다.

(2) '못'의 의미

- 동사 앞에 사용되어 그 행동을 할 능력이 없거나 그 행동을 할 만한 상황이 아님을 나타낸다.

  ⇒ '못'을 제시할 때 '능력'과 '가능(상황적)'을 구분하여 제시하는 것이 좋다. 교실 상황에 따라 하나의 의미씩 차시를 나누어 수업할 수 있다. 학생들이 어려워하지 않는다면 두 가지 의미를 순차적으로 제시하고 연습한 후에 통합 활동을 할 수 있다.

(3) 도입과 제시

> T: (수영 선수가 수영하는 사진을 보여주며) 이 사람이 뭘 해요.
> S: 수영해요.
> T: 이 사람은 무엇을 잘해요?
> S: 수영을 잘해요.
> T: 여러분은 수영을 잘해요?
> SS: 네, 저 잘해요. 아니요. 저 안 잘해요. 저는 조금 해요.
> T: 네, 00 씨는 수영을 잘해요. 00 씨는 수영을 못해요. 00 씨는 수영을 잘 못해요.

- 학생들이 알고 있는 '동사'를 가지고 할 수 없는 것을 나타낼 때 '못 V'의 형태를 사용함을 제시한다.('안'과 달리 '못'은 '형용사'와 쓸 수 없음을 주지시킨다.)
- '못 동사'의 경우 능력 부정과 상황 부정이 있으므로 둘이 섞이지 않도록 구분하

여 순차적으로 가르치는 것이 좋다.

예) 수영을 못해요.(수영 능력이 없음) 오늘 바빠서 수영을 못 해요.(상황적으로 불가)

- 형태 제시: 못 V[동사]
- '잘하다 / 잘 못하다 / 못하다'를 제시하여 구분해 준다.

- 동사 중에서 'N하다'의 형태는 'N(을/를) 못 하다'의 형태로 쓰임을 제시한다.

> T. OO씨, 노래를 잘해요? 아니요, 저는 노래를 못해요.
> T. OO씨, 요리를 잘해요? 아니요, 저는 요리를 못해요.

- '못해요'와 '잘하다'를 이야기하며 운동 어휘를 제시하고 함께 이야기한다.

(4) 연습과 활용

- 부정형으로 바꾸는 연습: 단어 카드를 보고 부정형으로 바꾸는 연습을 한다.
- 잘하는 것 못하는 것 이야기하기
- 자신이 잘하는 것과 못하는 것을 돌아가며 말하는 연습을 한다.
- 이 사람을 찾아 주세요!
- 반 학생들이 'N을/를 잘하다', 'N을/를 못하다', '못 V'의 형태로 친구를 묘사하는 5개의 문장을 만들게 한다.
- 퀴즈 형식으로 누구인지 맞추는 활동이다.

- 무엇을 잘해요? 무엇을 못해요?
- 옆 친구와 잘하는 것 못하는 것을 묻고 대답하는 활동이다.
  ⇒ 교사는 이때 학생들이 단순히 '잘하다'와 '못하다'를 사용해서 단문으로 끝내지 말고 그 이유에 대해서도 함께 말하게 해서 확장된 말하기, 쓰기가 될 수 있도록 지도해야 한다.

4) -지 못하다.

- 단형 부정의 '못 동사'가 주로 능력 부정이라면 장형 부정의 '-지 못하다'는 어떤 상태나 상황에 이르지 못함을 나타낸다.
ㄱ. 저는 노래를 못 불러요(노래 실력이 부족)

ㄴ. 저는 노래를 부르지 못해요.(목 상태가 안 좋음)

⇒ '안 V'와 'V지 않다'는 같은 차시에 함께 제시해도 괜찮지만 '못'은 처음 배울 때는 단형 부정에 한하여 제시하는 것이 좋다.

5) 안 VS 못

(1) 안, -지 않다.

• 단순 부정: 형용사와 결합하는 경우

예) 키가 안 크다, 키가 크지 않다.

• 의도 부정: 동사와 결합하는 경우

> ㄱ. 어제 학교에 안 갔어요. (갔다는 사실을 단순하게 부정하는 의미)
> ㄱ'. 어제 학교에 안 갔어요. (가기 싫어서 의도적으로 가지 않았다는 의미)

(2) 단순, 의도 부정 VS 능력, 상황 부정

> ㄱ. 혜윤이는 노래를 안 부른다. (노래를 부른다는 사실을 단순하게 부정)
> ㄱ'. 혜윤이는 노래를 안 부른다. (기분이 나빠서, 부르기 싫어서 의도적으로 부르지 않음)
> VS
> ㄴ. 혜윤이는 노래를 못 부른다. (노래 실력이 부족해서)
> ㄴ'. 혜윤이는 노래를 못 부른다. (목감기에 심하게 걸려서)

(3) 숙제 안 했어요. VS 숙제 못 했어요.

> T: 고상 씨, 숙제했어요?
> S: 아, 선생님 미안해요. 숙제 안 했어요.(보통 외국인 학생의 응답)
> T: (화가 난 표정을 하면서) 숙제를 안 했어요? 하기 싫었어요?
> S: 아니, 배가 아파서... 못 했어요.

> T: 고상 씨, 왜 숙제 안 했어요?
> S: 어제 배가 아파서 숙제를 안 했어요. (보통 외국인 학생의 응답)
> T: 아, 배가 아파서 숙제를 못 했군요.

하나 더 ✋ | 못하다 VS 못 하다

'어렸을 때 저는 공부를 못했어요. 공부를 해야 할 때 제대로 공부를 못 했거든요.'

⇒ 위의 문장에서 첫 번째 '못했어요'는 붙여 쓰고 두 번째 '못 했어요'는 띄어 쓴다. 능력이 미치지 않음이나 능력이 부족하다는 의미를 가질 경우 '못하다'는 붙여 쓰고, 상황적으로 불가능했다는 의미일 때는 '못 하다'와 같이 띄어 쓴다. 장형 부정으로 '-지 못하다'로 쓰일 때는 모든 경우에 붙여 쓴다.

(4) 착하지 않다 VS 착하지 못하다.

ㄱ. 그 사람은 착하지 않아요: '사실'에 대한 단순 부정으로 해석된다.
ㄴ. 그 사람은 착하지 못해요: 기대에 미치지 못함으로 해석된다.
⇒ 일부 형용사에 국한되며 단형 부정으로는 사용되지 않는다.

ㄱ. *그 사람은 못 착해서 VS 그 사람은 착하지 못해서

💬 생각해 봅시다 | 학생의 질문!

S: 선생님, 전화 통화할 때 'I can't hear you' 한국어로 어떻게 말해요.
T: 안 들려요. 잘 안 들려요.
S: 왜요? 못 들어요. 쓰면 안 돼요?

학생의 질문에 어떻게 대답해 주면 좋을지 생각해 보자.

11. 관형형

1) -(으)ㄴ

> 유키: 누가 다카시 씨예요?
> 민수: 다카시 씨요? 저기 키가 큰 학생이 보여요?
> 유키: 누구요?
> 민수: 오른쪽에 있는 남학생이요.

(1) **학습목표:** '−(으)ㄴ N'을 사용하여 N을 꾸며 N의 상태를 말할 수 있다.

(2) '−(으)ㄴ'의 의미

- 형용사에 붙어서 뒤에 오는 명사를 수식하여 그 상태를 나타냄
  - 받침 없는 형용사, 'ㄹ'로 끝나는 형용사 어간의 경우 '-ㄴ' 사용
  - 'ㄹ'을 제외한 받침 있는 형용사 어간의 경우 '-은' 사용

(3) 도입과 제시

- 학생들에게 장소(도서관, 커피숍, 더러운 집)를 묘사하고 있는 사진, 그림 자료를 보여 준다.

> T: (도서관 사진을 보이며) 여기는 어디예요?
> S: 도서관이요.
> T: 도서관이 어때요?
> S: 조용해요. 책이 많아요. 넓어요.
> T: 네, 도서관은 책이 많은 곳이에요. 조용한 곳이에요.

- 다른 그림도 이런 식으로 이야기해 본다.
  ⇒ 교사가 학생들한테 장소 카드를 사용해서 물을 때 해당 장소에서 무엇을 하는지, 행위를 묻지 않도록 유의한다. 해당 장소가 어떠한지 상황을 묘사하도록 해야 형용사의 관형형으로 연결된다.

- 형태 제시: -(으)ㄴ N

예쁘다 – 예쁜 N	조용하다 – 조용한 N
많은 – 많은 N	넓다 – 넓은 N
있다 – 있는 N	없다 – 없는 N
더럽다 – 더러운 N	예쁘지 않다 – 예쁘지 않은 N

(4) 연습과 활용

• 형용사 카드로 단순 형태 변화 연습

- 학생들과 이전에 학습한 형용사를 활용하여 관형형으로 바꾸는 연습을 한다.
- 교사는 스케치북, PPT 등 전체가 보기 편하도록 단어의 제시 및 확인 연습을 할 수 있게 준비한다.
- 이때 연습은 '-(으)ㄴ N'의 형태로 하도록 한다.

-(으)ㄴ N   - 곳 (장소)
                  - 사람
                  - 것 (물건)

• 사진 보고 관형형으로 문장 만들기

- 풍경 사진, 장소 사진, 음식 사진, 영화 사진을 사용하여 상황을 묘사하는 문장을 만드는 연습이다.

T: 여기는 어디예요? 여기는 어떤 곳이에요?
T: 여러분은 어떤 음식/영화/자동차/사람을 좋아해요?

⇒ 교사는 이때 '어떤'을 힘주어 말하거나 강조하여 형용사를 사용하여 수식하는 문장을 만들 수 있도록 하는 것에 유의해서 지도해야 한다.

• 친구 인터뷰하고 소개하기, 문장 완성하기

T: 여러분 친구에게 질문해 봅시다.
   - 00 씨는 어떤 사람을 좋아해요? 왜요?
   - 00 씨는 어떤 사람을 싫어해요? 왜요?

⇒ 관형형을 학습하는 단계는 보통 이유 표현 '-아/어/여서'를 학습한 이후가 된다. 따라서 활동할 때는 단순히 관형형만을 말하는 것이 아니라 '-(으)ㄴ N'과 함께 '-아/어/여서'를 활용하여 어떤 사람을 좋아하고 싫어하는지 이유를 함께 묻고 답하기가 될 수 있도록 한다.

- 친구를 인터뷰한 후 친구를 소개하는 말하기로 발표하거나 친구에 대한 이야기 쓰기를 과제로 활용할 수 있다.

2) -는

> 냔냔: 안녕하세요. 저는 냔냔입니다.
> 　　　저는 무역학을 공부하는 대학생입니다.
> 　　　대학교를 졸업하면 한국 회사에서 일하고 싶습니다.

(1) **학습목표:** '-는 N'을 사용하여 N을 꾸며 N의 행위를 말할 수 있다.

(2) **'-는'의 의미:**

- 동사에 붙어서 뒤에 오는 명사를 수식하고 그 사건이나 행위가 현재 일어남을 나타낸다.
  - 받침의 유무와 관계없이 '는' 사용
  - 받침이 'ㄹ'로 끝나는 경우 '는'을 쓰고 받침 'ㄹ'은 탈락

(3) **도입과 제시**

- 학생들에게 사람이 동작을 하고 있는 사진, 그림 자료를 보여 준다.

> T: (뜨거운 커피를 마시는 사람) 여러분, 이 사람은 무엇을 해요?
> S: 커피를 마셔요.
> T: 네, 이 커피는 어때요? (김이 나는 사진을 보고)
> SS: 뜨거워요. 따뜻해요.
> T: 네, 이 사람이 마시는 커피는 따뜻해요.

- 다른 그림도 이런 식으로 이야기해 본다.

- **형태 제시: -는 N**

가다 - 가는 N	먹다 - 먹는 N
오다 - 오는 N	공부하다 - 공부하는 N
울다 - 우는 N	놀다 - 노는 N
공부하지 않는다 - 공부하지 않는 N	

⇒ 교사는 '-지 않다'가 앞에 연결되는 용언의 품사에 따라서 관형형의 형태가 다름을 주지시켜 주는 것이 좋다.

깨끗하<u>지 않은</u> 방 　 VS 　 공부하<u>지 않는</u> 사람

(4) 연습과 활용

- • 동사 카드로 단순 형태 변화 연습
- 학생들과 이전에 학습한 동사를 가지고 관형형으로 바꾸는 연습을 한다.
- 교사는 스케치북, PPT 등 전체가 보기 편하도록 단어의 제시 및 확인 연습을 할 수 있게 준비한다.
- 이때 연습은 '-는 N'의 형태로 하도록 한다.

-는 N	- 곳 (장소)
	- 사람
	- 것 (물건)

- • 사진 보고 관형형으로 문장 만들기

> 장소 사진, 직업 사진
> T: 여기는 어디예요? 여기는 무엇을 하는 곳이에요?
> T: 이 사람은 누구예요? 이 사람은 무엇을 하는 사람이에요?

⇒ 교사는 이때 '무엇'을 힘주어 말하거나 강조하여 동사를 사용하여 수식하는 문장을 만들 수 있도록 하는 것에 유의해서 지도해야 한다.

- • 친구 인터뷰하고 소개하기 문장 완성하기

> T: 여러분 친구에게 질문해 봅시다.
> - OO 씨는 어떤 사람을 좋아해요? 왜요?
> - OO 씨는 어떤 사람을 싫어해요? 왜요?

⇒ 이유 표현 '-아/어/여서'를 학습했으므로 '-는 N'과 '-아/어/여서'를 활용하여 어떤 사람을 좋아하고 싫어하는지 이유를 함께 물어보게 한다. 이때 질문은 '어떤 사람을 좋아해요?'지만 '무엇을 하는/무엇을 잘하는/무엇을 못하는' 등의 내용으로 대답하도록 유도한다.

- 친구를 인터뷰한 후 친구를 소개하는 말하기로 발표하거나 친구에 대한 이야기 쓰기를 과제로 활용할 수 있다.

• 이 사람은 누구일까요? 이 사람을 찾아 주세요.
- 동사, 형용사 관형형을 학습한 후 통합 활동으로 진행한다.
- 친구들이 반 친구를 생각하며 '-(으)ㄴ N', '-는 N'을 2개씩 사용하여 4개의 문장을 만들게 한다. 그리고 이 사람이 누군지 맞추도록 하는 활동이다.

3) 품사와 시제에 따른 관형형 전성어미

품사 시제	동사		형용사/(이)다	
	어미	예	어미	예
현재	-는	가는 곳 먹는 곳	-(으)ㄴ	예쁜 아이 높은 빌딩
과거	-(으)ㄴ -던 -었/았/였던	간 곳 먹은 곳 가던 곳 갔던 곳	-던 -었/았/였던	예쁘던 아이 예뻤던 아이
미래/추정	-(으)ㄹ	갈 곳 먹을 곳	X / -(으)ㄹ	예쁠 거야 높을 거야

❶ 현재시제 관형사형 전성어미

ㄱ. 지금 네가 먹는 것이 뭐야?   (말하는 시점 = 사건의 시점)
ㄴ. 넓은 들판에 바람이 분다.
ㄷ. 엄마가 맛있는 사과를 사 왔다.   (안은 문장 시점 = 안긴 문장 시점)
ㄹ. 학생들이 쉬는 시간에 질문을 했다.
ㅁ. 서울 가는 기차는 몇 시예요?   (주어진 행위가 총체적, 반복적)
ㅂ. 학교 가는 날이 제일 좋아.

❷ 과거시제 관형사형 전성어미

ㄱ. 지금 네가 먹은 것이 뭐야?   (말하는 시점 > 사건의 시점)
ㄴ. 착하던 아이가 왜 이러지.
ㄷ. 눈이 많이 오던 그날 밤   내가 가던 곳
ㄹ. 눈이 많이 왔던 그날 밤   내가 갔던 곳

⇒ 이때 사용되는 '-던'은 회상으로 과거를 나타낸다. '-던' 앞에 과거가 다시 붙은 것은 해당 행위가 완료됨을 나타낸다.
⇒ 초급에서는 '-던'은 제시하지 않으며 중급에서 이를 가르칠 때는 눈이 오고 있는 장면과 눈이 내려서 쌓인 장면을 회상하는 그림을 통해 둘의 차이를 제시한다.

❸ 미래시제 관형사형 전성어미

ㄱ. 내일 먹을 것은 뭐예요?	(말하는 시점 < 사건의 시점)
ㄴ. 내일 비가 올 것 같아요.	
ㄷ. 내일 먹을 것을 샀어요.	(안은 문장 시점 < 안긴 문장 시점)
ㄹ. 여기는 어릴 때 자주 왔었죠.	(관용적 쓰임)

⇒ 외국인 학생들이 '어린 때'로 왜 쓰지 않는지 자주 질문한다. 이는 지금보다 어린 시절이 분명히 과거이기 때문이다. 교사는 '어릴 때'가 '아침', '점심', '저녁'과 같이 하나의 단어처럼 특정 시간을 나타내는 고정된 표현으로 쓰이는 것으로 제시한다. 고정적으로 함께 쓰이는 표현(때, 뿐, 뻔, 기회, 자신, 정도, 가능성)의 예는 다음과 같다.

예) ㄱ. 큰일 날 뻔했어요.

ㄴ. 여기 올 기회가 흔치 않죠.

ㄷ. 이번에는 잘할 자신이 있어요.

ㄹ. 눈물이 날 정도로 매워요.

ㅁ. 우승할 가능성도 있었죠.

12. -고 싶다, -(으)러 가다, -(으)려고

1) -고 싶다

> 민수: 다카시 씨, 이번 방학에 무엇을 할 거예요?
> 다카시: 이번 방학에는 여행을 하고 싶어요.
> 민수: 어디에 갈 거예요?
> 다카시: 맛집이 많고 유적지가 있는 곳에 가고 싶어요.

(1) 학습목표: '-고 싶다'를 사용하여 희망을 말할 수 있다.

(2) '-고 싶다'의 의미

• 동사 뒤에 붙어서 말하는 사람의 희망을 나타낸다.

(3) 도입과 제시

• 교실 상황: 생일을 주제로 이야기를 시작

> T: 여러분은 생일이 언제예요? 생일에 무엇을 해요?
> SS: 파티를 해요. 친구하고 놀아요. 선물을 받아요.
> T: 선물... 좋아요. 그럼 여러분은 어떤 선물을 받아요. 좋아요?
> SS: (받고 싶은 선물을 이야기한다.)
> T: 네, ○○을/를 받고 싶어요.

• 학생들과 한국어를 왜 배우는지 이야기해 봄

> T: 그러면, 여러분은 한국어를 왜 배워요?
> SS: 저는 한국어를 잘하고 싶어요. 한국 드라마를 보고 싶어요.
>   한국에서 일을 하고 싶어요. 대학원에 가고 싶어요.

- '-고 싶다'는 자신의 희망이나 바람을 나타낼 때 사용함을 제시한다.
- '-고 싶다'는 동사하고만 결합함을 제시한다.
  ⇒ 학생들이 '예쁘고 싶다'와 같은 오류를 만들어 낸다. 형용사와 '-고 싶다'를 함께 쓰고 싶어 하는 경우에는 '예뻐지고 싶어요'와 같이 [형용사]아/어/여지고 싶다'로 사용한다. 교사는 '-고 싶다'를 학습하는 단계에서는 '[동사]고 싶다'로 쓰는 것을 강조하고 '[형용사]아/어/여지고 싶다'는 제시하지 않는다.

• 형태 제시: -고 싶다

(4) 연습과 활용

• 형태 연습 - 기본 동사를 제시하고 형태 연습
• 주제어 주고 이야기하기

> T: 여러분, 오늘 점심에는 무엇을 먹고 싶어요? / 하고 싶어요?

- 다양한 주제어를 제시하고 무엇을 하고 싶은지 전체에게 묻고 답하기를 한다.

> [오늘 점심/저녁, 주말, 생일, 방학, 나중에]

• 소원 말하기: 요정에게 자신의 소원을 말해 보기
- 소원을 들어주는 램프, 요정 등의 사진을 준비해서 자신의 소원을 말해 보게 한다.

• 만나고 싶어요: 친구와 인터뷰
- 한국에서 만나고 싶은 사람, 살면서 만나고 싶은 사람에 대해 친구와 인터뷰를 한다.
  ⇒ 교사는 이때 '왜요?'라는 질문을 반드시 넣어 만나고 싶은 이유가 무엇인지도 말하게 해야
    한다. '-아/어/여서'의 이유 표현을 배웠으므로 배운 문형을 최대한 활용해서 통합 활동을
    진행할 수 있도록 해야 한다.

2) -(으)러 가다

> 냔냔: 미키 씨, 요즘에 많이 바쁘지요?
> 미키: 네. 회사 일이 많아서 힘들어요.
> 냔냔: 그래요? 그러면 우리 저녁에 기분 전환하러 갈까요?
> 미키: 좋아요! 스트레스를 풀고 싶어요.
> 냔냔: 그럼, 쇼핑도 하고 맛있는 것도 먹으러 가요.

(1) 학습목표: '-(으)러'를 사용하여 이동의 목적을 말할 수 있다.

(2) '-(으)러'의 의미

• 동사 뒤에 붙어서 어떤 장소에 가는 목적을 나타낸다.
- 주로 '가다, 오다, 나가다, 나오다, 들어가다, 들어오다' 등의 동사와 함께 쓰인다.

- 받침이 없는 말, '르' 받침으로 끝나는 용언 어간 뒤에는 '-러'로 사용

(3) 도입과 제시

- **교실상황: 장소 사진이나 그림, PPT 준비**

> T: (도서관 사진) 여러분 여기는 어디에요?
> S: 도서관이요.
> T: 여기에 왜 가요? 도서관에서 무엇을 해요?
> S: 공부해요. 친구 만나요. 숙제해요.
> T: 네, 여러분은 도서관에 공부하러 가요.

⇒ 그 장소에 왜 가는지를 물으면 '조용해서 도서관에 가요'와 같은 응답이 나올 수 있다. 따라서 교사는 그 장소에서 왜 가는지에 이어서 무엇을 하는지를 물어서 목표 문형이 사용되는 상황을 끌어낼 수 있도록 해야 한다.

- **학생들과 주말에 어디에 가는지 무엇을 하는지 돌아가며 이야기해 본다.**
- '-(으)러 가다/오다/다니다'는 어떤 장소에 무엇을 하러 갈 때 사용함을 제시한다.
- '-(으)러'는 동사와만 결합함을 제시하고 '-(으)러' 뒤에 동사는 '가다/오다/다니다'에 한정됨을 제시한다.

- **형태 제시: -(으)러 가다/오다/다니다**

사다 - 사러 가다	먹다 - 먹으러 보다
공부하다 - 공부하러 가다	마시다 - 마시러 가다
놀다 - 놀러 가다	듣다 - 들으러 가다

(4) 연습과 활용

- **동사 카드를 통한 형태 연습**
- **장소 어휘를 주고 문장 만들기 연습 <여기에 무엇을 하러 가요?>**
- 다양한 장소 어휘, 장소 그림을 제시하고 해당 장소에 무엇을 하러 가는지 묻고 대답하는 활동을 한다.

- **주말 계획 세우기 - 통합 활동**
- '-(으)러 가다, -(으)ㄹ 거예요'요 사용하여 주말 계획 세우기

- '-(으)러 가다'를 통해 주말에 어디에 가는지와 거기에서 무엇을 하는지를 이전에 학습한 '-(으)ㄹ 거예요'로 말하게 한다.

⇒ 교사는 통합 활동을 진행할 때 해당 차시에 배운 문형만을 많이 말하는 것이 아니라 이전에 배운 문형 중에 함께 활용할 수 있는 문형들을 함께 말하게 함으로써 자연스러운 말하기 확장이 되도록 지도해야 한다.

3) -(으)려고

> 민수: 다카시 씨는 왜 한국어를 공부해요?
> 다카시: 저는 한국 회사에서 일하고 싶어요.
> 그래서 한국 회사에 취직하려고 한국어를 공부해요.

(1) 학습목표: '-(으)려고'를 사용하여 행위의 의도나 목적을 말할 수 있다.

(2) '-(으)려고'의 의미

• 동사 뒤에 붙어서 어떤 일을 하는 목적을 나타냄

- 받침이 없는 말, 'ㄹ'받침으로 끝나는 용언 어간 뒤에는 '-려고'로 사용

(3) 도입과 제시

• 교실 상황: 선생님이 다양한 행동 준비

> T: (목이 마른/아픈 행동을 하며): 아, 선생님 목이 아파요. 물을 마실 거예요.
> T: 선생님이 지금 뭘 해요?
> S: 물 마셔요. 아니... 물...
> T: 네, 선생님이 지금 물을 마시려고 해요.
> T: (교사가 여러 행동을 보여 준다./사진으로 준비해도 좋음)

• 불을 끄려는 행동, 칠판에 쓰려는 행동, 앉으려는 행동

- 학생들과 선생님, 또는 사진에서 어떤 행동이 일어날 것인지 이야기해 본다.

- '-(으)려고'는 어떤 행동을 할 생각(의도)을 표현할 때 사용함을 제시한다.

- '-(으)려고'는 동사하고만 결합함을 제시한다.

⇒ 의도를 나타내는 '-(으)려고'는 뒤에 여러 동사가 결합할 수 있다. 교재에 따라 의도를 나타내는 '-(으)려고'와 앞으로의 계획을 말하는 '-(으)려고 해요'를 구분해서 제시하는 경우가 있다.

- 형태 제시: -(으)려고

가다 - 가려고	먹다 - 먹으려고
공부하다 - 공부하려고	마시다 - 마시려고
놀다 - 놀려고	듣다 - 들으려고

(4) 연습과 활용

- 동사 카드를 통한 형태 연습

- 주말 계획 이야기하기

- 확장: -(으)려고 했어요. 하지만 못 했어요. / -(으)려고 했지만 못 했어요.

- 예전에 하려고 생각, 준비했지만 못한 일에 대해서 이야기하기

⇒ '-(으)려고'를 앞으로의 일에 대해서만 이야기를 하면 학생들이 미래를 나타내는 '-(으)ㄹ 거예요'와 혼동을 많이 한다. 따라서 교사는 예전에 하려고 했지만 못한 일을 말하기를 통해 '-(으)려고'가 의도를 나타낸다는 사실을 보여주는 것이 좋다.

> T: 선생님은 대학교 때 유럽에 가려고 했어요.
>   하지만 돈이 부족해서 못 갔어요.
>   선생님이 대학교 때 유럽에 가려고 했지만 돈이 부족해서 못 갔어요.
> T: 여러분도 이렇게 예전에 하려고 했지만 못 한 일이 있어요?

13. -고 싶다 vs -(으)러 vs -(으)려고

(1) 문형의 의미

-고 싶다	동사에 붙어 말하는 사람이 원하거나 바라는 내용을 나타냄
-(으)러	동사 뒤에 붙어서 <u>어떤 장소에 가는</u> 목적을 나타냄
-(으)려고	동사 뒤에 붙어서 <u>어떤 일을 하는</u> 목적을 나타냄

학교에 가고 싶어요.	단순 희망(학교에 가지 않는 사람도 바람을 이야기할 수 있음)
공부하러 학교에 가요.	학교에 가는 목적이 존재
학교에 가려고 해요.	준비하고 있음, 계획이 있음

(2) 제약

1) 과거 시제 결합 여부

ㄱ. 밥 먹었고 싶어요. (x)
ㄴ. 밥 먹었으러 식당에 가요. (x)
ㄷ. 밥 먹었으려고 해요. (x)

⇒ '-고 싶다'. '-(으)러 가다', '-(으)려고 하다'는 모두 과거 시제가 문장의 마지막에 붙는 문형이라는 것을 알려줘야 한다.

2) 주어 일치

ㄱ. (내가) 밥 먹으러 친구가 식당에 가요.(x)
ㄴ. (내가) 밥 먹으려고 친구가 준비해요. (x)

⇒ [밥 먹으러 식당에 가]까지가 하나의 사건(행위)이므로 주어가 동일해야 한다.
⇒ [밥 먹으려고 준비하]까지가 하나의 사건(행위)이므로 주어가 동일해야 한다.

3) 선행용언 제약 – 동사와만 결합
- '-고 싶다', '-(으)러', '-(으)려고'는 형용사와는 결합하지 않는다. 형용사를 사용하고 싶은 경우에는 다음과 같이 사용할 수 있다.

ㄱ. 예뻐지고 싶어요.
ㄴ. 예뻐지러 갔어요.

ㄷ. 예뻐지려고 운동해요.

⇒ 이 문형들을 배우는 단계에서는 '[형용사]아/어/여지다'를 배우기 전이기 때문에 학생들에게는 동사와만 결합한다는 사실을 알려주고 동사와만 결합하여 사용하도록 한다.

4) 문장 형태 제약

ㄱ. 공부하려고 도서관에 가세요.(x)
ㄴ. 공부하러 도서관에 가세요.
ㄷ. 공부하려면 도서관에 가세요.

⇒ 명령형과 결합하는 경우에는 '-(으)려면'과 결합하여 사용한다.

⇒ 교사는 '-(으)려고'는 명령형과는 결합하지 않는다는 것을 알려주고 학생들이 명령형과 결합한 오류를 만들어내는 경우에는 '-(으)려면'과 결합한다는 사실을 간단히 노출하고 이 문형은 다음에 배울 것임을 알려준다.

5) 기타

ㄱ. 저는 영화를 보고 싶어요.
ㄴ. 민수 씨는 무슨 영화를 보고 싶어요?
ㄷ. 민수 씨는 무슨 영화가 보고 싶어요?

⇒ 청자에게 직접 물을 때는 '-고 싶다'를 사용할 수 있다. 이때 '민수 씨는 무슨 영화가 보고 싶어요?'도 사용할 수 있는데 '보다' 앞에 붙는 목적어 뒤에 실현된 조사 '가'는 보조사적인 용법으로 쓰여 '영화'에 초점을 맞추는 기능을 하는 것이다. 학생들이 질문을 하는 경우 '영화'를 강조하기 위해 쓰였다는 정도로 알려줄 수 있다.

ㄱ. 민수 씨는 액션 영화를 보고 싶겠다.

⇒ 청자의 상황을 추측하는 것으로 사용할 수 있다. 이때는 '민수 씨는 액션 영화가 보고 싶겠다'가 더 자연스러운데 [보고 싶겠다]가 상태를 추측하는 것으로 쓰이기 때문에 그 앞에 결합하는 단어에 붙는 조사는 '이/가'가 더 자연스럽다.

ㄱ. 민수 씨는 액션 영화를 보고 싶어 해요.

⇒ 위의 문장에서 '민수 씨는 액션 영화를 보고 싶어요'는 어색하다. '-고 싶다'가 3인칭과 결합하는 경우에는 '-고 싶어 하다'로 3인칭 주어의 행동을 나타내는 것으로 쓰인다. 교사는 '좋다, 좋아하다, 싫다, 싫어하다'와 마찬가지로 '-고 싶다'도 3인칭과 결합할 때는 '-고 싶어 하다'로 사용된다는 것을 알려 주어야 한다.

ㄱ. 민수 씨, 미키 씨는 무슨 영화를 보고 싶어 할까요?

하나 더 ✍ | 외국인 학생의 오류 – 어떻게 고쳐 주면 좋을까?

S: 선생님, 공부하러 도서관에 가요. 공부하려고 도서관에 가요. 같아요?

ㄱ. 저, 지금 공부하려고 해요.(공부하는 행위에 초점)
ㄴ. 지금 공부하러 도서관에 가요.(장소와 이동에 초점)

⇒ 무엇에 초점을 맞추어 의미가 구성되는지 생각해 보고 학생들한테 어떻게 설명하면
   좋을지 말해 보자.

---

14. -(으)ㄹ 때, -(으)면, -(으)ㄹ 때 vs -(으)면

1) -(으)ㄹ 때

> 민수: 다카시 씨, 한국에 와서 처음에는 외로웠지요?
> 다카시: 네, 지금도 밤에 집에 혼자 있으면 좀 외로워요.
> 민수: 외로울 때는 어떻게 해요?
> 다카시: 친구한테 전화해서 이야기를 많이 해요.

(1) **학습목표: '-(으)ㄹ 때'를 사용하여 어떤 일이 있는 시간에 대해 말할 수 있다.**

(2) **'-(으)ㄹ 때'의 의미**

- 동사, 형용사, '이다' 뒤에 붙어서 어떤 일이 계속되는 동안이나 시간의 의미를 나타낸다.
  - 받침이 없는 말, 'ㄹ'받침으로 끝나는 용언 어간 뒤에는 'ㄹ 때'로 사용

(3) **도입과 제시**

> T: 여러분 학교에 와요. 그때 어떻게 와요? 버스를 타요? 걸어서 와요?
> SS: 버스를 타요. 걸어서 와요.
> T: 네, 학교에 와요. 그때 버스를 타요. 학교에 올 때 버스를 타요.
> T: 여러분 여행을 좋아해요? 언제 여행해요? 그때가 언제예요?
> SS: 여름에요. 방학에요. 날씨가 좋아요. 여행해요.
> T: 네, 방학 때 여행을 해요. 날씨가 좋을 때 여행을 해요.

- 'N 때', '-(으)ㄹ 때'를 제시한다.
- 'N 때', '-(으)ㄹ 때'를 사용하여 어떤 행위나 상황이 계속되는 시간이나 어떤 행위나 상황이 일어나는 경우에 쓰임을 제시한다.

- **형태 제시: -(으)ㄹ 때**

가다 - 갈 때	먹다 - 먹을 때	공부하다 - 공부할 때
놀다 - 놀 때	듣다 - 들을 때	
예쁘다 - 예쁠 때	좋다 - 좋을 때	덥다 - 더울 때

(4) 연습과 활용

  · 단어 카드를 통한 형태 연습

  · -(으)ㄹ 때 뭐해요?/어때요? - 후행절 만들기
  - 주제어로 상황을 주고 그때 무엇을 하는지, 어떤지 말하게 한다.

    [기분이 좋을 때, 슬플 때, 아플 때, 스트레스가 많을 때]

  · 언제 ~ 해요? - 선행절 만들기
  - 언제 [밥을 먹어요?, 노래방에 가요?, 친구를 만나요?]
  - 언제 [기분이 좋아요?, 슬퍼요?, 힘들어요?]
  - 학생들이 후행절에 행위, 상황에 따라서 목표 문형을 활용하여 선행절을 말하게
    한다.

2) -(으)면

> 다카시: 지미 씨는 학교를 졸업하면 뭐 할 거예요?
> 지미: 제 꿈은 한국어 선생님이에요.
>   한국어 선생님이 되어서 외국인 학생들에게 한국어를 가르치고 싶어요.
> 지미: 다카시 씨는 졸업하면 뭐 할 거예요?
> 다카시: 저는 졸업하면 한국 회사에 취직을 할 거예요.
>   돈도 많이 벌어서 부자가 되고 싶어요.

(1) 학습목표: '-(으)면'을 사용하여 가정 상황에 대해 말할 수 있다.

(2) '-(으)면'의 의미

  · 동사, 형용사, '이다' 뒤에 붙어서 그런 상황이 된다는 것을 가정할 때 사용한다.
  - 받침이 없는 말, 'ㄹ'받침으로 끝나는 용언 어간 뒤에는 '-면' 사용

(3) 도입과 제시

> T: 여러분 지금 한국어를 공부해요. 나중에 졸업해요. 생각해 봐요. 무엇을 할 거예요?
> S: 한국 회사에 취직해요.
> T: 아, 졸업하면 회사에 취직할 거예요?

> T: 여러분 학교를 졸업해요. 졸업식을 해요. 그리고 우리 같이 여행해요. 어때요?
> S: 같이 여행해요. 좋아요.
> T: 네, 같이 여행하면 좋아요.

- '-(으)면'을 제시한다.
- '-(으)면'을 사용하여 가정의 상황을 말할 수 있음을 제시한다.

• 형태 제시: -(으)면

가다 - 가면	먹다 - 먹으면	공부하다 - 공부하면
놀다 - 놀면	듣다 - 들으면	
예쁘다 - 예쁘면	좋다 - 좋으면	덥다 - 더우면

(4) 연습과 활용

• 단어 카드를 사용하여 형태 연습

• '-(으)면 뭐 할 거예요?/어때요?'로 응답 연습을 한다.

- 돈이 많으면, 부자가 되면, 날씨가 더우면, 친구와 같이 여행을 가면

  ⇒ 교사는 응답 연습을 할 때 위 상황에서 무엇을 할 것인지, 그때 기분이 어떤지 동사와
  형용사를 모두 활용할 수 있도록 지도해야 한다.

• 상황 주고 이야기하기

- 한국에서 10년 산다, 가족이 이번 주말에 한국에 온다, 좋아하는 가수(영화배우)
  을/를 만난다.

• 토의하기

- 두 팀으로 나눈다.

- 주제를 제시하고 (팀에서 선택하게 할 수 있다.)

예) 1) 결혼을 일찍 하면 VS 결혼을 늦게 하면
2) 혼자 여행을 하면 VS 친구하고 같이 여행을 하면
3) 더운 곳에서 살면 VS 추운 곳에서 살면

- 서로 이야기한 후에 한 문장씩 발표한다.

3) -(으)ㄹ 때 VS -(으)면

(1) 문형의 의미

-(으)ㄹ 때	어떤 행위나 상황이 계속되는 동안이나, 시간. 또는 어떤 행위나 상황이 일어난 경우를 나타냄
-(으)면	그런 상황이 된다는 것을 가정할 때 쓰임
시간 VS 가정	

ㄱ. 학교에 갈 때 버스를 타요. 학교에 가면 버스를 타요.(?)
ㄱ'. 학교에 갈 때 좋아요.
    ('가다'의 의미가 이동을 나타내어 학교에 가는 동안, 시간을 의미)
ㄱ'. 학교에 가면 좋아요.
    ('학교에 가다'의 의미가 등교를 나타내어 학교에 있는 것을 가정하고 생각하는 의미)

⇒ 유사 문형을 비교 설명할 때는 위와 같이 같은 문장에서 유사 문형의 교체로 인해 분명히 의미 차이가 나타나는 경우를 예문으로 선택해서 설명하는 것이 좋다. 그리고 같은 문장에서 유사 문형을 교체했을 때 하나는 정문이고 하나는 비문이 되는 경우들을 예를 들어 설명하는 것이 좋다.

⇒ 교사가 유사 문형의 차이를 설명할 때는 두 문형이 모두 교체가 되는 경우는 피해야 한다. 아래 문장들에서는 뉘앙스 차이를 외국인 학생에게 설명하기가 쉽지 않다.

ㄱ. 기분이 좋으면 노래를 해요. VS 기분이 좋을 때 노래를 해요.

(2) 과거 시제 결합 여부에 따른 의미

ㄱ. 학교에 갈 때/갔을 때 아무도 없었어요. (지속/ 완료)
ㄴ. 학교에 가면/갔으면 좋겠어요. (가정/강한 바람)
ㄷ. 학교에 가면 해요(?)/갔으면 해요.

⇒ '–았/었/였으면 해요'는 화자의 바람을 나타낸다. 완료된 상황을 강하게 바라는 의미가 있기 때문에 '–았/었/였으면 해요'로 나타내는 것이다.

⇒ '–았/었/였으면 해요'는 중급에서 배우는 문형이므로 '–(으)면'을 배울 때는 제시하지 않지만 학생들이 중급에서 '–았/었/였으면 해요/좋겠어요'를 배울 때 '–(으)면'과의 차이를 질문하기 때문에 교사는 이에 대해서 알고 있어야 한다.

하나 더 | 외국인 학생의 오류

ㄱ. 선생님, 주말 때 저는 극장에 갔어요.(X)
ㄴ. 오전 때는 학교에서 한국어를 공부해요.(X)
ㄷ. 저녁 때는 비빔밥을 먹었어요.(?)

'N 때' 사용: 방학/휴가/시험/학생/장마 때
'N 때' 사용 어색하거나 불가: 아침, 점심, 저녁, 주말, 요일, 오전 오후

⇒ 식사 시간을 나타내는 경우에는 아침, 점심, 저녁이 단어 자체로 식사 시간을 의미하기 때문에 때를 붙이지 말고 사용하도록 하는 것이 좋다.

15. -고 있다

1) -고 있다(착용)

> 지미: 냔냔 씨가 누구예요?
> 민수: 저기 안경을 쓰고 있는 사람이 냔냔 씨예요.
> 지미: 파란색 넥타이를 매고 있는 사람이요?
> 민수: 아니요. 그 옆에 있는 사람이요. 검은색 옷을 입고 있어요.

(1) 학습목표: '―고 있다'를 사용하여 옷이나 신발을 착용하고 있는 모습을 표현할 수 있다.

(2) '―고 있다'의 의미

　• '입다, 신다'와 같은 동사 뒤에 붙어서 옷이나 신발을 착용하고 있는 모습을 나타낸다.

(3) 진행과 착용의 '―고 있다'

진행	착용
잠깐 들어가도 돼? 잠깐만, 나 옷 입고 있어.	내 가디건이 어디 갔지? 뭐야? 지금 입고 있잖아.

2) -고 있다(진행)

> 민수: 여보세요. 미키 씨, 저녁 먹으러 갈래요?
> 미키: 지금요? 지금은 제가 발표 준비를 하고 있어요.
> 민수: 그래요? 그럼 1시간 후는 어때요?
> 미키: 좋아요. 지금 제가 발표 자료를 만들고 있는데 1시간이면 끝날 것 같아요.

(1) 학습목표: '―고 있다'를 사용하여 현재 진행하고 있는 일을 말할 수 있다.

(2) '―고 있다'의 의미

　• 동사 뒤에 붙어서 현재 어떤 일을 하는 중임을 나타낸다.

(3) 도입과 제시

> T: 여러분, 우리는 지금 무엇을 해요?
> S: 한국어를 공부해요.
> T: 맞아요. 공부가 끝났어요? 계속해요?
> S: 계속해요.
> T: 맞아요. 우리는 지금 한국어를 공부하고 있어요.
> T: (이야기하는, 밥을 먹는, 커피를 마시는 짧은 영상) 이 사람들은 뭘 해요?
> SS: 이야기해요. 밥을 먹어요. 커피를 마셔요.
> T: 네, 이야기하고 있어요. 밥을 먹고 있어요. 커피를 마시고 있어요.

- '-고 있다'를 사용하여 동작의 진행을 말할 수 있음을 제시한다.
- 형용사와는 쓰지 않음을 제시한다.
- '입고 있다, 펜을 들고 있다'와 같이 착용, 상태 지속 등의 동사는 제시하지 않는다.
  ⇒ 교사는 진행과 착용을 섞어서 제시하지 않도록 유의해야 한다. 학생들이 질문을 하는
    경우에는 '옷을 입고 있어요'를 제시하고 교사가 옷을 입는 동작을 천천히 해 보이며 동작의
    진행이 무슨 의미인지 보여 준다. 그리고 '착용'으로 '옷을 입고 있어요'를 말할 때는 옷을
    입는 행위를 빠르게 한 후 '옷을 입었어요. 그리고 계속 있어요. 옷을 입고 있어요'로 착용의
    지속을 말해 준다.

· 형태 제시: -고 있다

(4) 연습과 활용

· '-고 있다'는 고정된 형태이므로 단어 카드 연습은 확인 차원에서 간단히 한다.
  ⇒ 이때 착용으로 해석되는 동사는 사용하지 않도록 해야 한다.

· 사람들이 어떤 동작을 하고 있는 여러 사진을 보여 주고 '-고 있다'로 대답하는 응답
  연습을 한다.
- 이 사람들은 무엇을 하고 있어요?

· 소리 들려 주고 '-고 있다'로 말하기
- 사람들이 웃고 있는 소리, 기차나 버스가 출발하는 소리 등 소리만을 들려주고
  무엇을 하고 있는지 말해 보게 한다.

• 사진 보고 이야기하기

- 휴가지, 파티와 같이 사람들이 많이 나오고 다양한 동작을 볼 수 있는 시각 자료를
준비한다.
- 사진 속 사람들이 무엇을 하고 있는지 돌아가며 말하거나 짝끼리 이야기하기로
진행한다.

• 옆 사람에게 전화 걸어 이야기하기

- 옆 사람과 전화 상황으로 무엇을 하고 있는지 전화 통화하기를 한다.

  ⇒ 간단한 전화 표현을 함께 알려주고 전화 표현과 함께 말하기 활동으로 진행할 수 있다.

Q. 다음 중 문형의 기능이 다른 표현을 골라 보자.

① 나 지금 청소하고 있어.
② 지금 손에 들고 있는 게 뭐야?
③ 숙제하고 있는데 이따가 전화할게.
④ TV만 보고 있지 말고 공부도 해야지.

정답: ②

해설: ②의 '들고 있다'는 지속의 의미를 갖는다.

　　　다른 문장에서는 '-고 있다'가 진행으로 사용되었다.

16. -아/어/여 보다

> 시아: 루이 씨는 한국에 가 봤어요?
> 루이: 아니요, 아직 못 가 봤어요. 시아 씨는요?
> 시아: 작년에 부모님하고 서울에 가 봤어요.
> 루이: 서울은 어때요?
> 시아: 교통이 편리하고 먹을 것이 많았어요.

(1) 학습목표: '-아/어/여 보다'를 사용해 경험을 말할 수 있다.

(2) '-아/어/여 보다'의 의미:

• 동사에 붙어서 어떤 일에 대한 시도와 경험을 나타낸다.

(3) 도입과 제시

• 학생들에게 한국의 유명한 장소(설악산, 제주도, 부산)를 묘사하고 있는 사진, 그림 자료를 보여 준다.

> T: (여행지 사진을 보이며) 여러분, 여행 좋아해요?
> S: 네, 좋아해요.
> T: 한국에서 여행 많이 했어요? 어디에 갔어요?
> SS: 부산 갔어요. 남이섬 갔어요.
> T: 아, ○○ 씨는 부산에 가 봤어요. ○○ 씨는 남이섬에 가 봤어요.

- 다른 여행지 사진도 보이며 다 함께 여기에 갔는지 안 갔는지 이야기해 본다.

> T: ○○ 씨, 부산에 매일 가요?
> S: 아니요. 여행 갔어요.
> T: 맞아요. 우리가 어떤 특별한 일을 했어요. '-아/어/여 보다'를 사용해서 말할 수 있어요.

- 형태 제시: -아/어/여 보다

가다 - 가 보다	먹다 - 먹어 보다
하다 - 해 보다	마시다 - 마셔 보다
듣다 - 들어 보다	공부하다 - 공부해 보다

(4) 연습과 활용

- 묻고 답하기

> T: 여러분은 한국에서 많이 구경했어요? 어디에 가 봤어요?
> SS: 저는 한국에서 남산에 가 봤어요. 부산에 가 봤어요.
> T: 여러분 한국 음식을 여러 가지 많이 먹어 봤어요?
> SS: 삼계탕을 먹어 봤어요. 맛있었어요.
> T: 네, 한국에서 또 무엇을 해 봤어요?

⇒ 어디에 가서, 무엇을 하고, 무엇을 먹어 봤는지 연결되는 이야기를 할 수 있게 진행한다.

- 묻고 답하기

> T: 여러분 친구들은 한국에서 무엇을 해 봤어요? - 짝활동
> T: 한국에서 아직 안 해 본 것이 있어요? 무엇을 해 보고 싶어요?

⇒ '-아/어/여 봤어요'를 통해 경험에서 출발해서 시도의 의미로 '-아/어/여 보다'를 쓸 수 있도록 확장한다.

- 자기 경험 이야기하기

> T: 여러분이 가 본 곳 이야기를 해 주세요.

⇒ 학생들이 단순히 '00에 가 봤어요'만 말할 수 있기 때문에 교사는 가 본 경험에서 출발하여 간 곳에서 무엇을 했는지, 느낌은 어떤지 말하게 하여 간략하게 가 본 곳을 소개할 수 있는 말하기를 할 수 있도록 지도하는 것이 좋다.

- 팀별로 가고 싶은 곳 정해서 이야기하기

> T: 친구들과 가 보고 싶은 곳을 말해 보세요.

- 거기에서 무엇을 해 보고 싶어요?
- 거기에서 무엇을 먹어 보고 싶어요?

(5) −아/어/여 보다 VS −(으)ㄴ 적이 있다/없다

> ㄱ. 저는 김치를 먹어 봤어요.　　　　저는 김치를 먹어 본 적이 있어요.
> ㄴ. 저는 어제 김치를 먹어 봤어요.　　저는 어제 김치를 먹은 적이 있어요. (X)

⇒ '−(으)ㄴ 적'은 과거의 분명한 때를 의미하는데 '어제'라는 시간이 현재에서 매우 가까워서
　함께 쓰면 어색하다.

> ㄱ. 저는 김치를 먹어 볼 거예요.(앞으로 시도할 것)
> ㄴ. 저는 김치를 먹은 적이 있을 거예요.(과거 경험에 대한 추측)

⇒ 위 문장에서 '−(으)ㄹ 거예요'가 시도를 나타내는 '−아/어/여 보다'와 결합하면 앞으로의
　일을 나타낸다. 그런데 '−(으)ㄹ 거예요'가 과거의 경험을 나타내는 '−(으)ㄴ 적이 있다'와
　결합하면 그 경험을 했을 거라는 추측을 나타낸다.

17. -지 말다

루이: 내일 몇 시에 출발해요?
시아: 9시에 출발하니까 8시 반까지 오세요. 늦지 마세요.
루이: 네. 오늘은 밤에 TV를 보지 말고 일찍 자야겠어요.

(1) 학습목표: '—지 말다'를 사용하여 금지를 말할 수 있다.

(2) '—지 말다'의 의미

- 동사 뒤에 붙어서 금지의 의미를 나타낸다.
  - 듣는 사람에게 어떤 행위를 하지 못함을 나타낸다.
  - 명령문과 청유문에만 사용할 수 있다.

(3) 도입과 제시

- 금지 표시가 있는 그림을 보여주며(지하철 내 금연 / 취식 금지)

T: 여러분 이런 그림 봤어요? 무슨 뜻이에요?
SS: 담배 피워요. 안 돼요. 밥 먹으면 안 돼요.
T: 맞아요. 여러분, 지하철에서 담배 피우지 마세요. 지하철에서 음식을 먹지 마세요.

- 형태 제시: -지 말다

가다 – 가지 마세요	먹다 – 먹지 마세요	하다 – 하지 마세요
마시다 – 마시지 마세요	듣다 – 듣지 마세요	

⇒ 금지를 요구하는 표현으로 '—지 마세요'는 명령과 청유에만 쓰임을 제시하고 형용사와 결합할 수 없음을 제시한다.

⇒ 목표 문형의 기본 형태는 '—지 말다'이나 활용에서 '—지 마세요'로 쓰일 때 'ㄹ탈락'에 주의해서 제시하고 형태 변형 연습을 해야 한다. 특히 쓰기 오류에 주의하여야 한다.

- 학생들의 맞춤법 오류: 자지 말세요, 자지 마고 공부하세요.

> T: 수업 시간에 자는 친구가 있어요. 어떻게 말하면 좋을까요?
> S: 수업 시간에 자지 마세요.
> T: 그래요. 수업 시간에는 자지 말고 열심히 공부해야 해요.

- **형태 제시: -지 말고 -(으)세요.**

  ⇒ '-지 말고 -(으)세요'로 금지와 함께 다른 행위를 지시하는 표현을 쓸 수 있음을 제시한다.

(4) 연습과 활용

- **금지 표시 그림 보고 '-지 마세요'로 이야기하기.**
  - 여러 금지 표시를 보고 문장으로 대답하게 한다.

- **장소 카드 주고 '-지 마세요'로 대답하기**

N에서	-지 마세요.
-(으)니까	-지 마세요.

  ⇒ 어떤 장소에서 무엇을 하면 안 되는지 '-지 마세요'를 통해 이야기를 하게 하고 그 이유를 함께 말하게 한다.

- **금지 표시 만들기**
  - 장소, 시간, 나라별 금지 표시를 만들고 '-지 마세요', '-지 말고 -(으)세요'로 이야 기를 구성한 후 발표하기

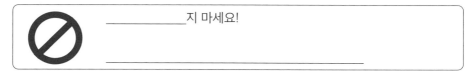

- **조언하기 - 상황을 주고 '조언하는 대화'를 구성**
  - 한국어를 공부하는 사람에게
  - 자기 나라(학생 모국)를 여행하는 사람에게
  - 남자/여자 친구를 사귀는 사람에게

  ⇒ 해당 상황에서 무엇을 하면 안 되는지 '-지 마세요'를 통해 이야기를 하도록 한다. 그 이유 까지 같이 이야기하게 하여 확장된 말하기가 될 수 있도록 한다. '-지 마세요'와 함께 '-지 말고 -(으)세요'와 같이 어떤 행동을 하면 좋은지도 함께 말하도록 할 수 있다.

18. -아/어/여야 하다

> 지미: 미키 씨, 민수 씨 생일 선물을 준비했어요?
> 미키: 네, 민수 씨가 책을 좋아해서 저는 책을 샀어요. 지미 씨는요?
> 지미: 저는 아직 못 샀어요. 오후에 백화점에 가서 선물을 사야 해요.

(1) **학습목표: '–아/어/여야 하다'을 사용하여 꼭 해야 하는 일에 대해 말할 수 있다.**

(2) **'–아/어/여야 하다'의 의미**

- 동사 뒤에 붙어서 어떤 일을 꼭 해야 하는 의무가 있음을 나타낸다.
  - '-아/어/여야 되다'로도 쓸 수 있다.
  - 어떤 일을 하거나 어떤 상황에 이르기 위해 꼭 필요한 상태나 조건임을 나타낸다.

(3) **도입과 제시**

> T: 여러분, 우리는 한국어를 공부하고 있어요.
>   그런데, 한국어 공부할 때 자기 나라 말을 해요. 괜찮아요?
> SS: 아니요. 한국어만 해요.
> T: 맞아요. 교실에서 한국어만 해야 해요.
>
> T: 여러분, 학교에서 공부할 때 어디에서 해요?
> S: 도서관이요.
> T: 도서관에 가요. 도서관에서 뭐가 필요해요?
> S: 학생증이요.
> T: 네, 학생증이 있어야 해요.
> T: 이렇게 우리가 무엇을 꼭 해야 하는 것이 있어요. 꼭 필요한 것이 있어요.
>   그때 '-아/어/여야 해요'를 써서 말할 수 있어요.

- **형태 제시: -아/어/여야 하다**

가다	- 가야 해요	먹다	- 먹어야 해요
공부하다	- 공부해야 해요	마시다	- 마셔야 해요
듣다	- 들어야 해요	크다	- 커야 해요

⇒ '–아/어/여야 하다' 앞에 붙은 선행 용언의 품사에 따라 의미 차이가 난다.

ㄱ. [동사]아/어/여야 해요 – 어떤 일을 꼭 해야 하는 의무

예) 학생은 공부를 해야 해요.

　　내일까지 발표 준비를 끝내야 해요.

ㄴ. [형용사]아/어/여야 해요 – 갖추어야 하는 상황

예) 날씨가 좋아야 해요.

　　마음이 착해야 해요.

⇒ 교사는 동사를 통해 반드시 해야 하는 일에서 시작해서 그 상황에서 필요한 것을 형용사를 통해 이야기하는 것으로 진행한다.

(4) 연습과 활용

- **상황/장소/주제 주고 말하기**

> T: 여러분, 수업 시간에 우리는 무엇을 해야 해요? 어떻게 해야 해요?
> SS: 열심히 공부해야 해요. 한국말만 말해야 해요. 발표를 해야 해요.
> T: 오늘 집에 가서 꼭 해야 하는 일이 있어요?
> SS: 숙제를 해야 해요. 청소를 해야 해요. 음식을 준비해야 해요.

⇒ 시험 / 명절 / 여행 준비 등 상황을 주고 이 상황에서 꼭 해야 하는 일을 말하게 한다.

> Q. 다음 중 문형의 기능이 다른 표현을 골라 보자.
>
> ① 학생은 열심히 공부해야 해요.
> ② 교실에서는 한국어를 써야 해요.
> ③ 수업 시간에 발표를 많이 해야 해요.
> ④ 열심히 공부하려면 먼저 튼튼해야 해요.

정답: ④

해설: ④에 쓰인 '-아/어/여야 하다'는 형용사와 결합하여 갖추어야 할 상황이나 조건을 나타낸다. 다른 예들에서는 '-아/어/여야 하다'가 모두 동사와 결합하여 반드시 해야 하는 행위를 나타내는 것으로 쓰였다.

19. -(으)려면

> 다카시: 책을 빌리려면 어떻게 해야 해요?
> 직원: 도서관 회원이세요? 회원이 아니시면 먼저 회원 가입을 하셔야 해요.
> 다카시: 네, 회원 가입을 하려면 뭐가 필요해요?
> 직원: 여기 신청서를 작성하시면 됩니다.

(1) 학습목표: '-(으)려면'을 사용하여 어떤 일을 하려는 의도가 있는 상황에서 묻고 대답할 수 있다.

(2) '-(으)려면'의 의미:

- '-(으)려고 하면'의 축약형으로 동사 뒤에 붙어서 그 일을 할 의도가 있음을 가정할 때 쓰인다.
- 앞으로 일어날 일을 가정할 때 사용한다.

  예) 비가 오려면 며칠 더 기다려야 할 것 같아요.

  ⇒ 위 대화문에서는 '의도'의 의미만으로 쓰였으므로 앞으로 일어날 일을 가정하는 경우는 제시하지 말고 행위의 의도를 가정하는 것에만 한정하여 수업을 진행해야 한다.

(3) 도입과 제시

> T: 여러분 주말에 어디에 갈 거예요?
> S: 명동이요.
> T: 그래요. 저도 명동에 가려고 해요. 어떻게 가야 해요?
> SS: 지하철을 타야 해요. 버스를 타야 해요.
> T: 네, 명동에 가려면 버스를 타야 하네요.
> T: 여러분은 한국어를 잘해요. 여러분의 친구들이 여러분한테 물어봐요.
>   한국어를 잘하고 싶어요. 어떻게 해야 해요? 좋은 방법이 있어요?
> S: 음... 한국 친구하고 이야기를 많이 해야 해요.
> T: 선생님 생각도 OO 씨하고 같아요. 한국어를 잘하려면 한국 친구하고 이야기를
>   많이 해야 해요. 한국어를 잘하려면 한국 친구하고 이야기를 많이 하세요.
> T: 이렇게 여러분이 어떤 일을 하려고 해요. 그것을 생각하면 '이렇게 해야 해요',
>   '이렇게 하세요'를 같이 말할 수 있어요.

- 형태 제시: -(으)려면

가다 - 가려면	먹다 - 먹으려면	공부하다 - 공부하려면
놀다 - 놀려면	듣다 - 들으려면	

- 형태 제시와 함께 후행절에 잘 쓰이는 선행 문형들을 함께 제시하는 것이 좋다.

-(으)려면 -아/어/여야 해요, -(으)세요.

(4) 연습과 활용

- 형태 연습을 통한 문장 만들기
- 형태 연습에서 활용한 단어를 가지고 완성된 문장 만들기로 진행할 수 있다.
- 학생들에 다시 단어를 보이고 '명동에 가려면 어떻게 해야 해요?', '맛있는 음식을 먹으려면?' 등으로 질문을 해서 학생들이 완성된 문장으로 대답하게 한다.
  ⇒ 이때 학생들이 후행절만 만드는 것이 아니라 목표 문형을 포함한 선행절로 시작하는 완성된 문장으로 대답을 할 수 있도록 해야 한다.

ㄱ. 가다	- 명동에 가려면 지하철을 타야 해요.
ㄴ. 먹다	- 맛있는 음식을 먹으려면 OO 식당에 가 보세요.
ㄷ. 공부하다	- 공부하려면 도서관에 가세요.
ㄹ. 마시다	- 커피를 마시려면 OOO에 가 보세요.

- 주제어, 주제문 주고 이야기하기
- 여러 이야기를 할 수 있는 주제어, 주제 문장을 주고 목표 문형을 활용하여 연습한다.
- 하나의 주제어, 주제문에 대해 가능한 많이 이야기가 나올 수 있도록 유도한다.

ㄱ. 요리	요리를 잘하려면 많이 먹어 봐야 해요.
	요리를 잘하려면 재료가 좋아야 해요.
ㄴ. 한국어 듣기	한국어 듣기를 잘하려면 노래를 많이 들어야 해요.
	한국어 듣기를 잘하려면 드라마를 많이 봐야 해요.
ㄷ. 친구를 많이 사귀다	친구를 많이 사귀려면 성격이 좋아야 해요.
	친구를 많이 사귀려면 동아리에 가입해야 해요.
ㄹ. 감기에 안 걸리다	감기에 안 걸리려면 옷을 따뜻하게 입어야 해요.
	감기에 안 걸리려면 마스크를 써야 해요.

- 정보 말하기

> T. 학생들과 지도(수업하는 장소 근처)를 보면서 말하기

- 컴퓨터로 지도를 보거나 미리 준비한 간략하게 그린 지도를 보면서 함께 이야기 한다.

⇒ 이때 교사는 학생들이 모두 잘 알고 익숙한 곳으로 준비해야 한다. 교사가 먼저 시범을 보이고 이후에는 학생들이 질문과 대답을 만들도록 한다.

> T: 여러분 여기는 학교 근처에요. 학교 근처 여기저기 가 봤어요?

- 학교 근처에서 맛있는/비싼 음식을/싸게 밥을 먹으려면 어디에 가야 해요?
- 책-책을 사려면/읽으려면 어디에 가야/어떻게 해야 해요?
- 펜-펜을 사려면 어디에 가야 해요?
- 커피-맛있는 커피를/조용한 곳에서 커피를 마시려면 어디에 가야 해요?
- 편지/선물 - 고향에 편지/선물/소포를 보내려면 어떻게 해야 해요?

⇒ 학생들이 묻고 답하기를 하면서 알게 된 정보를 지도에 표시하게 해서 '맛집 지도', '카페 지도', '걷기 지도' 등을 완성하게 한다.

- 정보 말하기
- 자신이 잘 아는 장소에 대해서 소개하기(짝활동/소그룹 활동)
- 각자 자기가 알고 있는 장소에서 추천할 만한 곳을 이유와 함께 이야기한다.

> T: 여러분, 쇼핑을 하려면 동대문에 가 보세요. 동대문에 가면 값도 싸고 예쁜 옷도 많아요. 여러분이 알고 있는 곳을 소개해 주세요.

- 제 고민을 들어 주세요.
- 활동지를 준비해 학생들이 익명으로 자기의 고민을 쓰게 한다.
- 이때 고민은 무엇을 하려고 하는데 잘 되지 않는 것, 무엇을 하고 싶은데 방법을 잘 모르는 고민으로 쓰도록 유도한다.

> T: 여러분 저는 고민이 있어요. 노래를 잘하고 싶어요. 그래서 연습을 하는데 잘 안 돼요. 좋은 방법이 없을까요?
> S: 선생님, 노래를 잘하려면 먼저 많이 들어야 해요. 노래방에 자주 가야 해요.

- 롤링 페이퍼를 준비하여 돌아가면서 쓰기 활동으로 진행할 수 있다.
- 3~4명식 그룹을 지어 서로 친구를 이야기를 듣고 서로 조언해 주기로 진행할 수 있다.
- 전체로 진행하는 경우 학생들에게 고민만 적게 한 후 걷어서 교사가 고민을 읽어 주고 전체가 해결책을 제시하는 말하기로 진행할 수 있다.

나의 고민:

하나 더 ✍ | '-(으)려면' 연습 시 자주 등장하는 오류: '-고 싶다'

S1: 저는 한국어를 잘하고 싶어요.
S2: 한국어를 잘하고 싶으려면 한국 드라마를 많이 봐야 해요.

⇒ '-고 싶다'는 보조 형용사이므로 '싶으려면'이라고 할 수 없다.
⇒ '잘하고 싶으려면'을 '한국어를 잘하려면'으로 수정해 준다.

20. -(으)ㄹ게요, -(으)ㄹ게요 VS -(으)ㄹ래요

1) -(으)ㄹ게요

> 민수: 내일이면 시험이 끝나네요. 반 친구들하고 놀러 갈까요?
> 다카시: 좋지요. 다 같이 맛있는 음식도 먹고 노래방에서 노래도 불러요.
> 지미: 그러면 제가 친구들한테 시간을 물어볼게요.
> 다카시: 그러면 민수 씨가 식당을 알아봐 줄래요?
> 민수: 네, 좋아요. 식당은 제가 예약할게요.

(1) 학습목표: '-(으)ㄹ게요'를 사용하여 자신의 의지를 말할 수 있다.

(2) '-(으)ㄹ게요'의 의미

- 동사 뒤에 붙어서 어떤 일을 하겠다는 의지를 나타낸다.
 - 말하는 사람이 어떤 일을 하겠다고 자신의 의지를 나타내거나 상대방에게 약속함을 나타낸다.

(3) 도입과 제시

> T: 여러분, 혹시 수업 후에 선생님 도와 줄 수 있는 사람 있어요?
> SS: 네, 저요. 제가요.
> T: 수업 끝에 칠판을 지워 줄 수 있는 사람 누구예요?
> S: 저요. 제가 할 거예요.
> T: 와! OO 씨가 선생님을 도와 줄 거예요? 고마워요.
> T: OO 씨가 선생님한테 "제가 도와 줄게요", "칠판을 지울게요" 말했어요.
> T: 이렇게 여러분이 누구를 위해서, 무엇을 위해서 어떤 일을 할 거에요.
>   이때 '-(으)ㄹ게요'를 써서 말할 수 있어요.

- 형태 제시: -(으)ㄹ게요

가다 - 갈게요	먹다 - 먹을게요.	공부하다 - 공부할게요.
놀다 - 놀게요	듣다 - 들을게요.	

- '-(으)ㄹ게요'는 주어로 나, 저, 우리(화자를 포함)만 가능함을 제시한다.
- 의문형으로 쓰이지 않고 대답으로만 쓰임을 제시한다.

- 발음을 확인한다. [-(으)ㄹ께]

⇒ [을께]와 같이 'ㄹ' 뒤에서 경음으로 실현되는 경우는 수의적 경음화로 일반적인 경음화 규칙으로 설명이 되지 않는다. 한국인들도 '을게'를 쓸 때 표기 오류로 '을께'와 같이 쓰는 경우를 종종 찾아볼 수 있다. 외국인 학생들도 쓰기 오류에서 이러한 오류들이 나타나므로 '-(으)ㄹ게'를 학습할 때는 발음과 함께 표기에도 유의하여 지도해야 한다.

(4) 연습과 활용

• 반 친구들을 위해 자기가 할 수 있는 일 말하기

> T: 여러분, 저는 여러분을 위해서 더 열심히 가르칠게요. 여러분은요?

- 더 좋은 우리 반을 만들기 위해 각자가 할 수 있는 일을 말하게 한다.

• 계획 세우기 - 그룹 활동
- 상황[생일파티/반 파티/여행 준비/집안일 나누기 등]을 주고 자신이 할 수 있는 있을 말하도록 한다.
- 2명씩 짝을 짓거나 3인 소그룹으로 대화를 구성하게 한 후 역할극으로 진행할 수 있다.

• 대화 만들기 - 짝활동
- 상황을 주고 대화를 만들고 발표하게 한다.

> 선생님과 시험을 못 본 학생
> 아빠/엄마와 필요한 것을 사 달라고 하는 아이
> 프로포즈하는 사람의 대화
> 결혼한 후 앞으로의 생활을 약속하기

⇒ 역할을 부여해서 발표할 때는 억양과 말투도 해당 역할에 맞게 할 수 있도록 지도해야 한다. 또한 표정이나 행동 등의 비언어적인 요소도 함께 지도해야 한다.

• 노래 배우기
- [나랑 결혼해 줄래]: '-(으)ㄹ게', '-(으)ㄹ래' 문형이 반복적으로 나온다.
- 듣고 빈칸 채우기, 가사를 보면서 이해하기, 자기만의 후렴구 만들어 보기 등으로 다양하게 활용할 수 있다.

2) -(으)ㄹ게요 VS -(으)ㄹ래요

(1) 문장 형태

-(으)ㄹ게요	-(으)ㄹ래요
의문형 불가	의문형(청유형), 평서형 둘 다 가능
*영화 보러 갈게요?	영화 보러 갈래요? 영화 보러 갈래요.

(2) 주어 결합

-(으)ㄹ게요	-(으)ㄹ래요
1인칭 주어(나, 저, 우리)	1인칭, 2인칭 주어 결합(의문형)
영화 보러 갈게요.(제가) 민수가 영화 보러 갈게요(X) 그 일 제/우리가 할게요.	영화 보러 갈래요(제가) 영화 보러 갈래요?(듣는 사람이 주어) 그 일 제가/우리가 할래요.

(3) 의미 차이

-(으)ㄹ게요	-(으)ㄹ래요
청자/상대방 배려	화자 위주
1) 야구 티켓이 생겼는데 갈 사람 있어요? 　제가 갈게요.	제가 갈래요.
2) 어떡하지? 표가 5장 밖에 없네. 　그럼 제가 안 갈게요.	그럼 제가 안 갈래요.
3) 차에 다 못 타겠는데, 어떡하지. 　제가 지하철로 갈게요.	제가 지하철로 갈래요.

⇒ 1)에서는 야구를 보러 가고 싶은 자신의 의향을 말하기 때문에 '제가 갈게요'라는 대답보다는 '제가 갈래요'가 좀 더 자연스럽다.

⇒ 2)에서는 1명이 양보해야 하는 상황이므로 '제가 안 갈게요'는 다른 사람을 위해 내가 가지 않겠다는 의미로 읽히지만 '제가 안 갈래요'는 그럼 나는 필요 없다, 그렇게까지 가고 싶지는 않다 정도의 의미로 읽힌다. 그래서 이때는 '제가 안 갈래요'로 말하기보다는 '그럼, 저는 안 갈래요'로 쓰는 것이 더 자연스럽다. 이때 말투도 '그럼 제가 안 갈게요'는 양보하는 차분한 말투가 떠오르지만 '그럼 저는 안 갈래요'는 살짝 마음이 상한 말투가 떠오른다.

⇒ 3)에서 1명이 지하철을 타야 하는 상황에서 '제가 지하철로 갈게요'는 다른 사람에게 차를 양보하겠다는 의미로 읽히고 말투도 '저는 정말 괜찮아요. 제가 지하철로 갈게요'와 같이 긍정적인 말투가 떠오르지만 '제가 지하철로 갈래요'는 그렇게까지 차를 타고 싶은 것은 아니니 그냥 내가 알아서 지하철로 가겠다는 의미로 읽힌다. 그리고 이때도 '제가'로 쓰는 것보다 '저는 지하철로 갈래요'와 같이 '저는'으로 쓰는 것이 더 자연스럽다.

21. (이)나, -거나

1) (이)나

> 다카시: 민수 씨는 주말에 보통 뭘 해요?
> 민수: 시간이 있으면 집 근처 공원에서 운동을 해요.
> 다카시: 운동을 좋아해요? 주로 무슨 운동을 해요?
> 민수: 농구나 축구를 해요.

(1) 학습목표: '(이)나'를 사용하여 선택에 대해 말할 수 있다.

(2) '(이)나'의 의미

- 명사 뒤에 붙어서 앞 명사와 뒤 명사 중에서 어느 것이든 선택할 수 있음을 나타낸다.
- 받침 있는 명사에는 'N이나'의 형태로 사용한다.
- 둘 이상의 대상을 나열하거나 그중에 어떤 것을 선택함을 나타낸다.
- 만족스럽지 않지만 괜찮은 정도의 차선임을 나타낸다.

  ⇒ 위의 대화문에서는 둘 이상의 대상을 나열하거나 선택하는 의미로 사용되었다. 차선책을 나타내는 의미로는 쓰이지 않았으므로 둘 이상의 나열로 의미를 한정하여 제시해야 한다.

(3) 도입과 제시

> T: 여러분 아침에 무엇을 먹어요?
> SS: 빵이요. 밥이요. 샐러드요. 김밥이요.
> T: OO 씨는 아침에 항상 빵을 먹어요?
> SS: 아니요. 빵을 먹어요. 밥을 먹어요.
> T: 네. OO 씨는 아침에 빵이나 밥을 먹어요.

  ⇒ 학생들에게 아침에 주로 무엇을 먹는지 물어보고 'N(이)나'를 써서 한 가지로 정해져 있는 것이 아니라, 때에 따라 다른 선택을 할 때 사용할 수 있음을 제시한다. 또 학생들에게 주말에 보통 어디에 가는지 장소를 묻고 한 학생에게 2가지 이상의 장소가 나오면 'N(이)나'를 사용하여 말할 수 있음을 제시한다.

- 형태 제시: N(이)나

| 빵이나 밥 | 종로나 명동 | 도서관이나 집 | 사과나 포도 |

- 차선책을 나타내는 'N(이)나'와는 구별하여 제시한다.

예) 점심이나 먹죠.   잠이나 자라.

⇒ 위 문장에서는 '점심, 잠'이 최선책이 아니라 차선책으로 선택되어 별로 중요치 않게 해석된다. 'N(이)나' 형태가 가지는 의미가 많기 때문에 교사는 목표 문형의 기능과 의미에 따른 예문을 잘 선택해야 한다.

(4) 연습과 활용

• 응답 연습

[보통 점심에/저녁에] 무엇을 먹어요? 어디에서 먹어요?

⇒ 학생들이 '보통 점심에 밥을 먹어요.'와 같이 하나만 대답하는 경우와 있는데 교사는 학생들에게 두 개 정도를 대답하도록 유도해야 한다.

• 받고 싶은 것 말하기 - 짝활동

[생일/졸업식/크리스마스]에 받고 싶은 선물 묻고 대답하기

⇒ 받고 싶은 선물 말하기, 또는 중요한 날에 가고 싶은 장소 등을 말하게 되면 '저는 생일에 스마트폰이나 노트북을 받고 싶어요'와 같이 받고 싶은 두 가지 중에 하나를 받고 싶다는 의미로 사용하게 된다. 따라서 '할 일도 없는데 청소나 하자'와 같은 문장에서 쓰인 'N(이)나'의 의미와 확실하게 구분이 된다. 받고 싶은 선물 두 가지, 가고 싶은 장소 두 가지를 떠올려 말하게 되면 두 선택이 모두 괜찮다는 의미가 잘 살아난다.

2) -거나

> 다카시: 민수 씨는 농구를 누구하고 같이 해요.
> 민수: 혼자 하거나 공원에 있는 사람들하고 같이 해요.
> 다카시: 저도 농구를 하고 싶은데 키가 작아서 걱정이에요.
> 민수: 농구를 좋아하면 키가 크거나 작거나 누구나 할 수 있어요.
>   다음 주에 저하고 같이 해요.

(1) 학습목표: '-거나'를 사용하여 선택에 대해 말할 수 있다.

(2) '-거나'의 의미:

• 동사나 형용사 뒤에 붙어서 앞의 것이나 뒤의 것 중에서 어느 것이든 선택할 수 있음을 나타낸다.

(3) 도입과 제시

> T: 여러분 주말에 보통 뭐 해요?
> SS: 집에서 쉬어요. 친구를 만나요. 쇼핑해요.
> T: 아, 여러분은 주말에 보통 쉬거나 친구를 만나요.
>   친구를 만나거나 쇼핑을 하네요.
> T: 그러면, 스트레스가 많을 때는 무엇을 해요?
> SS: 노래방에 가요. 맛있는 것을 먹어요. 운동을 해요.
> T: 스트레스가 많을 때는 노래방에 가거나 맛있는 것을 먹어요. 맛있는 것을 먹거나
>   운동을 하네요.

• 형태 제시: -거나

- 의문사와 결합하여 상관없음을 나타내는 '-거나'는 순차적으로 제시한다.

  예) 제가 무엇을 하거나 상관하지 마세요.

  ⇒ '-거나' 형태가 가지는 의미가 많기 때문에 기능과 의미에 따른 예문을 잘 선택해야 한다.

- 자기 이야기를 할 때 특정 시간이 주어진 과거 표현과는 쓰지 않음을 제시한다.

  > ㄱ. 어제 빵을 먹거나 밥을 먹었어요. (X)
  > ㄴ. 어렸을 때는 아침에 빵을 먹거나 밥을 먹었어요.(O)

  ⇒ 위 문장에서 '어제'는 특정 시간으로 어제의 식사로 정해진 하나를 먹어야 하기 때문에 선택을 나타내는 '-거나'는 사용할 수 없다. 따라서 '어제 보통 빵을 먹거나 밥을 먹었어요'와 같이 '보통'이라는 말이 들어가도 비문이 된다. 하지만 '어렸을 때'는 과거의 특정 시간이 아니고 시간의 흐름에서 유년 시절을 말하는 것이기 때문에 '어렸을 때는 아침에 보통 빵을 먹거나 밥을 먹었어요'와 같이 '보통'이라는 말이 들어가도 정문이 된다.

- 미래를 나타내는 '-겠-'과 결합하지 않는다.

  > ㄱ. 주말에 공부를 하겠거나 친구를 만날 거예요.(X)

  ⇒ '-겠-'이 1인칭 주어와 결합하면 화자가 그 행동을 꼭 하겠다는 의지를 나타내게 된다. 따라서 '-거나'의 선택과 의미상 충돌하게 되어 비문이 된다. 이러한 오류를 쓰는 학생이 있으면 '공부를 하는 것'. '친구를 만나는 것' 두 개의 중요도가 서로 다르지 않음을 말해 주고 '공부를 하거나 친구를 만날 거예요.'로 바꿔 준다.

(4) 연습과 활용

• 응답 연습

> 쉬는 시간에/주말에/ 무엇을 해요?
> 사람들은 봄/여름/가을/겨울에 무엇을 해요?

⇒ 가능한 두 가지를 떠올려서 보통 어떤 일들을 하는지, 사람들이 계절에 따라 주로 어떤 것들을 하는지 말해 보게 한다.

• 하고 싶은 것 말하기 - 짝활동

> 생일/졸업식/크리스마스에 하고 싶은 일 말하기

⇒ 사람들이 특별한 날 주로 어떤 일들을 하는지 말해 보게 하고, 학생들은 중요한 날 하고 싶은 것이 무엇인지 가능한 두 개 안을 말해 보게 한다. 이때 '저는 크리스마스에 여행을 가거나 친구들과 파티를 하고 싶어요'와 같이 '−고 싶어요'를 함께 써서 말하도록 지도한다.

하나 더 📖 | '−거나' 연습 시 자주 등장하는 오류

ㄱ. (저는) 지난 주말에 공부를 하거나 친구를 만났어요.(X):
ㄴ. (저는) 지난주에 공부를 했거나 친구를 만났어요.(X)

⇒ 과거는 선택이 아니고 실제로 행동한 하나만 말할 수 있음을 알려준다. 위와 같은 문장을 학생이 두 가지를 다 한 것이라고 하면 '-고'로 연결해야 함을 알려준다.

ㄱ. (저는) 보통 공부를 하거나 친구를 만나요. (O)
ㄴ. (저는) 다음 주말에 공부를 하거나 친구를 만날 거예요. (O)
ㄷ. (OO 씨는) 지난주에 공부를 하거나/했거나 친구를 만났을 거예요.(O)

⇒ '-거나' 문장에서 주어가 1인칭이면 화자가 선택할 수 있는 2가지를 말하는 문장이 되지만 1인칭이 아닌 경우에는 1인칭이 아닌 다른 사람(주어)의 행위에 대한 화자의 추측이 된다.

---

22. -기가 싫다/힘들다/쉽다/어렵다

> 지미: 민수 씨, 지금 뭐 하고 있어요?
> 민수: 이번 주 금요일에 발표가 있어서 준비하고 있어요.
>   그런데 준비하기가 싫어요.
> 지미: 하기 싫어도 해야지요. 너무 걱정하지 마세요.
>   민수 씨는 잘할 수 있을 거예요.

(1) 학습목표: '-기가 싫다/힘들다/쉽다/어렵다'를 사용하여 '하는 일/할 일'에 대한
     느낌을 말할 수 있다.

(2) '-기가 싫다/힘들다/쉽다/어렵다'의 의미

  • 동사에 붙어서 그 행동을 하는 것이 '싫다/힘들다/쉽다/어렵다'는 뜻을 나타낸다.

  - '-기': 동사나 형용사, '이다'에 붙어 그 말이 문장 내에서 주어, 목적, 등의 명사
       구실을 하게 하는 어미

(3) 도입과 제시

  • 학생들에게 음식(라면, 계란 후라이, 김치, 불고기) 사진, 그림 자료를 보여 준다.

> T: 여러분, 요리 잘해요?
> SS: 네, 저 잘해요. 아니요. 저 못해요.
> T: (라면)사진을 볼까요? 라면 요리는 어때요? 라면을 만들어요. 쉬워요? 어려워요?
> S: 라면은 쉬워요.
> T: 네, 라면을 만들어요. 쉬워요. 라면은 만들기가 쉬워요.
> T: 그럼, (김치 사진) 이건 어때요? 김치는 만들기가 어때요?
> SS: 몰라요. 어려울 것 같아요. 못해요.
> T: 네, 김치는 만들기가 어려워요.

  - 다른 그림도 이런 식으로 이야기를 해 보고 '-기가 쉽다/어렵다'를 제시한다.

  • 형태 제시: -기(가) 쉽다/어렵다

> T: 그러면 여러분, 음식을 만들어요. 좋아해요?
> SS: 네, 저는 좋아해요. 아니요. 저는 안 좋아해요.
> T: 아, OO 씨는 요리하기를 좋아해요.

> T: 하지만 OO 씨는 요리하기를 좋아하지 않아요. 요리하기를 싫어해요?
> S: 아니요. 싫어하지 않지만 잘 못해요.

- 앞에서 이어지는 요리 이야기를 통해 '-기를 좋아하다/싫어하다'를 제시한다.

· **형태 제시: -기(를) 좋아하다/싫어하다**

(4) 연습과 활용

· 묻고 답하기

> T: 여러분, 한국어를 공부하고 있어요. 공부하기가 어때요?
> S: 공부하기가 어려워요.
> T: 무엇이 어려워요? 듣기가 어려워요?
> T: 이렇게 외국어를 배우려고 해요. 무슨 외국어를 배우기가 쉬워요?

- 한국어를 공부할 때 어려운 것, 쉬운 것을 이야기해 본다.
- 한국어 말고 다른 외국어를 배웠거나 아는 외국어에 대해 배우기 어떤지 이야기
  해 본다.

· 묻고 답하기

> T: 한국에서 무엇을 하기가 어려워요?

- 학생들이 답하기를 어려워하는 경우 교사가 미리 상황을 사진 또는 그림 자료로
  소재를 준비하여 응답 연습을 한다.

  예) 쇼핑 때 계산 / 미용실 / 식당 메뉴 / 버스 노선도 / 지하철 등

· 묻고 답하기

> T: 저는 운동을 배우고 싶어요. 하기 쉬운 운동을 알고 싶어요.

⇒ 교사는 이때 목표 문형의 사용과 함께 이유를 함께 말하도록 하여 '-아/어/여서 -기가
   쉽다/어렵다'로 말할 수 있도록 지도한다.

> T: 여러분한테 하기 쉬운 것, 하기 어려운 것은 뭐예요?

⇒ 교사는 이때도 단순히 목표 문형을 사용한 문장만을 말하는 것이 아니라 무엇이 어려운지, 쉬운지에 대해 그 이유를 말하게 하는 것에 유의하여 지도해야 한다.

• **친구 인터뷰하기**

- 친구가 하기 좋아하는/싫어하는 일 말하기

> T: 여러분들은 어떤 집안일을 좋아해요? 하기 좋은/쉬운 일은 뭐예요? 그리고 하기 싫은/어려운 일은 뭐예요? 친구와 함께 이야기해 봐요.

⇒ 교사는 이때 자기의 말을 할 때는 '저는 −기가 좋아요/싫어요'를 사용할 수 있음을 말해 주고 다른 사람의 일에 대해서는 할 때는 'OO 씨는 −기를 좋아해요/싫어해요'로 말하도록 한다. 이때 '좋다/싫다' 앞에서는 조사 '이/가'를 사용하고 '좋아하다/싫어하다' 앞에는 조사 '을/를' 사용하는 것에 유의하여 지도한다.

• **확장 활동 - 한국에서 살기 어때요?**

> T: 이번에는 한국에서 살기에 대해 말해 볼까요? 한국에서 살기 어때요?

- '-기' 뒤에 오는 어휘들을 확장하여 제시하고 활동한다.
- -기(가) 편하다/불편하다, 힘들다, 편리하다
- 전체 말하기로 진행할 수 있고 소그룹으로 나누어 진행할 수 있다.

23. N 동안, -는 동안, N 동안 vs N 때

1) N 동안

> 로라: 지미 씨, 내일부터 방학이지요?
> 지미: 네, 내일부터 다음 달까지 한 달 동안 방학이에요.
> 로라: 방학이 있어서 좋겠어요. 이번 방학 때는 뭘 할 거예요?
> 지미: 이번에는 가족들을 만나러 한국에 갈 거예요.

(1) 학습목표: 'N 동안'을 사용하여 기간을 말할 수 있다.

(2) '동안'의 의미

- **명사 뒤에 와서 어떤 일이 이루어지는 기간을 나타낸다.**
- '동안'의 사전적 의미: 명사로서 시간의 길이를 나타낸다.
- 앞의 명사와 띄어 씀을 원칙으로 한다.

(3) 도입과 제시

> T: 여러분, 집에서 학교까지 얼마나 걸려요?
> SS: 10분이요. 30분이요. 1시간이요.
> T: 네, 선생님은 집이 멀어요. 버스를 타고 또 지하철도 타요.
>   30분 동안 버스를 타요. 또 20분 동안 지하철을 타요.

- 출퇴근/등하교에 걸리는 시간을 통해 '동안'의 의미를 노출한다.

- **형태 제시: N 동안**

> T: 우리는 하루에 몇 시간 공부해요?
> S: 4시간 공부해요.
>   (그림을 통해 9시~1시 계속해서 공부하는 것을
>   화살표로 표시하여 기간을 보인다.)
>
> T: 네, 우리는 하루에 4시간 공부해요. 4시간 동안 공부해요.

9시 → 1시
동안

(4) 연습과 활용

- 묻고 답하기

> 방학/주말/휴가 동안 무엇을 했어요?

- 얼마나 했어요?
  - 기간을 나타내는 어휘를 제시한다.

> [한 시간 / 일 일 / 일주일 / 한 달 / 일 년]

  - 한국어 공부를 얼마 동안 했어요?
  - 무엇을 배웠어요? 얼마나 했어요?

2) -는 동안

> 지미: 민수 씨, 발표는 잘 끝났어요?
> 민수: 아니요. 어제 발표를 했는데 실수를 했어요.
> 　　　그리고 발표하는 동안 너무 떨었어요.
> 지미: 그럴 수도 있지요. 너무 신경 쓰지 마세요.

(1) 학습목표: '–는 동안'을 사용하여 어떤 일을 계속하는 시간에 대해 말할 수 있다.

(2) '–는 동안'의 의미:

- 동사에 붙어 그 일이 계속되는 시간을 나타낸다.

(3) 도입과 제시

> T: 여러분, 집에서 학교까지 얼마나 걸려요.
> SS: 10분이요. 30분이요. 1시간이요.
> T: 네, 선생님은 집에서 학교까지 1시간 걸려요. 1시간 동안 음악을 들어요.
> 　학교에 오는 동안 음악을 들어요.
> T: 여러분은 학교에 오는 동안 무엇을 해요.

⇒ 'N 동안'의 도입에서 나온 상황과 연결되는 이야기를 통해 상황을 연결해서 'N 동안'과 '–는 동안'의 쓰임을 보일 수 있다.

• 형태 제시: -는 동안

가다 - 가는 동안	먹다 - 먹는 동안
살다 - 사는 동안	듣다 - 듣는 동안
있다 - 있는 동안	없다 - 없는 동안

- 그림을 통해 9시~1시 계속해서 공부하는 것을 화살표로 표시하여 기간을 보인다.

예) 집에서 학교에 가는 동안 음악을 들어요.

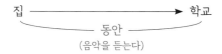

집 ─────────────→ 학교
────── 동안 ──────
(음악을 듣는다)

⇒ 교사는 '-는 동안'이 행위가 계속되는 것을 의미하므로 순간성이 있는 동사와 결합할 수 없다는 것을 제시해 줘야 한다.

예) 제가 서는 동안 친구는 앉아요.(X)

⇒ 위 문장은 '제가 서 있는 동안 친구는 앉아 있어요.'로 수정할 수 있다. 이는 '서 있는' 상태가 지속되는 것이다.

⇒ '-는 동안'과 '-는 사이'에 대한 차이를 묻는 학생이 있을 수 있다. 이때는 아래 문장과 함께 그림을 통해 두 문장의 차이를 이야기해 준다.

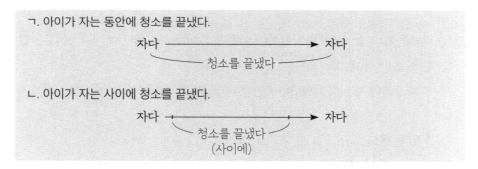

ㄱ. 아이가 자는 동안에 청소를 끝냈다.

자다 ─────────────→ 자다
────── 청소를 끝냈다 ──────

ㄴ. 아이가 자는 사이에 청소를 끝냈다.

자다 ├────────────┤→ 자다
──── 청소를 끝냈다 ────
(사이에)

⇒ 위 문장에서 '아이가 자는 동안에'는 아이가 자는 것을 시작해서 자는 행위가 지속되고 있음을 의미하므로 '자다'에 시작부터 계속되는 그림으로 나타내고 '자는 사이에'는 자는 시간이 2시간이라면 그 사이 30분을 활용해서 청소를 끝냈다는 의미로 중간에 (   )를 사용하거나 [ ] 등의 기호를 사용하여 '사이'는 중간에 어느 시점을 나타냄을 그림으로 보이고 설명해 준다.

(4) 연습과 활용

· 묻고 답하기

> 한국/고향에 있는 동안 무엇을 했어요?
> 한국/고향에서 사는 동안 무엇을 하고 싶어요?
> 사는 동안 꼭 해야 하는 일은 뭐예요?

3) 동안 VS 때

> ㄱ. 방학 동안 무엇을 했어요? VS 방학 때 무엇을 했어요.
>   　　[지속성]　　　　　　　　　　　[순간성]

⇒ 위의 문장의 차이를 묻는 학생들이 많다. 이때 두 문장의 뉘앙스 차이를 말해 주기보다는 하나의 문형을 다른 문형으로 대체할 수 없는 예를 통해 '동안'과 '때'의 차이를 보여주는 것이 좋다.

> ㄱ. 기분이 나쁠 때 음악을 듣는다.
> ㄴ. 기분이 나쁘는 동안 음악을 듣는다.(X)

⇒ 위의 문장과 같이 '–는 동안'은 '있다, 없다'를 제외하고 형용사와는 결합하지 않는다. '–는 동안'이 동사와만 결합하는 이유를 생각해보면 '–는 동안'이 지속성을 가지고 있기 때문이다. 즉, 학생들에게 '–는 동안'은 동사와만 결합할 수 있다는 설명이 1차적인 설명이지만 그 이유가 '–는 동안'이 지속성을 가지고 있어서 시간이 소요되어야 하기 때문이라는 것을 알려주는 것이 좋다. 형용사는 상태를 나타내고 상태는 '순간'을 의미한다. '기분이 나쁠 때'는 바로 기분이 나쁜 그 순간적인 상태를 나타내므로 시간이 소요되는 것이 아니다.

> ㄱ. 밥 먹을 때 소리 내지 마라.
> ㄴ. 밥 먹는 동안 소리 내지 마라.

⇒ '밥 먹을 때 소리 내지 마라'는 같이 밥을 먹는 누군가가 밥을 입에 넣는 순간에 '쩝쩝' 소리를 낼 때 사용할 수 있다. 같이 밥을 먹는데 처음으로 듣기 싫은 소리를 들었을 때 '밥 먹을 때 소리 내지 마!'와 같이 사용하므로 순간성에 초점이 맞추어진다. 그런데 그 소리가 계속 지속된다면 '밥 먹는 동안 소리 내지 마!', '밥 먹는 동안에는 좀 조용히 먹자!' 등으로 지속성에 초점이 맞추어진다.

ㄱ. 주말 때 여행을 갔어요.

ㄴ. 주말에 여행을 갔어요.

ㄷ. 주말 동안 여행을 갔어요.

⇒ '주말'이 보통 특정 시간을 나타내기 때문에 '주말 때'보다는 '주말에'가 더 자연스럽다. 그리고 '주말 때'와 '주말에'는 내가 여행을 간 시점이 '주말'이라는 것을 단순히 이야기해 준다. 그런데 '주말 동안'은 내가 주말이라는 시간을 이용해서 그 시간 동안 여행을 했다는 의미로 '토요일에 출발해서 일요일까지', 또는 '토요일이나 일요일 아침부터 저녁까지' 등의 의미를 상상할 수 있어 지속성에 초점이 놓인다는 것을 알 수 있다.

24. -기로 하다

1) -기로 하다

> 민수: 지미 씨, 방학 동안 무엇을 할 거예요?
> 지미: 저는 가족들이랑 여행을 가기로 했어요.
>   민수 씨는 방학을 어떻게 보낼 거에요?
> 민수: 저는 그동안 못한 프랑스어 공부를 하려고 해요.

(1) 학습목표: '-기로 하다'을 사용하여 결정이나, 결심을 말할 수 있다.

(2) '-기로 하다' 의미:

- 동사 뒤에 붙어서 그 일을 할 것을 결정하거나 결심했음을 나타낸다.
  - '-기로 하다' 앞에는 과거를 나타내는 '-았/었/였-'을 쓸 수 없다.
  예) 택시를 타기로 했다. 택시를 탔기로 했다.(X)

(3) 도입과 제시

T: 여러분, 이건 무엇을 하는 걸까요?
SS: 약속이요. 꼭 해요.
T: 맞아요. 약속이에요.
T: 여러분, 올해 첫날 기억나요? 눈을 감고 생각해 보세요.
T: 저는 올해 첫날 아침에 거울을 보면서 저하고 약속을 했어요.
S: 무슨 약속이요?
T: (주먹을 불끈 쥐는 / 다짐하는 행동을 하며)
   '그래! 올해는 꼭 일주일에 세 번 운동해야지! / 하루에 한 시간 공부해야지!
T: 이렇게 저는 일주일에 세 번 운동하기로 했어요. 하루에 한 시간 공부하기로 했어
   요. 여러분은 어떤 약속을 했어요?
SS: 한국어를 배워요. 다이어트를 해요.
T: 네, OO 씨는 한국어를 배우기로 했어요. OO 씨는 다이어트를 하기로 했어요.
T: 이렇게 우리가 약속을 해서 꼭 무엇을 해요. 마음을 정했어요. 그때 '-기로 하다'로

> 말할 수 있어요.
> T: 나하고 약속하고 다른 사람하고 약속해요.
> T: 여러분 부모님하고 무슨 약속을 했어요?
> S: 한국어 공부를 열심히 해요.
> T: 아, 한국어 공부를 열심히 하기로 했어요.

- **형태 제시: -기로 하다**
- '-기로 하다'가 약속한 것이나 결심의 의미를 나타낼 때 '-기로 했어요'의 형태로 고정되어 쓰임을 제시한다.
- '-기로 하다'가 대화 과정에서 서로 타협을 하여 정할 때는 '-기로 해요'의 형태로 쓰임을 제시한다.
  > ⇒ 수업 내용에 따라서 두 가지 의미를 순차적으로 제시하고 통합하여 가르칠 수도 있다. 차시별로 나누어 가르칠 때는 약속한 것이나 결심을 말하는 것에서는 '-기로 했어요'로 과거형으로만 사용하도록 제시하고 서로 타협하는 과정을 이야기할 때는 '-기로 해요', '-기로 할까요?' 등으로 사용하도록 제시한다.

(4) 연습과 활용

- **자신의 결심 말하기**

  > T: 여러분, 한국에 오기 전에 어떤 약속/결심을 했어요?
  > T: 한국어 수업 시작하기 전에 어떤 약속/결심을 했어요?
  > T: 오늘 집에 가서 꼭 해야 하는 일이 있어요?

  > ⇒ 교사는 지금 생각해서 정하는 것이 아니라 일정 시간 전에 이미 생각한 것이나 결심한 것을 말하도록 해야 한다. 학생이 바로 생각해서 말하는 경우 '저는 집에 가서 숙제를 하기로 할 거예요'와 같이 미래형을 사용하는 오류를 범하는 경우가 많으므로 결심을 한 시간이 이미 있어야 한다는 사실에 유의해서 지도해야 한다.

- **통합활동: 여행 계획 정하기(-기로 했어요, -기로 해요)**
- 친구와 함께 여행에서 잘 곳/갈 곳/할 일을 서로 이야기하면서 정하게 한다.
- 이때 서로 의견을 말하여 조율하며 대화할 때는 '-기로 할까요?', '-기로 해요'를 사용하여 대화를 하게 한다.
- 계획을 정한 후에 정한 것을 다른 사람 앞에서 발표할 때는 '-기로 했어요'를 사용하여 발표하게 한다.

· 룸메이트/결혼하는 부부 규칙 정하기

- 친구와 함께 상황에 맞는 규칙을 정하도록 한다.
- 서로 규칙을 정하는 과정에서는 '-기로 할까요?', '그러면, -기로 해요'를 사용하여 대화를 하게 한다.
- 상황에 맞는 규칙을 정한 후에 다른 사람 앞에서 발표할 때는 '-기로 했어요'를 사용하여 발표하게 한다.

(5) -기로 하다 VS -(으)ㄹ 거예요.

> ㄱ. 영화를 보기로 했어요.
> ㄴ. 영화를 볼 거예요.

⇒ 학생들 중에 '-기로 했어요'가 미래라고 생각하여 '-(으)ㄹ 거예요'와의 차이를 묻는 경우가 있다. 이때 교사는 학생들에게 '주말에 무엇을 할 거예요?'라고 물은 후에 학생이 '영화를 볼 거예요.'나 '친구를 만날 거예요'와 같이 이야기하면 영화를 보는 것, 친구를 만나는 것에 대한 결심을 언제 했는지 묻는다. 특히 '친구를 만날 거예요'와 같은 문장에 대해서는 그 친구하고 약속을 했는지 물어서 영화를 보는 행위나 친구를 만나는 행위가 지금 생각한 것이 아니라 이전에 결심을 했거나 약속을 한 상태인 경우 '영화를 보기로 했어요', '친구를 만나기로 했어요'와 같이 말할 수 있음을 알려준다. 즉, 행위가 일어나는 것은 미래여도 그 행위에 대해 결심과 생각을 한 것은 과거임을 알려주어야 한다.

> Q. 다음 중 문형의 기능이 다른 표현을 골라 보자.
>
> ① 다음 주에 영화를 보기로 했어요.
> ② 하루에 10개씩 단어를 외우기로 했어요.
> ③ 이번 주 일요일에 등산을 가기로 하지요.
> ④ 오늘부터 매일 한 시간 운동하기로 했지요.

정답: ③

해설: ③에 쓰인 '-기로 하다'는 다른 사람과 약속을 정하는 과정에서 제안의 기능을 하고 있다. 다른 예들에서는 모두 '-기로 하다'가 과거시제와 함께 쓰여 약속, 결심을 나타내고 있다.

25. N 말고, -지 말고, N 말고 N도

1) N 말고

> 직원: 어서 오세요. 뭐 찾으시는 거 있으세요?
> 윤서: 아, 요즘 유행하는 모자를 좀 보고 싶은데요.
> 직원: 네, 이쪽으로 오세요. 이건 어떠세요?
> 윤서: 예쁘네요. 그런데 이거 말고 다른 색깔도 있어요?
> 직원: 물론이지요. 여기 다른 색도 있으니까 마음에 드는 걸로 써 보세요.

(1) 학습목표: '말고'를 사용하여 다른 선택에 대해 말할 수 있다.

(2) '말고'의 의미:

• 명사 뒤에 와서 앞의 명사를 거부하고 뒤의 명사를 선택함을 나타낸다.

(3) 도입과 제시

> T: 여러분, 쇼핑 좋아해요?
> S: 네, 좋아해요.
> T: 여러분이 쇼핑을 하러 갔어요. 마음에 드는 옷이 있어요.
>   그런데 색깔이 조금 마음에 들지 않았어요. 그때 어떻게 말해요?
> SS: 다른 색 없어요? 다른 색 주세요.
> T: 맞아요. 그때 이 색 말고 다른 색 없어요? 이렇게 물어 볼 수 있어요.

• 형태 제시: N 말고

(4) 연습과 활용

• 주말에 가면 좋은 곳 이야기하기 - 릴레이 형식으로 말하기

- 앞에 사람이 말한 것에 말고를 붙여 말하고 다른 선택지를 말하게 한다.

> T: 주말에 우리 같이 어디에 가면 좋을까요?
> S1: 한강에 가요.
> T: 한강 말고 남산에 가요.
> S2: 아니요. 남산 말고 명동에 가요.
> S3: 명동 말고 동대문에 가요.

• 사진/그림 보여 주고 선택하기

> [옷/컴퓨터/선물/가구] - 두 개가 대비되는 사진이나 그림을 준비한다.
>
>
>
> T: 여러분, 이 옷 어때요? 이 옷을 살까요? 저한테 어울릴까요?
> S: 아니요. 선생님, 그 옷 말고 파란색 옷을 사세요.

⇒ 처음에는 두 개 중 확실히 하나를 선택할 수 있는, 대비가 분명히 나는 것을 가지고 연습을 하는 것이 좋다. 그리고 이때 교사는 '왜요?'로 물어 학생들이 이유를 함께 말하게 하여 확장된 말하기가 이루어질 수 있도록 유도한다.

(5) −지 말고

- 'N 말고'를 학습한 후에 예전에 학습한 '−지 마세요'를 환기시켜 동사의 경우에는 '−지 말고'를 사용해서 쓸 수 있음을 제시하고 'N 말고'와 함께 연습하도록 한다.

> T: 이름을 쓸 때 빨간색 펜으로 써도 될까요?
> S: 아니요, 빨간색 펜 말고 검은색 펜으로 써야 해요.
> T: 맞아요. 빨간색 펜 말고 검은색 펜으로 써야 해요. 빨간색으로 쓰지 말고 검은색으로 써야 해요. 우리 배웠어요. 이렇게 동사하고 같이 말할 때는 '−지 말고'로 말해요.
> T: 그럼 우리 쉬지 말고 계속 말하기로 연습해 봐요.

(6) N 말고 N도

- 'N 말고'의 확장으로 'N 말고 N도'를 제시할 수 있다. 수업 시간과 학생들의 학습 수준을 고려하여 진행한다.

> T: 여러분 제가 이가 아파서 어제 병원에 갔어요. 의사 선생님이 오늘도 오라고 했어요. 그런데 오늘만 가는 것이 아니에요. 내일도 가야 해요.
> T: 오늘 말고 내일도 가야 해요.

⇒ 교사는 '오늘만 가는 것이 아니다'로 '아니다'를 강조하여 '말고'의 의미가 연결되는 것임을 제시한다. 그리고 이때 조사 '도'를 강조하여 반드시 조사 '도'를 함께 사용해야 함을 강조해서 지도해야 한다.

> T: 여러분, 혹시 지금 먹고 싶은 음식 있어요?
> SS: 불고기요. 치킨이요.
> T: 00 씨, 불고기를 먹고 싶어요? 불고기 말고 또 먹고 싶은 것 있어요?
> S: 냉면이요.
> T: 아, 불고기 말고 냉면도 먹고 싶어요?
>   이렇게 어느 하나만이 아니에요. 어느 하나만 말고 다른 것도 더 이야기하고 싶을 때
>   'N 말고 (또) N도'를 써서 말할 수 있어요.

• 형태 제시 - N 말고 (또) N도

- 'N1뿐만 아니라 N2'의 의미로 N1만이 아니라 N2도 뒤의 내용과 같다는 뜻이다.
- 'N 말고 또 N도', 'N 말고도 N', 'N 말고도 또 N'의 형태로도 사용된다.

> ㄱ. 불고기 말고 (또) 냉면도 먹고 싶어
> ㄴ. 불고기 말고도 (또) 냉면 먹고 싶어

⇒ 학생들이 V를 사용해서 문장을 만들고 싶어할 경우 '-(으)ㄹ 뿐만 아니라'를 사용하여
   문장을 만들 수 있도록 지도한다. 단, '-(으)ㄹ 뿐만 아니라'를 학습하기 전이라면 간단히
   노출해서 앞으로 배울 것임을 알려 주고 본 학습에 집중하며 N을 활용할 수 있도록 한다.

• 연습과 활용 - 자신이 잘하는 것 두 개 말하기

> T: 여러분은 한국어를 잘해요. 또 잘하는 것이 있어요?

- 잘하는 언어 두 개, 잘하는 운동 두 개 등, 잘하는 것 두 개를 말하는 연습을 한다.
  예) 한국어 말고 영어도 잘해요. 야구 말고 축구도 잘해요.

• 연습과 활용 - 자랑하기
- 다음과 같은 주제를 주고 자랑을 하도록 한다.

> [자기 / 부모님 / 고향 / 친구 / 학교 / 내가 가진 물건]

⇒ 교사는 이때 학생들이 잘하는 것 두 가지, 자랑하고 싶은 것 두 가지를 말하게 한다.
   이때 잘하게 된 이유, 또는 자랑을 하고 싶은 이유 등을 말하게 하여 길게 말할 수 있도록
   지도한다.

26. -(으)ㄴ/는 것 같다, 추측과 완곡의 구분

1) -(으)ㄴ/는 것 같다

> 민수: 지미 씨, 이 가방 어때요? 저한테 잘 어울려요?
> 지미: 네, 괜찮네요. 그런데 민수 씨한테 조금 작은 것 같아요.
> 민수: 그래요? 그럼 저 파란색 가방은 어때요?
> 지미: 좋은데요. 크기도 괜찮은 것 같아요.

(1) 학습목표: '-(으)ㄴ/는 것 같다'를 불확실한 판단에 대해 말할 수 있다.

(2) '-(으)ㄴ/는 것 같다'의 의미:

- 동사나 형용사 뒤에 붙어서 말하는 내용이 불확실한 판단을 나타낸다.
  - [동사]는 것 같다, [형용사](으)ㄴ 것 같다.

(3) 도입과 제시

> T: 여러분 쇼핑 좋아해요?
> SS: 네, 좋아해요. 아니요, 안 좋아해요
> T: 제가 지난 주말에 오랜만에 옷을 사러 갔어요.
> S: 무슨 옷이요?
> T: 바지를 사러 갔어요. 백화점에서 바지를 입어 봤어요. 입고 거울을 봤어요. 그런데
>   처음 봤을 때는 잘 어울렸어요. 조금 더 봐요. 이상했어요. 다시 봐요. 잘 어울렸어요.
>   다시 봐요. 안 어울렸어요. (어려운 표정을 짓는다) 아, 잘 모르겠어요.
> T: 이렇게 보면 잘 어울리는 것 같아요. 그런데 다시 보면 안 어울리는 것 같아요.
>   이렇게 정확하게 말하기 어려워요. 그럴 때 '-것 같아요'를 써서 말할 수 있어요.
>
> (학생들에게 어느 하나로 정하기 어려운 표정이나 상황을 나타내는 그림, 사진 자료를 보여줌)
>
> T: (보는 사람에 따라서 웃는 표정 또는 우는 표정으로 보이는 사진)
>   여러분, 이 사람은 지금 뭐해요?
> S: 웃어요.
> T: 진짜요? 정말 웃어요?
> S: 음... 울어요.
> T: 진짜요? 정말 울어요?
> SS: 잘 몰라요. 웃는 것 같아요. 우는 것 같아요.
> T: 제 생각에는 웃는 것 같아요. 그런데 OO 씨 말을 듣고 다시 보니까 우는 것도 같아요.

· 형태 제시: -(으)ㄴ/는 것 같다

가다 - 가는 것 같다	먹다 - 먹는 것 같다	울다 - 우는 것 같다
예쁘다 - 예쁜 것 같다	깊다 - 깊은 것 같다	덥다 - 더운 것 같다

(4) 연습과 활용

· 사진 보고 말하기:

- 이 사람은 기분이 어떤 것 같아요?: -(으)ㄴ 것 같다.

- 이 사람은 지금 무엇을 하는 것 같아요?: -는 것 같다.

⇒ 표정, 행동을 나타내는 다양한 사진을 보여 준다. 이때 교사는 가능하면 확실하게 말하기 어렵거나 어느 하나로 정하기 어려운 표정과 행동이 나오는 사진으로 준비하는 것이 좋다.

· 우리 반 친구에 대해서 생각해 보기

- 우리 반 친구들은 어떤 것 같아요?: -(으)ㄴ 것 같다.

- 우리 반 친구들을 요즘 무엇을 하는 것 같아요?: -는 것 같다.

⇒ 교사는 이때 '여러분이 잘 모를 수 있어요. 하지만 한번 생각해 봐요. 아마... (생각하는 표정을 지으며) 이런 것 같아요. 이것을 하는 것 같아요. 생각해서 말해 봐요'와 같이 추측에 초점을 맞추어 말할 수 있도록 지도한다. 그리고 학생들이 추측을 했을 때 왜 그렇게 생각했는지를 함께 물어서 학생들이 근거를 들어서 추측하는 확장된 말하기를 할 수 있도록 지도해야 한다.

· 몸으로 말해요

- 학생들을 2팀으로 나눈다.

- 동사 카드 / '-는 것 같다'가 있는 문장 카드를 준비

- 한 팀에서 한 명이 나와 카드를 보고 말을 하지 않고 행동으로 설명한다.

- 그 팀에서 친구들이 행동으로 하는 설명을 보고 문장으로 이야기하게 한다.

· 내 생각에 한국 사람들은,

- 학생들이 관찰한 한국, 한국 사람들에 대해서 말해 보게 한다. 또는 한국에 대해서 한국인에 대해서 들은 정보를 가지고 한국과 한국 사람들에 대해 추측하기를 할 수도 있다.

T: 여러분이 생각했을 때 한국 사람들은 어떤 것 같아요? 무엇을 잘하는 것 같아요? 무엇을 자주 하는 것 같아요? 여러분 생각을 말해 보세요. 왜 그렇게 생각해요?

2) 형태에 따른 '-것 같다' 정리

	N	동사	형용사	있다/없다
과거	가수이었던 것 같다.	노래한 것 같다. 먹은 것 같다.	예뻤던 것 같다. 높았던 것 같다.	있었던 것 같다. 없었던 것 같다.
현재	가수인 것 같다.	노래하는 것 같다. 먹는 것 같다.	예쁜 것 같다. 높은 것 같다.	있는 것 같다. 없는 것 같다.
미래	가수일 것 같다.	노래할 것 같다. 먹을 것 같다.	예쁠 것 같다. 높을 것 같다.	있을 것 같다. 없을 것 같다.

ㄱ. 가수이었던/였던 것 같다   가수이었을/였을 것 같다.
ㄴ. 예뻤던 것 같다.   예뻤을 것 같다.
ㄷ. 노래한 것 같다.   노래했을 것 같다.

⇒ 위의 나란히 있는 두 문장들은 비슷한 의미를 나타내는 것으로 보인다. 그러나 자신의 과거를 떠올려 말할 때는 '나 어렸을 때 예뻤던 것 같은데'로는 쓸 수 있지만 '나 어렸을 때 예뻤을 것 같은데'는 어색하다. 다른 사람에 대해서 말할 때는 '윤서는 어렸을 때 예뻤던 것 같은데', '윤서는 어렸을 때 예뻤을 것 같은데'로 둘 다 사용할 수 있지만 이때는 추측의 확실성의 정도에서 차이가 난다. 미래 시제는 기본적으로 추정을 내포하게 되므로 '-(으)ㄹ 것 같다'가 붙은 문장이 확실성이 조금 더 떨어진다. 예를 들어 '윤서 방금 나간 것 같은데'가 '윤서 방금 나갔을 것 같은데'보다 더 확실한 근거를 가지고 추측하는 의미로 읽힌다.

3) 추측 VS 완곡

T: 옆에 친구는 어떤 것 같아요?
S: 예쁜 것 같아요.
T: 왜요? 왜 그렇게 생각해요?
S: 음... 예뻐요.

T: 다시 한번 친구를 잘 보세요. 표정이 어때요?
S: 웃어요.
T: 왜 웃을까요?

S: 아마, 기분이 좋아요.

T: 그래요. OO 씨가 기분이 좋아요. 알아요? 잘 몰라요. 하지만 얼굴을 봐요. 그래서 생각해요. 아마 기분이 좋아요. 이때 '기분이 좋은 것 같아요'로 말할 수 있어요.

⇒ 한국인들이 말을 할 때 '–것 같다'라는 표현을 많이 사용한다. 이때 완곡한 표현으로 돌려 말하기로 말할 때가 많은데 학생들에게 추측의 '–(으)ㄴ/는 것 같다'를 가르칠 때는 완곡과 추측이 뒤섞이지 않도록 예문을 선정하는 데 주의해야 한다. 즉, 학생들이 친구에 대해서 말할 때 'OO 씨는 친구들을 잘 도와줘요. 성격이 좋은 것 같아요'와 같이 어떤 관찰을 통해서 근거를 기반으로 추측을 할 수 있도록 지도해야 한다.

27. -(으)ㄹ 수 있다/없다

> 다카시: 민수 씨, 다음 달에 부산에 가려고 해요. 좋은 곳 좀 추천해 주세요.
> 민수: 그래요? 부산에 가면 자갈치 시장에 한번 가 보세요.
>   신선한 회와 해산물을 먹을 수 있어서 좋아요.
> 다카시: 고마워요. 가 볼게요. 그리고 6월에 바다에서 수영도 할 수 있어요?
> 민수: 서울보다 더우니까 아마 할 수 있을 거예요.

(1) 학습목표: '-(으)ㄹ 수 있다/없다'를 사용하여 가능과 불가능에 대해 말할 수 있다.

(2) '-(으)ㄹ 수 있다/없다'의 의미:

- 동사에 붙어서 가능함/불가능함을 나타낸다.

(3) 도입과 제시

- 학생들에게 계절(봄, 여름, 가을, 겨울) 사진, 그림 자료를 보여 준다.

-가르치는 시기에 맞는 사진을 먼저 보여 줌

> T: 여러분, 요즘 날씨가 어때요?
> S: 더워요.
> T: 맞아요. 지금은 여름이에요. 더워요.
> T: 여러분 여름 좋아해요?
> SS: 네, 아니요.
> T: 왜 좋아해요? 여름에 무엇을 해요?
> SS: 수영해요. 팥빙수 먹어요.
> T: 그래요. 여름에는 수영을 할 수 있어요.
> T: 여름에는 수영을 할 수 있어요. 무엇을 할 수 없어요?
> S: 스키를 탈 수 없어요.

- 다른 계절도 이런 식으로 이야기해 본다.

- 형태 제시: -(으)ㄹ 수 있다/없다

가다 - 갈 수 있다/없다	먹다 - 먹을 수 있다/없다
공부하다 - 공부할 수 있다/없다	
놀다 - 놀 수 있다/없다	듣다 - 들을 수 있다/없다

(4) 연습과 활용

- 형태 연습: 동사 카드를 활용하여 연습
- 묻고 답하기 [4계절 단어를 주제로 주고 할 수 있는 일/할 수 없는 일 말하기]

> T: 봄/여름/가을/겨울에 무엇을 할 수 있어요? 무엇을 할 수 없어요?

- 장소 보고 이야기하기 [학교, 도서관, 서울, 고향]

> T: 여러분, 학교에서 무엇을 할 수 있어요? 무엇을 할 수 없어요?
> SS: 공부할 수 있어요. 운동을 할 수 있어요. 도서관에서 책을 빌릴 수 있어요.

- 장소를 주제어로 주고 해당 장소에서 할 수 있는 일/할 수 없는 일을 이야기해 본다.

- 문장 확대하기
- 고향에서 할 수 있지만 한국에서 할 수 없는 일
- 한국에서 할 수 있지만 고향에서 할 수 없는 일
- 평일/주말에 할 수 있지만 평일/주말에 할 수 없는 일
  ⇒ 교사는 학생들이 할 수 있는 일과 할 수 없는 일을 말하면서 왜 그 일을 할 수 있는지, 또 왜 할 수 없는지를 함께 말해 복문을 구성할 수 있도록 지도한다. 장소, 시간 등을 비교해 가면서 말할 수 있도록 하고 이유 표현과 함께 사용하여 가능과 불가능의 이유를 말할 수 있도록 한다.

28. -기 전에, -(으)ㄴ 후에

1) -기 전에

> 민수: 요즘에 밤에 잠이 잘 안 와요.
> 지미: 그래요? 그러면 자기 전에 가벼운 운동을 해 보세요.
> 민수: 네, 운동도 하는데 침대에 누우면 여러 생각을 하는 것 같아요.
> 지미: 그러면 자기 전에 책을 읽거나 노트에 생각을 정리해 보세요.
> 민수: 아, 그것도 좋은 방법이네요.

(1) **학습목표: '-기 전에'를 사용하여 앞선 행위에 대해 말할 수 있다.**

(2) **'-기 전에'의 의미:**

- 동사 뒤에 붙어서 어떤 행위나 상태가 앞에 오는 사건보다 앞서는 것을 나타낸다.
  - 과거를 나타내는 '-았/었/였-'과 함께 사용할 수 없다.
  - 'N 전에' 형태로 쓰이기도 한다.

(3) **도입과 제시**

> T: 여러분, 아침에 몇 시에 학교에 와요?
> SS: 8시 50분이요.
> T: 그전에는 무엇을 해요?
> SS: 밥을 먹어요. 집에서 숙제를 해요.
> T: 네, 학교에 오기 전에 밥을 먹어요. 학교에 오기 전에 숙제를 해요.

- **형태 제시: -기 전에**

(4) **연습과 활용**

- **묻고 답하기**

> T: 학교에 오기 전에 뭘 해요? 오늘 학교에 오기 전에 뭘 했어요?

- 도입에서 다룬 주제를 활용하여 학교에 오기 전에 한 일에 대해서 이야기해 본다.

- 무엇을 준비해요?
- 주제어를 주고 그 전에 준비해야 하는 일을 말해본다.

[운동 / 여행 / 시험 / 유학 / 쇼핑]

⇒ 이때 교사는 준비를 위해 필요한 일들은 '-아/어/여야 하다'로 말할 수 있음을 제시하고 왜 그것을 준비해야 하는지 이유를 들어 말할 수 있도록 지도한다.

- 시간 추적하기
- 뒤로 시간을 추적해 보며 목표 문형을 반복적으로 사용해서 말할 수 있다. 학생이 답을 하면 '그전에는요?', '그 일을 하기 전에는요?'와 같이 계속 물어볼 수 있다.

T: 어제 자기 전에 뭐 했어요?

- 자기 전에서 출발하여 시간 순서대로 뒤로 가 본다.
  예) 자기 전에 숙제를 했어요. 숙제를 하기 전에 한국 드라마를 봤어요. 한국 드라마를 보기 전에 저녁을 먹었어요. 저녁을 먹기 전에~~~

- 하루 일과 말하기[짝활동]
- 시간 뒤로 추적하기처럼 친구의 하루 일과를 묻고 답하게 한다.
- 짝을 이루어 유명인이 되어 하루 일과를 묻고 답하게 한다.

[매니저와 연예인의 대화, 비서와 사장의 대화]

- 대화를 만든 후에는 역할극으로 진행할 수 있다.
  ⇒ 교육과정 구성에 따라 '-(으)ㄴ 후에'도 학습한 상황이라면 '-기 전에, -(으)ㄴ 후에'를 통합한 활동으로 진행할 수 있다.

2) -(으)ㄴ 후에

지미: 민수 씨, 오늘 수업 후에 같이 영화 보러 갈까요?
민수: 미안해요. 저는 오늘 수업이 끝난 후에 도서관에 가야 해요.
      다음 주에 발표가 있어서 자료를 찾아야 해요.
지미: 그래요? 그러면 바쁜 일이 끝난 후에 가요.
민수: 네, 고마워요.

(1) 학습목표: '-(으)ㄴ 후에'를 사용하여 일어난 행동 다음의 일을 말할 수 있다.

(2) '-(으)ㄴ 후에'의 의미

  • 동사 뒤에 붙어 '어떤 일의 다음에'의 의미를 나타낸다.

(3) 도입과 제시

> T: 여러분, 우리 수업이 언제 끝나요?
> SS: 1시요.
> T: 맞아요. 여러분은 수업이 끝나고 그 후에 무엇을 해요?
> SS: 밥을 먹어요. 집에 가요.
> T: 네, 수업이 끝난 후에 밥을 먹어요. 밥을 먹은 후에 뭐 해요?

  • 형태 제시: -(으)ㄴ 후에

가다 - 간 후에	먹다 - 먹은 후에	공부하다 - 공부한 후에
만들다 - 만든 후에	듣다 - 들은 후에	

(4) 연습과 활용

  • 묻고 답하기

> T: 수업이 끝난 후에 뭐해요?

  - 도입에서 다룬 주제를 활용하여 수업이 끝난 후에 일에 대해서 이야기해 본다.

  • 무엇을 해요?

  - 주제어를 주고 그 후에 하는 일 말하기

  [운동 / 여행 / 시험 / 유학 / 쇼핑]

  ⇒ 이때 교사는 그 후에 하는 일에 대해 '-고 싶다', '-(으)ㄹ 거예요'와 같은 문형들과 함께 쓸 수 있음을 제시하고 왜 그 일을 하고 싶은지, 할 것인지 이유도 함께 말할 수 있도록 지도한다.

• 시간 추적하기

- 아침에서 출발하여 현재까지 시간을 추적하며 목표 문형을 반복적으로 사용해서 말할 수 있다. 학생이 답을 하면 '그 후에는요?', '그 일을 한 후에는요?'와 같이 계속 물어볼 수 있다.

> T: 오늘 아침에 일어난 후에 뭘 했어요?

예) 일어난 후에 세수를 했어요. 세수를 한 후에 아침을 먹었어요. 아침을 먹은 후에 학교에 왔어요. 학교에 온 후에~~~

• 하루 일과 말하기[짝활동]

- 시간 추적하기처럼 친구의 하루 일과를 묻고 답하게 한다.
  ⇒ 이 때 '-기 전에' 활동과 달리' 처음 출발을 아침에서 출발해서 지금까지 일과를 추적하게 한다.

• 이 사람의 직업은 무엇일까요?

- '-(으)ㄴ 후에'를 사용하여 5개 문장으로 일과를 말하게 한다.
- 친구의 말을 듣고 해당하는 사람의 직업을 맞추게 한다.
  ⇒ 교육과정 구성에 따라 '-기 전에'를 학습했다면 '-기 전에, -(으)ㄴ 후에'를 복합적으로 사용한 문장을 구성하여 통합 활동으로 진행할 수 있다.

29. -(으)면 안 되다, -아/어/여도 되다

1) -(으)면 안 되다

> 직원: 저, 잠시만요. 음식을 가지고 들어가시면 안 됩니다.
> 다카시: 음료수도 가지고 들어갈 수 없나요?
> 직원: 네, 가지고 들어갈 수 없습니다.
> 다카시: 사진은 찍을 수 있어요?
> 직원: 아니요, 사진을 찍으면 안 됩니다.

(1) 학습목표: '-(으)면 안 되다'을 사용하여 금지에 대해 말할 수 있다.

(2) '-(으)면 안 되다' 의미:

- 동사 뒤에 붙어서 그 일을 금지함을 나타낸다.

(3) 도입과 제시

- 금지의 표시가 있는 사진이나 그림[금연, 주차 금지 등]을 제시한다.

> T: 여러분, 이건 무슨 말이에요.
> S: 담배 피우지 마세요.
> T: 맞아요. 교실에서 담배를 피워요. 돼요?
> S: 아니요. 안 돼요.
> T: 그래요. 교실에서는 담배를 피우면 안 돼요.
> T: 그럼, 우리 생각해 봐요. 교실에서 자기 나라 말을 해요. 돼요?
> SS: 아니요. 안 돼요. 하면 안 돼요.
> T: 맞아요. 교실에서 자기 나라 말을 하면 안 돼요. 한국어로 이야기해야 해요.

- 형태 제시: -(으)면 안 되다.

가다 - 가면 안 돼요	먹다 - 먹으면 안 돼요
하다 - 하면 안 돼요	마시다 - 마시면 안 돼요
놀다 - 놀면 안 돼요	듣다 - 들으면 안 돼요

(4) 연습과 활용

- 장소 카드 보고 하면 안 되는 일 이야기 하기

[교실 / 도서관 / 공원 / 공항 / 극장 / 커피숍 / 박물관]

T: 여러분, 여기에서 무엇을 하면 안 돼요?

⇒ 교사는 이때 하면 안 되는 이유도 함께 말하도록 지도한다.

- 이것은 하면 안 돼요.
- 교실 규칙 정하기
- 룸메이트와 규칙 정하기
- 배우자와 결혼 생활 규칙 정하기

⇒ 규칙을 정하는 상황을 주고 '-(으)면 안 되다'로 하면 안 되는 일을 정하게 한다. 그리고 지켜야 하는 일을 말하고 싶을 때는 '-아/어/여야 하다'를 사용해서 정하도록 한다.

2) -아/어/여도 되다

다카시: 와, 민수 씨 집에 피아노가 있네요. 저 한번 쳐 봐도 될까요?
민수: 다카시 씨, 피아노도 치는군요. 그럼요. 쳐 보세요.
다카시: 오랜만이라서 긴장되네요. 화장실 좀 먼저 가야겠어요.
　　　　저 화장실 좀 써도 돼요?
민수: 그럼요. 저쪽이에요.

(1) 학습목표: '-아/어/여도 되다'을 사용하여 허락에 대해 묻고 답할 수 있다.

(2) '-아/어/여도 되다' 의미:

- 동사 뒤에 붙어서 그 행위의 허락이나 허용을 나타낸다.

(3) 도입과 제시

- 문의하고 있는 상황의 사진이나 그림을 준비한다.

T: [백화점 의류 매장] 여러분, 여기는 어디일까요?
SS: 백화점이요. 옷 가게요.
T: 맞아요. 지금 이 사람은 무엇을 하고 있는 것 같아요?

SS: 옷을 입으려고 해요. 옷을 사려고 해요.

T: 맞아요. 여러분 백화점에서 옷을 사기 전에 입어 보죠?
  그때 직원에게 어떻게 말하면 좋을까요?

S: 옷을 입어 보고 싶어요.

T: 좋아요. 그때는 이렇게 말할 수 있어요. 이 옷을 입어 봐도 돼요?

• 형태 제시: -어/아/여도 되다

가다 - 가도 되다   먹다 - 먹어도 되다
공부하다 - 공부해도 되다   마시다 - 마셔도 되다
놀다 - 놀아도 되다   듣다 - 들어도 되다

ㄱ. '[동사]아/어/여도 되다'는 행위에 대한 허락과 허용을 의미
   먹어도 돼요?   - 먹는 행위에 대한 허락을 구함

ㄴ. '[형용사]아/어/여도 되다'는 그 상태에 대한 용인에 대한 물음과 대답을 의미
   방이 작아도 돼요?   - 방이 작은 것을 받아들일 수 있는가를 의미

(4) 연습과 활용

• 장소 카드 보고 문의하기

[기숙사 / 백화점 / 마트 / 교실]

T: 여러분, 저는 기숙사 선생님이에요. 여러분은 기숙사에 처음 왔어요. 궁금한 것을
  물어보세요.

S: 기숙사에서 요리해도 돼요?

T: 아니요. 기숙사에서 요리하면 안 돼요.

S: 친구를 데리고 와도 돼요?

T: 낮에는 데리고 와도 돼요. 하지만 밤에는 데리고 오면 안 돼요.

- 이런 식으로 교사가 시범을 보이고 학생들이 돌아가며 역할을 교체해 말해 보게
  한다.

• 우리나라를 여행할 때

- 자기를 나라를 여행할 때 하면 안 되는 일, 해도 되는 일에 대해 쓰고 발표해 본다.

- 사람을 찾습니다.
- 룸메이트를 찾습니다.
- 언어교환 학생을 찾습니다.

⇒ 팀을 나누어 배운 문형들을 종합적으로 활용하여 실제 광고 전단처럼 작성하게 한다. 이때 교사는 학생들이 전에 학습한 '-(으)면 안 되다', '-아/어/여도 되다', '-아/어/여야 하다'를 모두 활용할 수 있도록 지도한다. 팀별로 발표를 한 후에는 칠판이나 교실 벽면에 광고 전단을 붙이고 모든 학생이 다 나와서 같이 살고 싶은 집, 언어교환 하고 싶은 학생을 골라 보게 한다. 이때 교사가 스티커를 준비해서 학생마다 일정 수를 나누어 주고 마음에 드는 곳에 붙여 보게 할 수도 있다.

하나 더 | 학생들의 오류

'-아/어/여도 되다'를 활용해서 '사람을 찾습니다' 활동을 할 때 학생들에게서 많이 나오는 오류는 다음과 같은 것들이다.

ㄱ. 요리를 잘해도 돼요.(?)
　　→ 요리를 못 해도 돼요. / 요리를 잘하면 좋아요.

ㄴ. 한국어로 이야기해도 돼요.(?)
　　→ 한국어로 이야기해야 해요. / 한국어로 이야기하면 좋아요.

ㄷ. 청소를 매일 해도 돼요.(?)
　　→ 청소를 매일 해야 해요. / 청소를 매일 하면 좋아요.

⇒ 위의 오류들은 모두 '그렇게 하면 좋아요'에 해당하는 예들을 '-아/어/여도 되다'를 써서 만든 것들이다. 이러한 오류가 나오는 이유는 학생들이 룸메이트나 교환 학생을 생각할 때 '-(으)면 안 되다'는 금지를 나타내는 것이므로 분명하게 좋지 않은 것에 대해 금지를 생각하게 되지만 '-아/어/여도 되다'는 금지가 아니므로 어떠한 점이 필요한지를 생각하다가 좋은 것으로 생각이 미치는 경우가 있기 때문이다. 이때 교사는 '-아/어/여도 되다'가 좋은 것을 말하는 것이 아니라 어떤 행동에 대해서 허락을 해 주는 것이기 때문에 마음에 든다고는 할 수 없지만 받아들일 수 있는 부분을 말하는 것임을 알려 주어야 한다.

T: 룸메이트가 요리를 못해요. 어때요? 와! 좋아요?
S: 아니요.
T: 룸메이트가 요리를 못해요. 요리를 못하는 룸메이트는 안 돼요?

S: 아니요. 괜찮아요.

T: 룸메이트가 요리를 못해도 괜찮아요?

S: 네, 괜찮아요.

T: 그러면 룸메이트가 요리를 잘해요. 어때요?

S: 좋아요.

T: 네, 룸메이트가 요리를 잘하면 좋군요.

위와 같이 룸메이트가 요리를 못하는 것이 좋은 것은 아니지만 나에게 피해를 주는 것은 아니다. 따라서 내가 금지하거나 싫어할 일은 아니기 때문에 받아들일 수 있는 일이 된다. 이러한 경우에 '-아/어/여도 되다'를 사용해서 쓴다는 것을 이해시키도록 한다.

30. -아/어/여지다, -게 되다

1) -아/어/여지다

> 민수: 오늘 날씨 정말 좋네요. 지난주보다 많이 따뜻해졌어요.
> 지미: 네. 오늘은 정말 봄이 온 것 같아요.
> 민수: 맞아요. 다음 주에는 봄꽃 구경을 가야겠어요.

(1) 학습목표: '-아/어/여지다'를 사용하여 상태의 변화에 대해 말할 수 있다.

(2) '-아/어/여지다'의 의미:

• 형용사 뒤에 붙어서 그 상태가 변화함을 나타낸다.

- 동사에 붙는 경우 어떠한 행위를 하게 되거나 어떤 동작이 저절로 일어나 그러한 상태로 됨을 나타낸다.

> - 자전거가 잘 가졌다.
> - 반이 둘로 나누어졌다.
> - 그에게서 사랑이 느껴진다.

⇒ '-아/어/여지다'는 초급 단계에서 제시되는데 형용사와 결합하여 상태의 변화를 이야기하는 의미만을 제시한다. 동사와 결합하여 피동의 의미를 갖는 것은 제시하지 않는다.

(3) 도입과 제시

> T: 여러분, 요즘 날씨 어때요?
> SS: (계절에 따라)더워요. 추워요. 따뜻해요. 시원해요
> T: 그래요. 그러면 여러분, 한국에 처음 왔을 때 / 3개월 전에 생각해 보세요.
>   그때 날씨가 어땠어요?
> SS: 더웠어요. 추웠어요. 따뜻했어요. 시원했어요.
> T: 맞아요. 그때부터 지금까지 생각해 보면 날씨가 조금씩 변했어요.
>   많이 더워졌어요. 추워졌어요. 따뜻해졌어요. 시원해졌어요.

| 추워요 | ⟶ | 더워요 |

• 형태 제시: -아/어/여지다

많다 – 많아지다	적다 - 적어지다	행복하다 - 행복해지다
예쁘다 - 예뻐지다	덥다 - 더워지다	

(4) 연습과 활용

• 처음과 달라진 것 말하기

> T: 여러분 처음 우리만 만났을 때 생각나요?
> SS: 네.
> T: 그때 처음에는 말이 많지 않았어요. 그런데 지금 우리 반 친구들이 많이 친해졌어요. 그래서 말이 많아졌어요.
> T: 여러분 생각에 우리 반 친구들은 무엇이 달라졌어요?

• 응답 연습

- 여름/겨울이 되면 무엇이 달라져요?
- 요즘 한국어 공부는 어때요?
- 사랑을 하면/사랑에 빠지면 무엇이 달라져요?

• 한국 생활의 변화

> T: 한국 생활이 어떻게 달라졌어요? 앞으로 어떻게 달라질까요?

- 자신의 경험 쓰고 발표하기
- 짝과 인터뷰 후 쓰고 발표하기

2) -게 되다

> 민수: 다카시 씨는 한국 사람이 다 된 것 같아요. 매운 음식도 잘 먹고.
> 다카시: 아니에요. 처음에는 저도 잘 못 먹었어요.
>   그런데 한국에서 계속 사니까 잘 먹게 된 것 같아요.
> 민수: 그리고 한국어도 정말 잘하잖아요.
>   저는 프랑스어를 배우고 있는데 실력이 늘지 않아서 걱정이에요.
> 다카시: 지금처럼 열심히 하면 곧 잘하게 될 거예요. 걱정하지 마세요.

(1) 학습목표: '-게 되다'를 써서 상황이나 행동의 변화를 말할 수 있다.

(2) '-게 되다'의 의미:

- 동사 뒤에 붙어서 상황이나 행동의 변화를 나타낸다.
  - 자연스러운 변화가 아닌 노력이나 인위적인 것에 의한 변화를 나타낸다.
  - 한국어를 배워서 한국어로 말하게 되었어요.
    ⇒ '-게 되다'는 '깨끗하게 되었어요'와 같이 형용사와도 결합할 수 있다. 하지만 초급 단계에서 '-아/어/여지다'는 형용사와 결합하고 '-게 되다'는 동사와 결합하는 것으로 제시하고 품사별로 기능을 나누어 연습을 하는 것이 좋다.

(3) 도입과 제시

> T: 여러분, 한국어를 언제 처음 배웠어요?
> SS: 6개월 전에요. 작년 ○○월에요.
> T: 처음 한국어 배울 때 한국어로 말할 수 있었어요?
> SS: 아니요. 할 수 없었어요. 못해요.
> T: 시간이 조금 지나요. 한국어를 3개월 배웠어요. 그때는요?
> S: 한국어로 조금 말할 수 있어요.
> T: 네, 한국어로 말하게 되었군요. 여러분 이제 친구들과 한국어로 말하게 되었어요. 한국어를 1년 더 배워요. 그러면 어떻게 될까요?
> S: 한국어를 잘해요. 한국어를 잘하게 돼요.
> T: 맞아요. 지금보다 더 잘하게 될 거예요.

| 할 수 없어요 | ⟶ | 말해요. | ⟶ | 잘해요. |

한국어로 말하게 됐어요.　　　더 잘하게 될 거예요.

- 형태 제시: -게 되다

(4) 연습과 활용

- 처음과 달라진 것 말하기

> T: 여러분은 한국어를 공부하고 이제 친구들과 한국어로 말하게 되었어요.
> T: 그럼, 한국에서 와서 이렇게 달라진 것이 또 있어요? 무엇을 하게 되었어요?
> SS: 김치를 먹게 되었어요. 아침에 일찍 일어나게 되었어요.
> T: 왜요? 어떻게요? 전에는 어땠어요?
> S: 김치를 안 먹었어요.

> T: 네, 전에는 김치를 안 먹었는데 한국에 와서 먹게 되었어요.

⇒ 교사는 학생들이 말하는 단문을 복문으로 확장할 수 있도록 도와준다. 그리고 이후에는 학생들이 무엇을 해서 행동의 변화가 일어났는지 말할 수 있도록 지도한다.

• 응답 연습

- 여름/겨울이 되면 무엇을 하게 돼요?
- 작년과 달라진 것은 뭐예요? 전에는 안 했어요. 지금은 하게 된 것이 있어요?
- 사랑을 하면/사랑에 빠지면 무엇을 하게 돼요?

• 한국 생활의 변화 - [과거, 현재, 미래]

> T: 한국에 와서 무엇을 하게 됐어요? 앞으로 무엇을 하게 될까요?

- 자신의 경험 쓰고 발표하기
- 짝과 인터뷰 후 쓰고 발표하기

• 반갑다 친구야 - 통합활동

- 10년, 20년 후 친구들이 다시 만난 상황
- 달라진 점에 대해서 서로 이야기하는 대화를 만들게 하여 발표
- 2~3인으로 팀 구성
- '-아/어/여지다', '-게 하다'를 함께 사용하여 대화를 구성하게 한다.

하나 더 | [형용사]게 되다

ㄱ. 운동을 해서 건강하게 되었어요.
ㄴ. 청소를 해서 방이 깨끗하게 되었어요.

⇒ 형용사에 '-게 하다'를 붙여 변화를 나타낼 수 있다. 이때 변화는 자연스러운 변화가 아닌 노력이나 인위적인 것에 의한 경우가 많다. 위의 문장에서 건강하게 된 것, 깨끗하게 된 것은 앞선 문장에서 운동을 한 노력에 의해, 청소를 한 결과에 의한 변화이다. 따라서 아래와 같이 어떤 원인이 제공되는 상태의 변화에 대해서는 '-아/어/여지다'와 '-게 되다'를 모두 사용할 수 있다.

ㄱ. 비가 와서 그런지 공기가 깨끗해졌네요.

ㄴ. 비가 와서 그런지 공기가 깨끗하게 됐네요.

ㄷ. 청소하니까 깨끗해졌네요.

ㄹ. 청소하니까 깨끗하게 됐네요.

⇒ 어떤 인위적인 것이 아닌 자연스러운 상태의 변화는 '-아/어/여지다'가 더 자연스럽다.

ㄱ. 이제 제법 추워졌네.　　　　　이제 제법 춥게 됐네.(?)

ㄴ. 더 예뻐졌네.　　　　　　　　더 예쁘게 됐네.

⇒ 날씨의 변화는 인위적인 노력에 의한 것이 아니므로 날씨 이야기를 할 때 '춥게 됐네'
는 어색하다. 그리고 오랜만에 아는 사람(조카나 친구의 아이들)을 만났을 때는 '더 예
뻐졌네'로 말하고 '더 예쁘게 됐네'라는 말은 쓰지 않는다. 그런데 함께 케이크를 만드
는 상황에서 무언가 장식을 더하는 행위가 이루어지면 '케이크가 더 예뻐졌네', '케이
크가 더 예쁘게 됐네' 모두 쓸 수 있다.

Q. 다음 중 문형의 기능이 다른 표현을 골라 보자.

① 방이 더러워진 것 같네.

② 살다 보면 살아지더라고.

③ 날씨가 많이 더워졌네요.

④ 못 본 사이에 많이 예뻐졌네.

정답: ②

해설: ②에 쓰인 '-아/어/여지다'는 '살다'라는 동사에 붙어 피동의 의미를 강하게 나타내고 있다.
　　 다른 예들은 형용사와 결합하여 변화를 나타내고 있다.

31. -(으)ㄹ 거예요(추측)

> 윤서: 지미 씨, 민수 씨가 피곤한 것 같아요.
> 지미: 아마, 어제 잠을 조금밖에 못 잤을 거예요.
> 윤서: 그래요? 어제 무슨 일 있었어요?
> 지미: 오늘 발표 때문에 걱정이 많은 것 같아요.
>   　　그래도 민수 씨는 분명 잘할 거예요.

(1) 학습목표: '-(으)ㄹ 거예요'를 사용하여 추측에 대해 말할 수 있다.

(2) '-(으)ㄹ 거예요'의 의미:

 • 동사나 형용사에 붙어서 말하는 사람의 추측을 나타낸다.

(3) 도입과 제시

> T: 여러분, 저는 이번 주말에 여행을 갈 거예요. 여러분은 뭐 할 거예요?
> S: 저는 영화를 볼 거예요.
> T: 그래요? 영화를 볼 거예요? ㅁㅁ 씨 그러면, 우리 반 OO 씨는 주말에 뭘 할까요?
> S: 몰라요.
> T: 제 생각에 OO 씨는 명동에 갈 거예요. OO 씨는 쇼핑을 좋아하니까요.
>   　　△△ 씨 생각은 어때요?
> S: 맞아요. OO 씨는 쇼핑하러 갈 거예요.

 • 같은 반 친구들의 주말 계획도 이런 식으로 추측해 보도록 한다.

 • 형태 제시: - (으)ㄹ 거예요.

가다 - 갈 거예요	먹다 - 먹을 거예요	공부하다 - 공부할 거예요
놀다 - 놀 거예요	듣다 - 들을 거예요	
예쁘다 - 예쁠 거에요	높다 - 높을 거예요	
덥다 - 더울 거예요	낫다 - 나을 거예요	

- '-(으)ㄹ 것이다'가 결합하는 주어의 인칭에 따라 의미가 결정된다.

> ㄱ. 나는 성공할 거예요.　　　　　　나는 예쁠 거예요. (?)
> ㄴ. 민수 씨는 성공할 거예요.　　　　그 사람은 예쁠 거예요.

⇒ 미래는 추정을 포함한다. 위의 문장에서 1인칭과 결합한 '성공할 거예요'는 성공에 대한 1인칭 주어의 의지를 나타내는 표현이다. 그러나 3인칭과 결합한 경우인 '민수 씨는 성공할 거예요'는 다른 사람에 대한 화자의 추측으로 읽힌다. 그리고 1인칭과 결합한 '나는 예쁠 거예요'는 어색하지만 '그 사람은 예쁠 거예요'는 다른 사람에 대한 화자의 추측이므로 자연스럽다. 즉, 1인칭인 스스로에 대한 추측은 부자연스럽지만 다른 사람에 대한 추측은 자연스러운 것임을 알 수 있다.

한국어 교사는 이렇게 인칭이 한국어 문형의 의미 해석에 중요하다는 사실을 알고 어떤 문형이 인칭에 따라 어떤 의미를 갖는지에 대해 주의 깊게 살필 필요가 있다.

(4) 연습과 활용

· 묻고 답하기 [이번 여름/겨울]

> T: 여러분 이번 여름/겨울은 어떨까요?

· 여름/겨울 방학에 우리 반 친구들은 무엇을 할까요?

⇒ 계절이 어떨지를 물어서 형용사를 활용한 추측을 말하게 하고 그 계절에 반 친구들이 무엇을 할지를 물어서 동사를 활용한 추측을 말하게 할 수 있다.

· 우리 반 친구들은? [1명의 친구에 대해 전체가 추측하기]

> T: 여러분, 우리 반 친구들은 내년에 무엇을 할까요? 10년 후에는 무엇을 할까요?
> SS: 대학에 갈 거예요. 회사원이 될 거예요. 결혼할 거예요.
> T: 우리 반 친구들은 어렸을 때 어땠을까요?
> SS: 공부를 잘했을 거예요. 키가 컸을 거예요. 밥을 많이 먹었을 거예요.

⇒ 과거에 대해서도 '-(으)ㄹ 거예요'를 통해 추측할 수 있음을 알려준다. 즉, '-(으)ㄹ 거예요'가 미래가 아닌 추측의 의미를 갖는다는 것을 알려준다.

(5) −(으)ㄹ 것이다 VS −(으)ㄹ 것 같다

> ㄱ. 이번 시험은 어려울 거예요.
> ㄴ. 이번 시험은 어려울 것 같아요.

⇒ 추측의 정도성의 차이

> ㄱ. 이번 시험은 <u>분명히</u> 어려울 거예요.
> ㄴ. 이번 시험은 <u>분명히</u> 어려울 것 같아요.

⇒ '−(으)ㄹ 것이다'가 '−(으)ㄹ 것 같다'보다 확실함의 정도가 강한 추측이 된다. 위의 문장에서 선생님이 하는 말이라면 '여러분, 이번 시험을 어려울 거예요. 공부 열심히 하세요'와 같이 사용하는 것이 일반적이고 학생의 입장이라면 친구들에게 '이번 시험은 어려울 것 같아요'라고 이야기할 것이다. 문장 중간에 부사 '분명히'를 넣어 보면 이러한 차이가 더 잘 드러난다. '분명히 어려울 거예요'는 자연스럽지만 '분명히 어려울 것 같아요'는 부자연스럽다.

(6) −(으)ㄹ 것이다 VS −겠−

> ㄱ. 내일 비가 오겠다.   내일 비가 올 거야.
> ㄴ. 내일은 비가 오겠습니다.   내일은 비가 올 것이다.

⇒ 기상 뉴스를 보면 '−겠−'을 사용해서 보도를 한다. '내일을 비가 오겠습니다'는 기상 정보를 통한 객관적이고 일반적인 사례를 근거로 추정을 하는 것이다. '내일은 비가 올 거야'는 개인적 대화에서 화자의 주관적인 판단에 근거하여 말하는 것이다.

> ㄷ. 여행 간다니 좋겠네.   여행 간다니 좋을 거야.
> ㄹ. 와! 맛있겠다.   와! 맛있을 거야.

⇒ 친구한테 여행을 간다고 직접적으로 들은 후에 청자의 반응으로는 '여행 간다니 좋겠네'로 쓰고 '여행 간다니 좋을 거야'는 쓸 수 없다. '여행 간다니 좋을 거야'는 두 사람의 대화에서 두 사람 이외에 다른 사람 누군가가 여행을 간다는 사실을 알게 되었는데 그래서 그 사람이 좋을 거라고 추측을 하는 의미로 읽힌다.
이와 같은 맥락에서 내 앞에 있는 음식을 볼 때는 직접적인 반응으로 '와! 맛있겠다'로 쓰고 '와! 맛있을 거야'는 쓸 수 없다. '맛있을 거야'는 내 앞에 있는 음식이 아니라 다른 사람 누군가가 어느 맛집에 가서 음식을 먹을 거라고 들었는데 그 음식이 맛있을 거라는 추측을 나타내는 의미로 해석된다.

32. -아/어/여 있다

윤서: 다카시 씨가 누구예요?
지미: 저기 검은 모자를 쓴 사람이요.
윤서: 아, 제일 앞에 앉아 있는 사람이요?
지미: 네, 맞아요.

(1) 학습목표: '—아/어/여 있다'를 사용하여 상태의 지속에 대해 말할 수 있다.

(2) '—아/어/여 있다'의 의미:

· 목적어를 필요로 하지 않는 동사 뒤에 붙어서 그 행위가 지속되는 상태임을 나타낸다.

- 자동사하고만 결합에서 쓰인다.

(3) 도입과 제시

· 지하철이나 버스 사진을 보여줌

T: 제가 오늘 아침에 학교에 올 때 지하철을 탔어요. 다리가 아파서 앉고 싶었어요.
　하지만 자리가 없었어요. 그래서 어떻게 했을까요?
S: 계속 서요.
T: 맞아요. 앉지 못했어요. 학교 올 때까지 계속 서 있었어요.
(행동을 같이 보여 줌)

T: 여러분은 오늘 아침에 학교에 어떻게 왔어요?
SS: 버스를 타요. 걸어서요.
T: 그래요. 학교에 와서 교실에 왔어요. 수업 시작하기 전에 자리에 앉았어요.
　그리고 선생님이 들어 왔어요. 수업을 시작했어요. 여러분, 어때요?
　자리고 앉은 후에 다시 일어났어요?
SS: 아니요. 계속 있어요.
T: 맞아요. 여러분은 지금 계속 앉아 있어요.

- 학생들이 의미를 어려워하는 경우 '가고 있다 VS 가 있다' 차이를 그림을 통해
  보여 준다.

> A: 여보세요. 지금 어디예요?
> B: 네, 저 지금 집에 가고 있어요.(집을 향해 걷고 있는 사람을 그린다.)
> A: 네, 그러면 집에 가 있으세요.(집에 도착해서 집에 있는 사람을 그린다.)
> A: 여보세요. 지금 어디예요?
> B: 네, 저 지금 집에 와 있어요.(집에 도착해서 집에 있는 사람을 그린다)
> A: 네, 벌써 도착했어요? 저도 빨리 갈게요.

• 형태 제시: -아/어/여 있다

가다 - 가 있다	오다 - 와 있다	서다 - 서 있다
앉다 - 앉아 있다	눕다 - 누워 있다	피다 - 피어 있다
입원하다 - 입원해 있다		

⇒ '-아/어/여 있다'와 결합하는 동사만을 제시하고 연습한다.

⇒ 교재에 따라서 '-아/아/여 있다'가 피동사를 배운 후에 나오는 경우에 많다. 이때는 피동사
  와 함께 연습할 수 있다. 피동사를 아직 배우지 않은 상태라면 몇 개의 피동사를 하나의 어
  휘처럼 제시할 수 있다.

  예) 열려 있다 / 닫혀 있다 / 놓여 있다

(4) 연습과 활용

• 사진 보고 답하기 [서다/앉다/눕다/피다/가다/오다]

> T: 지금 이 사람은 뭐 해요?
> SS: 서 있어요. 의자에 앉아 있어요. 침대에 누워 있어요.

• 장소 묘사하기(피동을 배운 경우) - 전체/짝활동

- '[피동사]아/어/여 있다'로 말할 수 있도록 방 그림을 여러 개 준비한다.

> T: 여러분, 지금 우리 교실을 설명해 볼까요?
> SS: 선생님은 서 있어요. 학생들은 앉아 있어요. 문이 닫혀 있어요. 창문이 열려 있어요.

・자기 방 묘사하기

- 학생들이 자신의 방을 그리고 목표 문형을 사용해서 묘사하게 한다.

・변화 이야기하기 – [도둑이 들었어요! 무서워요!]

방의 상태 A

오늘 아침

방의 상태 A´

오늘 저녁

⇒ 장소 묘사하기에서 한 것처럼 방 그림을 준비한다. 같은 방에서 전과 후가 다른 그림을 보고 같은 장소에서 달라진 것을 말하게 한다. 이 활동은 피동표현을 배운 후에 할 수 있는 활동이다.

하나 더 | 학생들의 오류

ㄱ. 부모님은 결혼해 있어요.
ㄴ. 부모님은 결혼하고 있어요.

⇒ 학생들 중에 '입원해 있어요'를 보고 위와 같이 '결혼해 있어요'로 쓰는 경우가 있다. 또 언어권에 따라서 모국어를 직역해서 '결혼하고 있어요'를 쓰는 경우가 있다. 이때는 먼저 '결혼하고 있어요'는 지금 결혼식을 하는 중이라면 쓸 수 있으나 결혼식을 하는 상황에서는 '결혼식을 하고 있어요'로 쓰는 것이 좋음을 알려 주고 결혼은 반복적인 것이라 아니라 일회적임을 말해 준다.
그래서 '부모님은 결혼했어요'로 일회적인 행위를 했음을 말해 주고 결혼생활을 지속하고 있다고 말하고 싶은 경우에는 '결혼해서 살아요'로 쓰는 것이 자연스러움을 말해 준다. 그리고 '결혼해 있어요'를 안 쓰는 것은 '입원하다'의 경우에는 입원을 한 후에 병원 침대에 누워 있고 입원의 상태로 지내지만 '결혼하다'는 '결혼식을 하다'로 생각되어 결혼식이 끝났고 결혼을 위한 행사는 모두 끝났기 때문에 '결혼해 있다'는 쓸 수 없고 '결혼해서 행복하게 살고 있다' 정도로 쓰는 것이 좋음을 말해 준다.

33. -네요, -네요 vs -군요

1) -네요

> 다카시: 오늘은 좀 덥네요. 꼭 여름 같아요.
> 민수: 네, 이제 가을인데 날씨가 이상하네요.
> 다카시: 맞아요. 여름이 길어지고 겨울은 빨리 오는 것 같아요.

(1) 학습목표: '-네요'를 사용하여 놀람이나 감탄을 표현할 수 있다.

(2) '-네요'의 의미:

- 동사나 형용사 뒤에 붙어서 놀람이나 감탄을 나타낸다.
- 말하는 사람이 직접 경험하여 새롭게 알게 된 사실에 대해 쓴다.
- 친한 사이에서 사용하고 부드러운 느낌을 준다.

(3) 도입과 제시

> T: [학생들의 옷차림/공책 글씨 등을 살피며]
>   와! OO 씨, 한국어 글씨 정말 예쁘네요.
> S: 하하하, 아니에요.
> T: 아니에요. 정말 예뻐요.
> S: 감사합니다.

- 이런 식으로 학생들의 특징을 보고 놀란 표정과 말투로 '-네요'를 사용하여 말한다.

⇒ 교사가 의도적으로 살짝 과장된 몸짓이나 억양으로 표현을 하는 것이 좋다. 한국어 표현 중 태도와 느낌을 반영해서 말해야 하는 표현들이 있다. 따라서 이러한 표현을 학습할 때에는 학생들이 비언어적인 요소도 함께 알 수 있도록 하는 것이 좋다.

- 형태 제시: -네요

(4) 연습과 활용

- 깜짝 놀랐어요.(칭찬하기)

> T: 여러분, OO 씨 보세요. 정말 글씨가 예쁘죠? OO 씨, 한국어 글씨가 정말 예쁘네요.
>   이렇게 옆에 있는 친구에게 말해 보세요.
> SS: OO 씨, 오늘 예쁘네요. 멋있네요.

– 들은 학생이 '고마워요. 아니에요.' 등 적절한 반응을 할 수 있도록 지도한다.

2) -네요 VS -군요

> ㄱ. A: 어제 민수 씨가 시험에서 100점을 받았대요.
> ㄴ. B: 그랬군요.(O)   그랬네요.(?)

⇒ 위의 문장에서 A의 말을 듣고 이에 대한 B의 대답으로 '그랬군요'는 가능한 반면 '그랬네요'
는 어색하다. 이는 '–네요'가 화자가 직접 경험한 것에 대해서 말할 때 쓰는 감탄이기 때문
에 다른 곳에서 들은 정보에 대해서는 '–네요'로 말할 수 없는 것이다. 그런데 B가 A의 말
은 듣고 민수의 시험지를 확인한 후에는 '그랬네요'로 말할 수 있다. 이는 다음을 보면 잘
드러난다.

> ㄱ. A: 어제 민수 씨가 시험에서 100점을 받았대요.
>   B: 그렇군요.(O)   그렇네요.(O)

⇒ 위 문장에서 B의 대답으로 '그렇군요'를 보면 A가 말한 소식을 B가 듣고 그에 대한 반응으
로 A의 말을 통해서 알았다는 의미로 읽힌다. 그런데 B가 '그렇네요'로 말하는 경우를 보면
A의 말을 듣는 상황에서 B도 그 내용을 직접 확인(민수가 문자, SNS로 직접 알림 등...)하
고 있는 상황에서 B가 '그렇네요. 저도 방금 민수 씨한테 연락 받았어요.'와 같은 말이 이어
질 것이라는 생각이 든다. 이를 볼 때 정보의 출처에 따라서 '–군요'와 '–네요'의 쓰임이 차
이가 있음을 알 수 있다.

> ㄱ. A: 어제 민수 씨가 시험에서 100점을 받았대요.
>   B: 좋겠군요.(O)   좋겠네요.(O)

⇒ 위 문장에서는 B가 직접 확인을 한 경우가 아니여도 A의 말을 듣고 '좋겠네요'로 말할 수
있다. 이는 '–네요'가 '–겠–'과 함께 쓰여 추측이나 짐작에 대한 감탄을 하는 것으로 쓰이
기 때문이다.

ㄱ. 어! 비가 많이 오는군.(?)   오늘 날씨가 이상하군.
ㄴ. 어! 비가 많이 오네.   오늘 날씨가 이상하네.

⇒ 친구와 같이 창밖으로 비가 내리는 장면을 보면서 친구에게 말을 하는 상황이라면 '비가 많이 오는군'으로 말하기보다는 '비가 많이 오네'로 말할 것이다. 문장 앞에 놀람을 나타내는 감탄사 '어, 와!'와 같은 말을 더해보면 그 차이가 더 잘 드러난다.

이때는 억양도 차이가 나는데 '−네'는 상승하는 억양으로 쓸 수 있지만 '−군'은 상승하는 억양을 쓰면 어색하게 느껴진다. 즉, '−군'을 썼을 때 혼잣말의 느낌이 더 강하게 난다. 혼자 창밖을 보며 말을 하는 상황에서 '오늘 날씨가 이상하군', '오늘 날씨가 이상하네' 두 문장 모두 쓸 수 있지만 '−군'을 쓰는 문장은 듣는 사람 없이 자기를 향해 말하는 느낌이라면 '−네'는 특정되지 않은 누군가에게 말하는 느낌이 든다.

ㄱ. 와! 정말 예쁘군.
ㄴ. 와! 정말 예쁘네.

⇒ 쇼핑을 하러 간 상황을 생각해 보면 어떤 대상을 보면서 감탄을 할 때 '정말 예쁘군, 정말 괜찮군'으로 말하기보다는 '정말 예쁘네, 정말 괜찮네'로 말을 한다. 이 또한 혼잣말이지만 어떤 대상(사려는 물건을 보면서)을 향해서 말을 하는 것이므로 '−군'에 비해 '−네'가 더 자연스럽다는 것을 알 수 있다.

A: 무슨 일 있어? 둘이 싸웠구나?   A: 무슨 일 있어? 둘이 싸웠네?(X)
B: 아니야. 아무 일 없어.   B: 아니야. 아무 일 없어.
A: 아니긴, 얼굴 보니까 싸웠네.   A: 아니긴, 얼굴 보니까 싸웠네.

⇒ 위의 대화를 보면 불확실한 추측을 물을 때는 '−구나'를 사용해서 묻고 '−네'는 쓸 수 없음을 알 수 있다. A의 두 번째 말에서는 확실성이 더 커졌음을 알 수 있는데 이때 '−네'를 사용하고 있음을 알 수 있다.

34. -(으)ㄴ/는데

1) -(으)ㄴ/는데

> 민수: 다카시 씨, 이번 주말에 혹시 시간 있어요?
> 다카시: 네, 이번 주말은 한가한데 왜요?
> 민수: 제가 일본어 시험을 준비하고 있는데 모르는 것이 있어서요.
>   모르는 것을 물어보고 싶어서요.
> 다카시: 아, 그런 것이라면 제가 언제든지 도와줄게요.

(1) 학습목표:
- '-(으)ㄴ/는데'를 사용하여 말할 내용에 앞서 배경이나 상황에 대해 말할 수 있다.

(2) '-(으)ㄴ/는데' 의미:
- 동사나 형용사 뒤에 붙어서 뒤에 이어서 말할 내용의 배경이나 상황을 나타낸다.

- '-(으)ㄴ/는데'의 여러 의미
- 제안, 명령을 하거나 묻기에 앞서 그 배경이나 상황 등을 제시할 때 쓴다.

  저는 이게 좋은데 어떠세요?

- 어떤 사실을 소개하거나 뒤에 이어질 구체적인 내용의 전개를 위해 앞선 상황을 제시할 때 쓴다.

  이 책은 한국어 책인데 우리 선생님이 썼어요.

- 뒤의 행동에 대한 이유나 근거를 제시할 때 쓴다.

  오늘은 좀 바쁜데 내일 만나지요.

- 앞선 사실에 대해 반대의 결과나 상황이 뒤에 이어지거나 대조되는 두 가지 사실을 말할 때 쓴다.

> 저 사람은 멋있는데 성격이 좀 그래.

⇒ '–(으)ㄴ/는데'는 문형이 갖는 의미가 다양하다. 따라서 외국인 학생에게 제시할 때는 교재 대화문에서 어떠한 의미로 제시되고 있는지를 먼저 파악하는 것이 중요하다. 위 대화문에서는 어떤 말을 하기 위한 배경으로 사용되었다.

(3) 도입과 제시

> T: 여러분은 요즘 바빠요?
> SS: 네, 바빠요. 아니요. 안 바빠요.
> T: 저는 요즘에 바빠요. 그런데 오늘 또 일이 생겼어요.
>   이번 주 친구 결혼식에 초대를 받아서 가야 해요.
>   요즘에 바쁜데 주말에 친구 결혼식도 가야 해요.

> T: (물병이나 물을 가진 학생에게 가서 갑자기) 저, 물 좀 주세요.
> SS: 네? 네.
> T: 제가 갑자기 말했어요. 놀랐죠?
>   이렇게 갑자기 말하는 것보다 설명을 하는 게 더 좋아요.
> T: (다시 그 학생에게 가서) 제가 목이 마른데 물 좀 줄 수 있어요?
> S: 네, 여기요.

⇒ 후행절의 말을 하기 위해 먼저 기초가 되는 상황이나 배경을 '–(으)ㄴ/는데'로 연결하여 말하는 상황을 적절히 도입하는 것에 초점을 맞추어 지도해야 한다.

- 형태 제시: -(으)ㄴ데

싸다 - 싼데	많다 - 많은데	건강하다 - 건강한데
길다 - 긴데	덥다 - 더운데	

- 형태 제시: -는데

가다 - 가는데	먹다 - 먹는데	공부하다 - 공부하는데
놀다 - 노는데	듣다 - 듣는데	
있다 - 있는데	없다 - 없는데	

• 형태 제시: N인데

학생이다 - 학생인데 　　　　　　　배우이다 - 배우인데

• 정리

	예	과거	현재
동사	가다	갔는데	가는데
	먹다	먹었는데	먹는데
형용사	싸다	쌌는데	싼데
	많다	많았는데	많은데
N	배우	배우였는데	배우인데
	학생	학생이었는데	학생인데
있다/없다	있다	있었는데	있는데
	없다	없었는데	없는데

⇒ 품사와 시제에 따라 형태가 달라지므로 형태 연습에서 오류가 없도록 지도에 유의해야 한다.

(4) 연습과 활용

• 문장 연결하기 - 배경으로 연결되는 문장 구성

점심시간이다. 　　　　　　　　같이 식사할까요?
지금 회의하고 있다. 　　　　　조금만 기다려 주세요.
급한 일이 생겼다. 　　　　　　지금 가도 될까요?
이번 주말에 시간이 없다. 　　다음 주말은 어때요?
새로운 식당이 문을 연다. 　　한번 가 볼까요?
오늘 파티가 있다. 　　　　　　같이 가요.

⇒ '점심시간인데 같이 식사할까요?'로 연결할 때 학생들이 문형의 의미를 '이유'로 해석될 수 있다. 이때 교사는 시계를 보는 행동을 하며 '앗! 12시! 점심시간이네!(혼잣말처럼 말을 하다가 주위를 두리번거리다가) OO 씨, 점심시간인데 식사할까요?'로 연결한다. 즉, 지금이 점심시간이라는 것을 알았고 그것을 기초로 하여 다른 사람에게 제안을 하는 것임을 알게 한다.

• 선행절, 후행절 만들기 [그림으로 해당 상황을 제시하면 좋음]

> 학교에 가는데 ~~
> 영화를 보는데 ~~
>
> ~~ 친구를 만났어요.
> ~~ 전화가 왔어요.

⇒ 한 사람이 학교를 향해 걸어가고 있고 그 상황에서 누군가를 만나면서 깜짝 놀라는 그림 또는 사진, 장면을 준비한다. 또는 교사가 행동으로 걸어가다가 깜짝 놀라면서 우연히 친구를 만나는 행동을 한다.

> T: 제가 학교에 가고 있었어요. 그런데 앗! 깜짝이야. 고등학교 때 친구를 길에서 만났어요. 학교에 가는데 친구를 만났어요. 이렇게 여러분도 '학교에 가는데' 어떤 일이 생겼어요. 그 이야기를 해 볼까요?

⇒ 이렇게 선행절 뒤에 이어지는 말을 만들어 보고 또 후행절을 제시하고 어떤 상황에서 후행절의 일이 발생했는지 말해 보게 한다.

• **상황(그림/사진으로 제시)에 맞는 대화 만들기 - 짝활동**
- 길을 물어보는 상황
- 처음 보는 사람에게 말을 거는 상황
- 회사 동료에게 부탁하는 상황

⇒ 해당 상황에 맞게 학생들에게 역할을 부여하고 그에 따라 대화를 구성하게 한다. 자기가 하고 싶은 말을 바로 하기보다는 그 말을 위해 배경이 되는 상황 설명을 목표 문형을 활용해서 말하도록 한다.

• **길게 이야기하기**
- 영화나 드라마의 한 장면을 캡처한 사진이나 그림을 제시
- 짝활동 또는 3인이 한 팀이 되어 한 편의 이야기를 만들어 발표

⇒ 2~3인이 한 팀이 되어 짧은 이야기를 구성하도록 한다. 어떠한 일이 발생해서 해당 장면이 나왔는지 해당 장면의 앞뒤 이야기를 연결하도록 한다. 해당 장면이 이야기의 끝이 되어도 좋고 또 해당 장면의 뒤로 이야기가 이어져도 좋다.

S : 선생님, 많이 먹는데 살이 안 쪄요. 많이 먹지만 살이 안 쪄요. 같아요?

⇒ '-(으)ㄴ/는데'가 대립의 의미 상황에서 사용되는 경우 학생들은 대립의 '-지만'과 혼동 할 수 있다. 학생이 물어 본 문장만을 보면 대립의 상황에서 '-(으)ㄴ/는데'와 '-지만'이 교체될 수 있는 것으로 보인다. 그러나 '많이 먹다' 뒤에 다른 말을 붙여 보면 그 차이 를 알 수 있다.

ㄱ. 저 많이 먹는데 괜찮겠어요?
ㄴ. 저 많이 먹지만 괜찮겠어요? (X)
ㄷ. 저 많이 먹으니까 괜찮겠어요? (X)

⇒ 여기서 '많이 먹는데'는 주어가 많이 먹는다는 사실을 먼저 이야기하고 그 후에 그것 을 청자가 이해할 수 있는지, 받아들일 수 있는지를 물어보는 상황임을 알 수 있다. 즉, 청자에게 의중을 묻기 전에 상황 설명을 하는 것으로 '많이 먹는데'를 설명하고 있는 것이다. 따라서 이 문장에서 대립의 '-지만'은 교체될 수 없다. 따라서 이유를 나타내 는 '-(으)니까'와도 교체가 불가능하다. 교사는 이렇게 같은 문장에서 '-지만', '-(으)니 까'로 교체했을 때 의미가 통하지 않는 예문을 통해 '-(으)ㄴ/는데'가 배경이 되는 상황 을 설명하는 것임을 말해 줄 수 있다. 즉, '많이 먹는데 살이 안 쪄요'는 내가 많이 먹는 상황이 기본이 되는 것이고 그 상황이라도 살이 안 찔 수 있기 때문에 '-(으)ㄴ/는데'로 연결 가능한 것이다.

S : 선생님, 많이 먹는데 살이 안 쪄요. 많이 먹는데도 살이 안 쪄요. 같아요?

⇒ 중급에 가면 양보를 나타내는 '-(으)ㄴ/는데도'를 학습하게 된다. 이때 학생들은 당연 히 이전에 학습한 '-(으)ㄴ/는데'와 의미가 동일한지 궁금증을 갖게 된다. 이때 단순히 의미적으로 '-(으)ㄴ/는데도'가 더 강조하는 느낌이 있다고 설명하는 경우가 있는데 이 는 좋은 설명이 아니다. 이 또한 동일한 문장에서 교체가 불가능한 예문을 통해 설명 하는 것이 좋다.

ㄱ. 많이 먹는데 살이 안 쪄요.
ㄴ. 많이 먹는데도 살이 안 쪄요.

⇒ 보통 많이 먹으면 살이 찐다고 생각한다. 그런데 일반적인 사실 또는 일반적인 예상과 다르게 살이 찌지 않는 경우가 있는데 이렇게 일반적으로 예상되는 사실과 반대(반전) 일 때 '-(으)ㄴ/는데도'를 사용한다.

ㄱ. 똑똑한데 성격이 이상해.

ㄴ. 똑똑한데도 성격이 이상해. (X)

⇒ '많이 먹는데도 살이 안 찌다'와 다르게 '똑똑하다'는 일반적으로 똑똑하면 성격이 좋다는 것이 예상되지 않는다. 즉, 예상되는 사실과 반대(반전)의 상황이 아니므로 '똑똑한데도 성격이 이상해'는 비문이 된다. 이렇게 학생들에게 '-(으)ㄴ/는데도'를 쓰는 상황은 일반적으로 예상되는 사실과 반대가 되는 상황일 때 쓰임을 알려주고 '-(으)ㄴ/는데'는 선행절이 후행절을 말하기 위한 배경이 됨을 상기시켜 주고 배경이 잘 드러나는 예문을 제시해 준다.

ㄱ. 집에 가는데 친구를 만났어요.

ㄴ. 집에 가는데도 친구를 만났어요. (X)

⇒ 위의 문장을 보면 친구를 만난 것이 집에 가는 상황이었음을 알 수 있다. 따라서 집에 가는 것이 친구를 만나지 않는다는 예상이 되지 않기 때문에 이 상황에서 '-(으)ㄴ/는데도'는 비문이 된다. 따라서 정리하면 다음과 같다.

⇒ -(으)ㄴ/는데 : 배경, 상황 설명

⇒ -(으)ㄴ/는데도 : 보통 예상과 다를 때

Q. 다음 중 문형의 의미 기능이 다른 표현을 골라 보자.

① 날씨가 더운데 에어컨 좀 틀자.

② 날씨가 더운데 긴팔을 입었어?

③ 날씨가 더운데 어디 좀 들어갈까?

④ 날씨가 더운데 아이스크림 좀 먹을까?

정답: ②

해설: ②의 '날씨가 더운데'에 쓰인 '-(으)ㄴ데'는 '날씨가 덥다'는 것을 상황적 배경으로 하고 있다는 점에서는 모두 동일하다. 그런데 ①③④번은 모두 그 배경이 이유가 되어 후행절을 이야기하고 있음에 반해 ②번은 그 배경임에도 불구하고 대립이 되는 후행절을 이야기하고 있다.

35. -았/었/였으면 좋겠다

1) -았/었/였으면 좋겠다

> 민수: 민수 씨, 무슨 걱정 있어요?
> 다카시: 네, 내일 오랜만에 여행 가는데 하늘이 흐려서요.
> 민수: 일기예보는 확인했어요?
> 다카시: 내일 날씨가 맑았으면 좋겠는데 아침에 비 소식이 있어요.

(1) 학습목표 : '-았/었/였으면 좋겠다'를 사용하여 바람에 대해 말할 수 있다.

(2) '-았/었/였으면 좋겠다'의 의미 :

- 동사나 형용사 뒤에 붙어서 희망이나 바람의 의미를 나타낸다.
- 주로 '좋다, 하다, 싶다' 등의 동사, 형용사와 함께 쓰인다.

> ㄱ. 제주도에 갔으면 좋겠어요.
> ㄴ. 제주도에 갔으면 해요.
> ㄷ. 제주도에 갔으면 싶어요.

- '-았/었/였으면' 뒤를 생략하여 쓸 수 있다.

> ㄱ. 제주도에 갔으면...('좋겠다', '좋았을 텐데')

⇒ '-았/었/였으면'은 여러 의미가 있다. '다 왔으면 이제 가자'와 같이 조건을 나타내는 의미가 있고 '그때 표를 사 두지 않았으면 못 갔을 거야'와 같이 현재 상황과 반대되는 가정을 나타내는 의미도 있다. 그러나 위의 대화문에서는 '좋겠다'와 함께 쓰여 화자의 희망과 바람을 나타내는 의미로 쓰이고 있으므로 위 대화문의 의미로 진행되는 수업에서는 '희망과 바람'에 초점을 맞추어 가르치도록 한다.

(3) 도입과 제시

> T: 여러분, 한국어 공부가 재미있지요?
> SS: 네. 좋아요. 재미있지만 어려워요.
> T: 그래요. 공부만 하면 참 좋은데 시험도 보지요? 시험 좋아해요?
> SS: 아니요. 안 좋아요. 시험이 없으면 좋아요.

T: 그래요? 하지만 시험은 봐야 해요. 우리는 시험 보기 전에 생각을 해요.
　시험을 생각할 때 바라는 일이 혹시 있어요?
S: 네, 시험이 쉬우면 좋아요.
T: 네, 시험이 쉬웠으면 좋겠어요?
T: 여러분이 이렇게 시험에 대해서 바라는 것이 있어요.
　저도 여러분을 생각하면 바라는 일이 있어요.
T: 여러분이 한국에서 여행을 많이 했으면 좋겠어요. 건강했으면 좋겠어요.
　그리고 한국어도 열심히 공부했으면 좋겠어요.

• 형태 제시 : -았/었/였으면 좋겠다

가다 - 갔으면 좋겠다	먹다 - 먹었으면 좋겠다
싸다 - 샀으면 좋겠다	많다 - 많았으면 좋겠다
공부하다 - 공부했으면 좋겠다	
듣다 - 들었으면 좋겠다	낫다 - 나았으면 좋겠다
덥다 - 더웠으면 좋겠다	

⇒ '-았/었/였으면 좋겠다'가 희망과 바람을 나타내기 때문에 학생들 중에는 '-고 싶다'와
혼동하기도 한다. 이때 교사는 대화문의 예문을 활용하여 '내일 날씨가 맑고 싶어요(x)'가
안 되는 것처럼 '-고 싶다'는 형용사에는 붙을 수 없지만 '-았/었/였으면'은 형용사에 붙을
수 있음을 말해 준다. 이때 말하는 사람이 속으로 생각했을 때는 이미 미래에 가 있고 그때
자신의 희망이 이루어진(완료) 것을 생각하기 때문에 강한 바람을 나타내는 의미가 됨을
말해 준다.

⇒ 대화문의 상황을 그림을 그려서 설명해도 좋다. 화자의 생각으로 말풍선을 그리고 화창한
날씨에서 즐겁게 여행을 하고 있는 모습을 그린다. 이미 화자는 미래에 가 있고 자신의
희망이 이루어졌음(완료)을 생각하면서 이때 '날씨가 맑았으면 좋겠어요'로 말하는 것임을
알려 준다.

(4) 연습과 활용

• 나의 희망 이야기하기

❶ 상황을 주고 그때의 나의 희망 이야기하기

- 내가/친구/가족이 아플 때

- 아르바이트/회사 면접 보기 전에

- 한국어 공부할 때

- 소개팅 하기 전에

❷ 현재 자신의 희망 이야기하기

> T: 저는 빨리 겨울이 되었으면 좋겠어요. 지금은 너무 더워서 힘들어요.
>   여러분은 지금 바라는 일이 있어요?

- 해당 문형을 사용한 문장 뒤에 이어지는 말을 하여 담화 구성을 할 수 있도록 한다.
- 주제(대상)를 주어도 좋다.[부모님/학교/우리나라]

⇒ '-았/었/였으면 좋겠다'를 배울 때 학생들이 '저는 한국어를 잘했으면 좋겠어요' 이렇게 단문만을 말하는 경우도 있다. 교사는 이때 그 생각을 왜 하는지를 물어서 목표 문형을 사용한 문장의 앞이나 뒤에 그 생각을 하게 된 배경이나 상황, 이유에 대해서 반드시 말하도록 지도해야 한다.

• **우리에 대해 이야기하기(화자를 포함한 우리)**

> T: 우리 지금 열심히 공부하고 있지요? 모두 다 열심히 해 줘서 고마워요.
>   그래서 시험이 끝난 후에 다 같이 밥을 먹었으면 좋겠어요.
>   여러분도 이렇게 우리 반 친구들이 같이 했으면 좋겠다고 생각하는 것이 있어요?

• **청자에게 부탁하기(조심스럽게 부탁)**

> T: 요즘에 OO 씨가 아침에 조금씩 늦는 것 같아요.
>   저는 OO 씨가 아침에 조금 더 일찍 일어 났으면 좋겠어요.
>   여러분, 이렇게 우리 반 친구에게 바라는 일에 대해서 말해 볼까요?

⇒ 이때 '-았/었/였으면 좋겠다'는 나의 바람과 희망을 말하는 것에서 확장되어 청자에게 조심스럽게 부탁하는 기능을 갖는다. 교사의 예문에서 '일찍 일어났으면 좋겠어요'가 '일찍 일어나세요'를 부드럽게 돌려서 말하는 것임을 알려준다.

• **앞으로 이루었으면 하는 일에 대해서 쓰고 발표하기**

- 나의 꿈, 한국에서 사는 동안, 학교를 다니면서, 올해가 가기 전에 등

2) -았/었으면 좋겠다 VS -(으)면 좋겠다

❶ 후행절의 차이

ㄱ. 아, 제주도에 가면 - (가정)	이번 시험 잘 보면 - [가정]
ㄴ. 아, 제주도에 갔으면 - (바람)	이번 시험 잘 봤으면 - [바람]

⇒ 위의 문장에서 '제주도에 갔으면' 뒤에 생각나는 후행절은 '좋겠다', '한다' 정도이다. 즉, '좋겠다', '한다'가 생략된 형태임을 알 수 있다. 그러나 '제주도에 가면'은 후행절에 다양한 말이 연결될 수 있는데 '제주도에 가면 좋겠다', '제주도에 가면 바다에서 수영을 할 거야', '제주도에 가면 친구들이 부러워할 거야' 등 여러 말이 연결될 수 있다. 즉, '-(으)면'은 가정을 나타내기 때문에 뒤에 다양한 말이 연결될 수 있음을 학생들에게 보여 주고 '-았/었/였으면 좋겠다'는 '좋겠다'가 생략되고 그 자체로도 바람과 희망을 나타낸다는 것을 말해 준다.

⇒ '시험 잘 보면'도 뒤에 '시험 잘 보면 엄마가 소원 들어준다고 했어요', '시험 잘 보면 친구들한테 자랑할 거예요', '시험 잘 보면 저한테 뭘 해 줄 거예요?' 등 다양한 말이 연결될 수 있어서 '-(으)면'은 가정의 의미를 나타내지만 '시험 잘 봤으면'은 뒤에 '좋겠다'가 생략되어 그 자체로 시험을 정말 잘 보고 싶다는 바람과 희망을 나타낸다.

⇒ 그리고 이때 교사는 '제주도에 갔으면...', '시험을 잘 봤으면...'으로 말 줄임표를 써 주고 뒤를 흐릿하게 늘여서(이때 양손을 같이 모으고 간절히 바람을 나타내는 행동을 해도 좋다.) 억양에서도 차이가 남을 보여 주는 것이 좋다.

3) -았/었/였으면 좋겠다 VS -았/었/였으면 하다.

ㄱ. 제주도에 갔으면 좋겠어요.	제주도에 갔으면 해요.
ㄴ. 민호 씨가 제주도에 갔으면 좋겠어요.	민호 씨가 제주도에 갔으면 해요.
ㄷ. 이번 출장은 민호 씨가 갔으면 좋겠어요.	이번 출장은 민호 씨가 갔으면 해요.
	(희망 - 완곡 명령)

⇒ 위의 문장에서 제주도에 가는 주어가 1인칭으로 해석되면 나의 바람, 희망으로 해석된다. 그런데 제주도에 가는 사람이 민호인 경우에는 '좋겠어요'가 붙어 민호가 그동안 피곤했으니 제주도에 여행이라도 가면 좋겠다는 의미로도 해석될 수도 있고 민호에게 제주도에 갈 것을 완곡하게 부탁하는 것으로도 읽힌다.

반면에 '하다'가 붙은 경우에는 민호가 제주도에 가는 것을 부탁한다기보다는 약간의 강제성을 띤 명령으로 읽힌다. 이는 세 번째 문장에서 '이번 출장은'이 들어가면 더 잘 드러나는데 '좋겠다'와 '하다'의 차이에서 발생하는 것으로 '좋겠다'는 출장이 좋은 기회니까 다른 팀원들이 민호가 가는 것을 바라는 상황에서 사용될 수 있고 '하다'가 붙은 문장은 민호의 상사가 민호에게 완곡하게 명령하는 상황에서 사용될 수 있다.

36. -겠-(의지)

> 과장: 다카시 씨, 우리 회사에 입사한 것을 축하합니다.
> 다카시: 네, 감사합니다. 앞으로 열심히 하겠습니다.
> 과장: 직접 이야기해 보니까 한국어를 정말 잘하는군요.
> 다카시: 아닙니다. 아직 배울 것이 많습니다. 그래서 계속 공부하고 있습니다.
> 과장: 그래요. 노력하는 모습이 보기 좋습니다. 앞으로 잘 부탁합니다.
> 다카시: 네, 최선을 다하겠습니다.

(1) **학습목표 : '-겠-'를 사용하여 자신의 의지에 대해 말할 수 있다.**

(2) **'-겠-'의 의미 :**

　• 동사 뒤에 붙어서 말하는 사람에 의도나 의지를 나타낸다.

(3) **도입과 제시**

> T: 여러분, 졸업한 후에 뭘 하고 싶어요?
> SS: 한국 회사에서 일하고 싶어요. 취직하고 싶어요.
> T: 그래요? 그럼 우리 한번 생각해 봐요. 여러분이 회사에 취직했어요. 취직한 첫날 사장
> 　　님하고 대화를 해요. 사장님이 여러분한테 열심히 하세요. 말해요. 여러분 이때 어떤
> 　　말을 하면 좋을까요?
> SS: 네, 열심히 해요. 열심히 합니다.
> T: 이때는 열심히 하겠습니다. 노력하겠습니다. 최선을 다하겠습니다.
> 　　이렇게 말하면 돼요.
> T: 친구 사이가 아니에요. 사장님하고 회사원 사이에서 회사원이 사장님에게, 교수님과
> 　　학생 사이에서 학생이 교수님에게, 어른에게, 이렇게 '-습니다'를 써야 할 때 '-겠-'을
> 　　같이 사용해서 여러분이 '무엇을 꼭 해요'라고 말할 때 써요.

　• 형태 제시 : -겠습니다

(4) **연습과 활용**

　• 묻고 답하기(역할 활동 : 사장님 – 직원)

> T: 이번 출장은 누가 갈 거예요?
> S: 제가 가겠습니다.
> T: OO 씨, 오늘 회식을 했으면 좋겠는데 식당 좀 예약해 줄래요?
> S: 네, 제가 예약하겠습니다.

⇒ 처음에는 교사가 사장의 역할을 하고 학생들 전체가 직원 역할을 한다. 교사는 회사 상황을 다양하게 준비하여 직원들에게 요청, 부탁의 물음을 던지고 학생들이 목표 문형을 사용하여 답하게 한다. 그 후에는 학생들끼리 두 명씩 짝을 지어 역할을 나누어 대화를 만들어 보게 한 후 역할극으로 진행할 수 있다.

• 상황 주고 자신의 다짐 말하기 1

[회사 첫날 / 교수님 앞에서 신입생의 포부 / 결혼을 허락 받으러 간 자리]

> T: 여러분, 회사원이 되어서 첫날 많은 사람들 앞에서 자기 소개를 해요.
> '앞으로 어떻게 하겠습니다.' 말을 해야 해요. 어떤 말을 할 거예요?

- 묻고 답하기 연습에서 확장하여 자기를 소개하고 자신의 다짐을 길게 말하는 연습으로 진행한다.

• 상황 주고 자신의 다짐 말하기 2

[대통령(자기 나라 대표)의 약속 / 학교 총장의 약속 / 올림픽에 나가는 선수]

> T: 여러분이, 대통령(자기 나라의 대표)이 되었습니다.
> 많은 사람들 앞에서 약속을 합니다.
> '앞으로 어떻게 하겠습니다.' 말을 해야 합니다. 어떤 말을 할 거예요?

• 반장 선거 [선거 포스터나 동영상 준비]
- 3~4명 씩 짝을 지어 선거 준비팀을 구성한다.
- 한 명의 후보자를 선정하고 팀에서 '-겠습니다'를 활용한 공약을 만들게 한다.
- 포스터와 함께 선거 연설을 하도록 한다.

• 나의 꿈에 대해 쓰고 발표하기

⇒ 나의 꿈에 대해 쓰는 것은 과제로 내줄 수도 있다. 이때 격식체인 '-습니다'를 사용해서 쓰도록 지도해야 한다.

37. -기 때문에, N 때문에, N 때문에 vs N(이)기 때문에

1) -기 때문에

> 지미: 민수 씨, 기침을 많이 하네요.
> 민수: 네, 어제 창문을 열고 잤는데 감기에 걸린 것 같아요.
> 지미: 요즘은 일교차가 커서 밤에는 춥기 때문에 창문을 닫아야 해요.
>   약은 먹었어요?
> 민수: 네, 그런데 기침 때문에 힘드네요.

(1) 학습목표 : '–기 때문에'를 사용하여 이유에 대해 말할 수 있다.

(2) '–기 때문에'의 의미 :

• 동사나 형용사 뒤에 붙어서 이유를 나타낸다.

- 명령문이나 청유문에는 쓸 수 없다.

(3) 도입과 제시

> T: [감기에 걸린 사진이나 그림]
>   여러분, 이 사람은 지금 어때요?
> SS: 아파요. 감기에 걸린 것 같아요.
> T: 맞아요. 그런데 왜 감기에 걸렸을까요?
> S: 날씨가 추워요. 비를 맞아요.
> T: 맞아요. 날씨 때문에, 날씨가 춥기 때문에 감기에 걸렸어요.
>   비를 맞았기 때문에 감기에 걸렸어요.
> T: 그런데 이 사람이 등산을 하고 싶어요. 할 수 있을까요?
> S: 아니요. 못해요.
> T: 맞아요. 감기에 걸렸기 때문에 등산을 할 수 없어요.
>   이 사람한테 무슨 말을 하면 좋을까요?
> S: 아프기 때문에 병원에 가세요.
> T: '–기 때문에'는 '-(으)세요'하고 쓸 수 없어요. 그래서 '아프기 때문에 병원에 가야해요.'
>   이렇게 말할 수 있어요.

• 형태 제시 : -기 때문에, N 때문에
- 명령과 청유문에 쓸 수 없음을 제시한다.

하나 더 ✍ | 한국어의 이유 표현

⇒ 한국어에는 여러 이유 표현이 있는데 '-아/어/여서', '-기 때문에'는 명령과 청유에 쓸 수 없고 '-(으)니까'는 쓸 수 있다. 이때 같은 이유 표현이라도 후행절에 왜 제약이 있는지를 생각해 볼 필요가 있다. '-(으)니까'는 어떤 명령이나 청유를 하기 위한 판단의 근거를 제시할 때 쓰는 표현이다. 반면에 '-아/어/여서', '-기 때문에'는 어떤 사실이 있고 그 일의 원인이나 까닭을 말하는 것이므로 명령과 청유에는 쓰지 않는 것이다.
문형에 어떤 제약이 있는지는 한국어교사가 반드시 알아야 할 지식이다. 이와 더불어 왜 그러한 제약을 가지게 되었는지도 함께 고민해볼 필요가 있다.

---

(4) 연습과 활용

• 선행절 만들기

-기 때문에 ~~ 배가 아파요.
　　　　 ~~ 감기에 걸렸어요.　　　 ~~ 병원에 갔어요.
　　　　 ~~ 학교에 못 갔어요.　　　 ~~ 기분이 나빠요.
　　　　 ~~ 기분이 좋아요.

- '-기 때문에' 뒤에 부정적인 표현을 쓰는 경우가 있고 긍정적 표현도 가능함을 알려 준다.

• 좋아하는 N 말하기 [계절/장소/사람/스포츠/....]
- 다양한 주제를 주고 무엇 때문에 그것을 좋아하는지 말해 보게 한다.
- 처음에는 전체 묻고 답하기로 진행하고 이후 짝활동, 인터뷰하기 등으로 진행할 수 있다.

• 하고 싶은 일 말하기
- 먼저 학생들이 '-기 때문에'를 사용하여 이유를 들어 자기가 하고 싶은 일을 쓰고 발표하게 한다. 그리고 발표를 들은 학생은 목표 문형인 '-기 때문에'를 활용하여 발표에 대한 적절한 반응을 하게 한다.

> S1: 저는 노래를 좋아하기 때문에 가수가 되고 싶어요.
> S2: OO 씨는 노래를 잘하기 때문에 유명한 가수가 될 거예요.

⇒ 한국어 수업에서 교사는 학생이 목표 문형을 활용해서 한 문장을 만드는 것에 그치는 것이 아니라 적절한 대화를 이어나갈 수 있도록, 언어의 사용이 확장될 수 있도록 항상 주의를 기울여야 한다.

2) N 때문에, N 때문에 VS N(이)기 때문에

> ㄱ. 날씨 때문에 등산을 갈 수 없어요.
> ㄴ. 날씨가 안 좋기 때문에 등산을 갈 수 없어요.
>
> ㄷ. 친구 때문에 좋은 점수를 못 받았어요.
> ㄹ. 친구가 실수했기 때문에 좋은 점수를 못 받았어요.
>
> ㅁ. 부모님 때문에 공항에 가야 해요.
> ㅂ. 부모님이 오시기 때문에 공항에 가야 해요.

⇒ 위의 문장에서는 'N 때문에'를 사용한 문장을 적절히 풀어서 같은 의미를 내포하는 '-기 때문에'를 사용한 문장으로 바꾸어 쓸 수 있음을 알 수 있다. '날씨 때문에'를 말하고 '날씨가 왜요? 날씨가 어떤데요?' 등으로 물어서 '날씨가 안 좋기 때문에'와 같이 날씨에 대해 동사와 형용사를 사용해서 이유를 말할 수 있음을 제시할 수 있다.

> ㄱ. 선생님 때문에 학교에 왔어요.
> ㄴ. 선생님이기 때문에 학교에 왔어요.
>
> ㄷ. 학생 때문에 공부해야 해요.
> ㄹ. 학생이기 때문에 공부해야 해요.
>
> ㅁ. 부모님 때문에 공항에 가야 해요.
> ㅂ. 부모님이기 때문에 공항에 가야 해요.

⇒ '-기 때문에'가 아니라 'N이기 때문에'는 의미가 달라진다. 먼저 선생님 때문에 학교에 온 것은 학생이 선생님이 무서워서, 또는 선생님을 너무 좋아해서 학생이 학교에 왔다는 의미로 읽힌다. 그런데 선생님이기 때문에 학교에 왔다는 두 가지 의미를 내포하게 되는데 먼저 학생들이 다른 선생님이 아니라 바로 학생이 좋아하는 선생님이기 때문에 학교에 왔다는 의미가 있고 또 학교에 온 주체가 선생님인 경우에 선생님이 자신의 직업상 소명을 다하기 위해 왔다는 뜻이 있다. 학생들에게는 '선생님 때문에 학교에 왔다'는 학교에 온 주체가 학생이고 '선생님이기 때문에 학교에 왔다'는 '선생님이에요. 그래서 학교에 왔어요'와 같이

학교에 온 주체가 선생님을 알려 주는 것이 좋다.

그 아래 문장도 마찬가지로 학생 때문에 공부해야 한다는 문장에서는 공부하는 주체가 학생이 아닌 다른 사람인 반면에 학생이기 때문에 공부해야 한다는 학생이 학생으로서의 의무를 다하기 위해 공부한다는 의미를 갖는다. 그리고 부모님 때문에 공항에 가야 한다는 문장에서도 공항에 가는 것은 부모님이 아니라 다른 사람이 가지만 부모님이기 때문에 공항에 가야 한다는 문장에서는 공항에 가는 것이 부모의 도리를 다하기 위해 부모가 간다는 의미를 알려 주는 것이 좋다.

T: 여러분 선생님하고 공부하는 거 좋지요? 그래서 학교에 왔지요?

S: 네, 선생님 좋아요.

T: (웃으면서)네, 여러분은 선생님 때문에 학교에 왔어요.

T: 어, 그런데 저는 학교에 왜 왔지요?

S: 우리를 좋아해요. 선생님이에요.

T: 맞아요. 저는 선생님이에요. 여러분을 가르쳐야 해요.
　 선생님이기 때문에 학교에 왔어요.

---

38. -(으)면서, -(으)면서 vs -고 vs -다가

1) -(으)면서

> 미키: 다카시 씨, 회사 다니는 건 어때요?
> 다카시: 요즘은 연말이라서 너무 바빠요.
> 미키: 그렇겠네요. 저도 요즘 사무실에서 식사하면서 일할 때가 한두 번이 아니에요.
> 다카시: 미키 씨도 많이 바쁜군요.
> 미키: 바쁜 일 끝나면 다음에 맛있는 것 먹으면서 같이 이야기해요.

(1) 학습목표: '-(으)면서'를 사용하여 동시에 하는 일에 대해 말할 수 있다.

(2) '-(으)면서' 의미:

- 동사 뒤에 붙어서 뒤에 앞의 내용이 뒤에 내용과 동시에 이루어짐을 나타낸다.
  - [동사와 형용사 어간, '이다'에 붙어] 둘 이상의 행위나 상태를 동시에 겸하고 있음을 나타낸다. 즉, 어떤 행위를 하거나 어떤 상태를 유지하면서 동시에 다른 행위를 하거나 다른 상태를 가지고 있음을 나타낸다.

  - 앞뒤 문장의 주어는 반드시 같아야 하고 주어는 주로 앞에 한 번만 나타난다.

    > ㄱ. 나는 텔레비전을 보면서 밥을 먹는다.
    > ㄴ. 그는 학생이면서 회사원이다.
    > ㄷ. 이 물건은 품질이 좋으면서 싸다.

  ⇒ 보통 초급에서 제시되는 '-(으)면서'는 동사와 결합하여 동시에 두 행동을 하는 것을 나타내는 문형으로 제시된다. 따라서 그때 형용사나 '이다'와 결합하는 '-(으)면서'는 제시하지 않으며 동시 동작에 초점을 맞추어 수업을 진행한다.

(3) 도입과 제시

> T: 여러분, 저를 잘 보세요. [선생님이 노래를 하는 행동을 하면서] 제가 뭘 해요?
> S: 노래를 불러요.
> T: 좋아요. 이번에는요. [선생님이 기타를 치는 행동을 하면서] 제가 뭘 해요?
> S: 기타를 쳐요.
> T: 좋아요. 그럼 이번에는[기타를 치면서 노래를 하는 행동을 하면서] 제가 뭘 해요?
> S: 기타를 쳐요. 노래를 불러요. 기타를 치고 노래를 불러요.

> T: 네, [기타 치는 행동을 먼저] 기타를 치고 [노래를 부르는 행동을 다음에] 노래를 해요.
>
> T: 그런데, [기타를 치면서 노래를 하는 동시 동작을 보이며] 이렇게 기타를 쳐요. 노래를 불러요. 두 개 같이 해요. 그때는 '기타를 치면서 노래를 불러요' 이렇게 말할 수 있어요.

⇒ 실제로 교사가 기타를 들고 가서 기타를 치면서 노래를 부르면 학습효과는 배가 된다. '-(으)면서'를 제시할 때는 행동을 보이면 시각적으로 바로 인지가 가능하기 때문에 교사가 직접 행동을 보여주는 것이 최고의 도입이다.

> T: [동시 동작이 있는 그림이나 사진을 제시]
>   미키 씨는(제시되는 그림 속 인물) 지금 뭘 해요?
> S: 음악을 들으면서 공부해요.
> T: (학생의 발화를 판서) 누가 음악을 들어요?
> S: 미키 씨요.
> T: 맞아요. 공부하는 사람은 누구예요?
> S: 미키 씨요.
> T: 맞아요. 음악을 듣는 사람하고 공부하는 사람이 같아요. 다르면 안 돼요. 한 사람이 두 일을 같은 시간에 해요.

⇒ 교사가 '주어'라는 말을 사용하지 않아도 예문에서 행동을 하는 사람이 누구인지를 학생들한테 물어서 '주어 일치'를 충분히 설명할 수 있다. 즉, 교사는 메타언어를 사용하지 않아도 학생들 눈높이에 맞추어 한국어 문형들이 갖는 제약에 대해 설명을 할 수 있어야 한다.

• 형태 제시: -(으)면서

가다 - 가면서	먹다 - 먹으면서	공부하다 - 공부하면서
놀다 - 놀면서	듣다 - 들으면서	

(4) 연습과 활용

• 문장 연결하기

- 교사가 단문 두 개를 제시하면 문형을 사용하여 한 문장으로 완성한다.

TV를 보다 / 밥을 먹다	음악을 듣다 / 숙제를 하다

• 사진/그림 자료 보고 말하기
- 동시 동작이 있는 그림/사진 자료를 준비하여 이 사람이 무엇을 하는지 묻고
  답하기
- 앞에서 단문 연결하기 한 것을 그림 자료로 대체하여 할 수 있다.

• 몸으로 말해요.
- 교사는 목표 문형이 있는 문장이나, 동시 동작이 있는 그림/사진 자료를 준비한다.
- 학생 1명을 교실 앞으로 나오게 해서 해당 문장, 그림이나 사진 자료를 보이고
  말을 하지 않고 몸으로만 연기를 하게 한다.
- 다른 학생들은 그것을 보고 완성된 문장으로 말하게 한다.

• 이럴 때는 무엇을 하면서 무엇을 해요?

  [밥 먹을 때, 영화를 볼 때, 학교에 올 때, 스트레스가 많을 때, 시간이 있을 때]

- 상황을 주고 두 가지 행동을 동시에 하는 것을 말하도록 한다.

• 같이 할 수 있는 일 / 같이 하면 안 되는 일
- 장소/상황을 제시하고 동시에 같이 할 수 있는 일과 동시에 같이 하면 안 되는 일을
  말하게 한다.

  [도서관, 수업 시간, 영화관], [운전할 때, 밥 먹을 때, 영화 볼 때]

- 하나의 주제에 대해서 전체가 함께 말하기를 해 보고 이어서 짝활동이나 소그룹
  말하기로 진행할 수 있다.
  ⇒ 이때는 'A을/를 하면서 B을/를 해요.'로만 말하는 것이 아니라 'A을/를 하면서 B을/를 하면
    좋아요', 'A을/를 하면서 B을/를 하면 안 돼요. 위험해요. 큰일 나요' 등으로 다양한 말하기
    로 확장될 수 있도록 지도한다. 그리고 해당 문장 뒤에 이유를 함께 말할 수 있게 함으로써
    긴 말하기로 이어질 수 있도록 지도한다.

2) -(으)면서 VS -고 VS -다가

(1) 의미

의미		
-(으)면서/며	동시	밥을 먹으면서 전화를 받았다.
-고	순차	밥을 먹고 전화를 받았다.
-다가	전환	밥을 먹다가 전화를 받았다.

(2) 제약

제약 \ 어미	-(으)면서/며	-고	-다가
시제선어말어미	있음(과거 결합 x)	없음(나열) 있음(순차: 과거 결합x)	-다가(미완료) -았/었/였다가(완료)
주어일치	있음	없음(나열) 있음(순차)	있음
선행용언	있음(동시 동작: 형용사 결합 x)	있음(동사 결합: 순차) (형용사 결합: 나열)	없음

- **시제선어말어미 제약**

> ㄱ. *기타를 쳤으면서 노래를 불렀다.
> ㄴ. *아침을 먹었고 학교에 갔다.(순차로 읽힐 때는 과거 시제가 결합할 수 없다.)
> ㄷ. 아침을 먹었고 학교에 갔다.(단순 나열인 경우는 '-고'로 연결이 가능하다.)
> ㄹ. 학교에 가다가 집에 왔다.　　　　　　학교에 갔다가 집에 왔다.
> 　　　(가는 도중에)　　　　　　　　　　　　(학교에 도착 후)
> ㅁ. 숙제를 하다가 전화를 받았다.　　　 *숙제를 했다가 전화를 받았다.
> 　　　(숙제를 하는 도중에)　　　　　　　　(숙제가 끝난 후)
> 　　　　　　　　　　　　　　⇒ 숙제를 하고 전화를 받았다.

- **주어일치 제약**

> ㄱ.*혜윤이가 기타를 치면서 혜빈이가 노래를 불렀다.
> ㄴ.*혜윤이가 아침을 먹고 혜빈이가 학교에 갔다. (순차인 경우 주어가 다르면 안 됨)
> ㄷ. 혜윤이가 아침을 먹고 혜빈이가 학교에 갔다. (나열인 경우 주어가 달라도 됨)
> ㄹ.*혜윤이가 학교에 가다가 혜빈이가 집에 왔다.

• 선행용언 제약

- 동시, 순차는 행위와 관련된 개념이므로 동사와 어울린다.

- 형용사, '이다'와 어울리는 경우 시간 순서가 아니라 다른 의미를 나타낸다.

> ㄱ. 혜윤이가 예쁘면서 착하다. (나열, 병렬)
> ㄴ. 혜윤이가 예쁘고 착하다. (나열, 병렬)

⇒ 두 문장 모두 혜윤이에 대한 설명 두 개가 이어진 것이다.

39. -(으)ㄹ까 하다, -(으)ㄹ까 하다 vs -(으)ㄹ 거예요

1) -(으)ㄹ까 하다

> 다카시: 미키 씨, 다음 주 토요일에 오랜만에 친구들과 만날까 하는데 시간이 어때요?
> 미키: 다음 주 토요일이라면 괜찮아요. 어디에서 만나요?
> 다카시: 아직, 결정은 못했는데요. 학교 근처에서 만날까 해요.
> 미키: 좋아요. 학교 다닐 때 이야기도 하고 좋을 것 같아요.

(1) 학습목표: '-(으)ㄹ까 하다'를 사용하여 무언가 할 생각이 있는 것에 대해 말할 수 있다.

(2) '-(으)ㄹ까 하다'의 의미:

· 동사 뒤에 붙어서 확실하게 결정한 것은 아니지만 그렇게 할 생각이 있음을 나타낸다.
  - '-(으)ㄹ까 보다, -(으)ㄹ까 싶다'로 바꾸어 쓸 수 있다.

(3) 도입과 제시

> T: 여러분, 방학이 언제지요?
> SS: 다음 달이요. 00월 00일이요.
> T: 방학하면 무엇을 할 거예요? 혹시 계획 있어요?
> SS: 네. 고향에 갈 거예요. 아니요. 아직 없어요. 잘 몰라요.
> T: 그래요? 저는 여행을 가고 싶어요. 방학하면 여행을 갈까(이때 의도적으로 '갈까 ~~~'와 같이 살짝 늘여서 발음한다) 생각하고 있어요. 하지만 아직 결정은 안 했어요. 그냥 조금 생각해 봤어요. 지금 생각에는 방학하면 싱가포르에 갈까 해요.
> SS: 와! 선생님, 좋으시겠어요. 저도 가고 싶어요.
> T: (웃으며) 아직 생각만 했어요. 안 갈 수도 있어요.
> T: 이렇게 무엇을 하려고 마음에 생각을 했어요. 하지만 아직 확실하게 결정하지 않았어요. 그럴 때 '여행을 갈까 해요'로 말할 수 있어요. 여행을 갈 생각이 있어요. 하지만 확실하지 않아요.
> T: 여러분, 이런 생각은 누가 하는 거예요?
> S: 내가요.
> T: 맞아요. '-(으)ㄹ까요'는 내가 말할 때 쓰는 거예요.

- 형태 제시: -(으)ㄹ까 하다

가다 - 갈까 하다	먹다 - 먹을까 하다	공부하다 - 공부할까 하다
놀다 - 놀까 하다	듣다 - 들을까 하다	

- 형태 제시: -지 말까 하다

⇒ '-(으)ㄹ까 하다'는 어떤 행동을 하지 않으려고 하는 생각을 할 때도 쓸 수 있음을 제시한다. '내일 시험이 있어서 오늘 저녁에는 친구를 만나지 말까 해요.'와 같이 쓰일 수 있음을 제시하고 몇 가지 예문을 함께 제시한다.

(4) 연습과 활용

- 시간 어휘 주고 말하기 [점심에 / 저녁에 / 주말에 / 이번 방학에 / 크리스마스에]

> T: 여러분, 점심에 뭘 먹을 거예요? 어디서 먹을 거예요? 생각해 봤어요?
>   한번 생각해 보세요.
> SS: 점심에는 김밥을 먹을까 해요. 학생 식당에 갈까 해요.

- 응답 연습 - [지금 생각은 어때요? 한번 생각해 봐요.]

- 학교를 졸업하면 뭘 할 거예요?

- 방학 계획이 있어요?

⇒ 아직 정해진 것이 없는 상태에서 한번 생각해 보도록 한다. 따라서 바로 묻고 대답하는 것이 아니라 교사는 학생들에게 생각할 시간을 준 후에 대답하도록 한다.

- 경험 말하기 [-(으)ㄹ까 했는데 못 했다 / 안 했다]

> T: 저는 지난 주말에 시간이 많았어요. 그래서 어디 가고 싶었어요. 바다를 보러 갈까
>   (여기서도 조금 천천히 발화한다.) 했는데 차가 너무 많을 것 같아서 그냥 집에 있
>   었어요. 여러분도 이런 경험 있어요?

⇒ 구체적 준비까지는 안 가고 생각 단계에서 그만둔 일에 대해서 말해 보게 한다.

2) -(으)ㄹ까 하다 VS -(으)ㄹ 거예요

(1) 확실성의 정도 차이

> ㄱ. 이번 방학에 고향에 갈 거예요.
> ㄴ. 이번 방학에 고향에 갈까 해요.
>
> ㄷ. 고향에는 이번 방학에 갈 거예요.
> ㄹ. 고향에는 이번 방학에 갈까 해요.
>
> ㅁ. 이번 방학에 고향에 안 갈 거예요.
> ㅂ. 이번 방학에 고향에 가지 말까 해요.

⇒ 문장 ㄱ을 들은 화자의 반응을 생각해 보자. '고향에 갈 거예요'를 듣고 '좋겠네요, 잘 다녀 오세요'로 반응할 수 있지만 문장 ㄴ의 '고향에 갈까 해요'를 듣고는 '잘 다녀오세요.'라는 반응은 어색하다. 이는 '-(으)ㄹ까 하다'가 미래의 확실성 정도가 크지 않기 때문에 실제 고향에 갈지 안 갈지는 그때가 되어 봐야 하기 때문이다.
문장 ㄷ에서도 '이번 방학에 갈 거예요'는 뭔가 여러 번 중에 이번 방학에는 가겠다는 의지가 읽히지만 문장 ㄹ의 '이번 방학에 갈까 해요'는 아직 미정이나 고려 중이라는 의미 정도로 읽힌다. 문장 ㅁ에서 마찬가지로 '안 갈 거예요'는 가지 않겠다는 의지로 해석되지만 문장 ㅂ의 '가지 말까 해요'는 현재는 가지 않는 것을 고려하고 있다는 의미 정도로 해석된다.

(2) 중요도의 정도 차이

> ㄱ. 졸업하면 취직이나 할 거예요.(?)
> ㄴ. 졸업하면 취직이나 할까 해요.
>
> ㄷ. 내년에 결혼할 거예요.
> ㄹ. 내년에 결혼할까 해요.

⇒ 위의 문장에서 졸업과 취직은 보통 중요하다고 인식되는 것이다. 그래서 차선책을 말하는 '이나'와 결합하는 문장에서 '졸업하면 취직이나 할 거예요.'는 어색한 문장이 된다. '-(으)ㄹ 거예요'가 1인칭 주어와 함께 쓰이면 1인칭 주어의 미래 의지를 나타내는데 중요도가 떨어지는 '이나'와 함께 쓰면 의미상의 충돌이 생기게 된다. 반면에 '-(으)ㄹ까 하다'는 불확실한 생각을 나타내기 때문에 중요도는 그만큼 떨어지게 된다. 따라서 한번 생각해 봤다는 의미로 '이나'와 결합이 자연스럽다.
이렇게 중요도에 있어서 차이가 나기 때문에 '내년에 결혼할 거예요.'는 이제 본격적으로 결혼 준비를 시작하겠다는 의미로 읽힐 수 있지만 '내년에 결혼할까 해요'는 이제 결혼에 대해서 생각을 하기 시작했다는 의미 정도로 읽힌다.

(3) 통합: 확실성과 중요도

> ㄱ. 내년에 결혼할 건데 잘 모르겠어요.
> ㄴ. 내년에 결혼할까 하는데 잘 모르겠어요.
> ㄷ. 오래 만났으니까 내년에 결혼할 거예요.
> ㄹ. 오래 만났으니까 내년에 결혼할까 해요.

⇒ 위의 문장에서 ㄱ의 '결혼할 건데'는 어느 정도 확정이 된 상황에서 말하는 것으로 해석되지만 ㄴ의 '결혼할까 하는데'는 아직 생각 단계에서 말하는 것으로 해석된다. 따라서 '잘 모르겠어요'와 연결이 될 때 '결혼할 건데'와 연결된 문장은 결혼 생활을 잘할 수 있을지, 결혼 준비를 잘할 수 있을지에 대해 잘 모르겠다는 의미로 읽히고 '결혼할까 하는데'와 연결된 문장은 결혼을 하는 것 자체에 대해 잘 모르겠다는 의미로 읽힌다.

따라서 ㄷ 문장에서도 '결혼할 거예요.'는 확실한 의지를 가지고 중요하게 생각한다는 의미로 읽히지만 ㄹ의 '결혼할까 해요'는 아직은 불확실하고 중요도가 크지 않는 것으로 읽힌다.

(4) -(으)ㄹ까 하다 VS -(으)려고 하다

> ㄱ. 졸업 후에 한국 회사에 취직하려고 해요. (의도성)
> ㄴ. 졸업 후에 한국 회사에 취직할까 해요. (불확실성)
> ㄷ. 졸업 후에 한국 회사에 취직하려고 준비하고 있어요. (의도를 가지고 준비)
> ㄹ. 졸업 후에 한국 회사에 취직할까 하고 준비하고 있어요. (막연한 준비)

⇒ 위의 문장에서도 '-(으)려고'와 연결된 문장은 취직에 대한 의도와 목적을 가지고 있다는 의미로 읽히지만 '-(으)ㄹ까 하다'는 졸업 후까지는 생각을 많이 한 것은 아니지만 취직에 대한 고려를 한번 해봤다는 의미로 읽는다. 그래서 '취직하려고 준비하고 있어요'는 의도를 가지고 준비한다는 의미로 읽히지만 '취직할까 하고 준비하고 있어요'는 조금은 막연한 준비 또는 취직하고 직접적인 관련은 없지만 그냥 준비하고 있다는 정도로 읽는다.

> **Q. 다음 중 확실성의 정도가 가장 약한 문장을 골라 보자.**
>
> ① 저, 이번 휴가 때는 여행을 갈 거예요.
> ② 저, 이번 휴가 때는 여행을 갈까 해요.
> ③ 저, 이번 휴가 때는 여행을 가려고 해요.
> ④ 저, 이번 휴가 때는 여행을 가기로 했어요.

정답: ②

해설: ②에 '-(으)ㄹ까 하다'와 결합한 문장이 다른 문장들에 비해 확실성의 정도가 가장 약하다.
　　①은 1인칭 주어의 의지를 나타내고 ③은 1인칭 주어의 의도를 나타낸다. 그리고 ④는 1인칭 주어의 결심을 나타내고 있다.

40. -(으)ㄴ 지 [시간]이/가 되다

1) -(으)ㄴ 지 시간이 되다

> 민수: 다카시 씨는 한국에 온 지 얼마나 됐어요?
> 다카시: 대학교 졸업하고 왔으니까 이제 3년 되었네요.
> 민수: 그래요? 시간이 정말 빠르네요.
>   교환학생으로 일본에 가서 다카시 씨를 만난 게 어제 같은데...
> 다카시: 네, 그러고 보니 우리가 만난 지 벌써 5년이 지났네요.

(1) **학습목표:** '-(으)ㄴ 지'를 사용하여 시간의 흐름에 대해 말할 수 있다.

(2) **'-(으)ㄴ 지'의 의미:**

- 동사 뒤에 붙어서 '어떤 행동을 한 후에'의 뜻을 나타낸다.

  '-(으)ㄴ 지' 뒤에는 '([시간]이/가) 되다, 지나다, 흐르다, 넘다' 등의 동사가 온다.

  ⇒ 학생들의 한국어 숙달도에 맞추어 '-(으)ㄴ 지' 뒤에 함께 쓰는 동사를 제시한다.

(3) **도입과 제시**

> T: 여러분, 한국에 언제 왔어요?
> SS: 6개월 전에 왔어요. 작년 5월에 왔어요.
> T: 그래요. (칠판에 학생들이 온 달을 표시한다) 지금은 몇 월이죠?
> S: 11월이요.
> T: (학생의 대답을 판서하고 화살표로 시간의 흐름을 나타낸다.)
>   맞아요. OO 씨가 한국에 5월에 왔으니까 한국에 온 지 6개월이 됐네요. 한국에 온
>   지 벌써 6개월이 지났어요.
>
>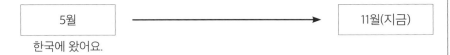
> 한국에 왔어요.

- **형태 제시: -(으)ㄴ 지 (시간이) 되다/지나다**

가다 - 간 지	먹다 - 먹은 지	공부하다 - 공부한 지
놀다 - 논 지	듣다 - 들은 지	

• 형태 제시: 안 -(으)ㄴ 지, 못 -(으)ㄴ 지

-지 않은 지, -지 못한 지

⇒ 부정을 학습했기 때문에 부정과 결합하는 형태도 제시하고 연습과 활용에서 확장하여 사용할 수 있도록 한다.

(4) 연습과 활용

• 응답 연습

> T: 학교에 온 지 얼마나 됐어요?
> S: 학교에 온 지 1시간 반이 됐어요.
> T: 아침 먹은 지 얼마나 됐어요? / 아침을 안 먹은 지 얼마나 됐어요?
> 　부모님께 전화한 지 얼마나 됐었요? / 부모님께 전화 못 드린 지 얼마나 됐어요?
> 　한국에 얼마나 살았어요? / 고향에 못 간 지 얼마나 됐어요?

• 문장 만들기
- 단어를 주고 단어를 활용하여 문장을 만들어 보게 한다.

오다	- 학교에 온 지 2시간이 됐어요.
공부하다	- 공부한 지 1시간이 지났어요.
만나다	- 선생님을 만난 지 2달이 됐어요.

⇒ 주어진 단어로 부정형과 결합한 문장도 만들어 보게 한다.

• 친구 인터뷰하기 [얼마나 됐어요?]
- 짝활동/전체 활동(친구 한 명에게 전체가 질문하기, 돌아가며 진행한다.)
- 친구와 서로 궁금한 것을 묻고 대답하기

한국에 언제 왔어요?　　　　언제부터 N을/를 배웠어요?

• 자기 물건 자랑하기 [정말 오래됐어요.]
- 가지고 있는 물건 중에서 오래된 물건을 소개하는 활동
- 그 물건을 가지게 된 이유, 산 이후로 얼마나 됐는지, 물건에 담긴 의미 등으로 이야기를 구성하게 한다.

⇒ 교사는 미리 자기의 물건 중에 오래됐지만 의미가 있는 물건을 준비해 본 수업에 하나 들고

가서 시범을 보인다. 학생들도 자기의 물건 중 오래됐지만 소중한 물건, 의미가 있는 물건을 소개하게 한다. 수업 전날 학생들에게 물건을 가지고 오라고 하거나 사진을 가져오도록 미리 알려주어도 좋다. 이때 목표 문형을 활용한 문장을 포함하여 담화를 구성하게 하되 그 물건과 관련된 이야기를 길게 할 수 있도록 완성된 이야기를 만들 수 있도록 지도한다.

41. -거든요(이유)

다카시: 민수 씨, 이번 주 토요일에 시간 있어요? 제가 밥 살게요.
민수: 네, 토요일에 시간이 있어요. 그런데 다카시 씨 무슨 좋은 일 있어요?
다카시: 사실, 이번에 승진했거든요.
민수: 아, 정말요. 축하해요. 그럼 토요일에 기대할게요.

(1) **학습목표: '−거든요(이유)'를 사용하여 이유에 대해 말할 수 있다.**

(2) **'−거든요(이유)'의 의미:**

• **동사나 형용사 뒤에 붙어서 그 내용이 이유가 됨을 나타낸다.**

- 친구 관계나 그 밖에 아주 친한 사이에서 쓰거나 일반적으로 말하는 사람보다 아랫사람에게 쓴다.

- 글이나 대화의 맨 앞에 올 수 없고, 앞에 자신의 말 또는 다른 사람의 질문이 와야 한다.

  ⇒ 대화의 맨 앞에 오는 '−거든요'는 '제가 어제 백화점에 갔거든요. 그런데...'와 같이 어떤 이야기를 이어 나가기 위한 도입 문장에서 사용한다. 이때의 '−거든요'는 문말 억양이 상승한다.

(3) **도입과 제시**

T: 여러분, 이번 주말에 뭐 할 거예요?
SS: 친구를 만날 거예요. 영화를 보러 갈 거예요.
T: 그래요? 저는 이번 토요일에 백화점에 갈 거예요. 왜냐하면 이번 주 일요일이 우리 딸 생일이거든요. 그래서 선물을 토끼 인형을 사러 갈 거예요. 우리 딸이 토끼를 좋아하거든요.
T: OO 씨는 친구를 어디에서 만나요?
S: 명동에서 만나요.
T: 왜요? 왜 명동에서 만나요.
S: 명동이 분위기가 좋아요.
T: 저는 보통 친구들을 학교 근처에서 만나요.
　제 친구들은 집이 우리 학교에서 가깝거든요.
T: 이렇게 '−거든요'를 써서 이유를 말할 수 있어요. 문장의 마지막에 사용해요.
　내가 말하는 이유는 듣는 사람이 모르는/처음 듣는 이야기예요. 그리고 보통 친한 사이에서 사용해요.

• 형태 제시: -거든요

- 과거: -았/었/였거든요
- 미래: -(으)ㄹ 거거든요['거'가 반복되므로 형태와 발음에 주의하도록 한다]

> [억양에 주의, 끝이 올라갈 경우 예의 없게 들릴 수 있다]
> A: 왜 늦었어요?   A: 왜 늦었어요?
> B: 차가 좀 막혔거든요.(↘)   B: 차가 좀 막혔거든요.(↗)

⇒ 이유는 나타내는 '−거든요'의 기본 억양은 하강 억양이다. 위의 대화에서 늦은 이유에 대해서 물을 때 '−거든요'가 하강 억양인 경우 이유를 말하는 것으로 읽힌다. 그런데 이때 상승 억양이 되면 이유에다가 태도가 더해진다. 즉, 기본 억양과 다른 억양을 사용하는 경우 다른 기능이 추가되는 것이다. 따라서 위의 대화에서 '막혔거든요(↗)'는 '차가 막혀서 늦었는데 지금 나한테 뭐라고 하는 거야?'라고 오히려 화를 내는 것처럼 읽힌다. 따라서 교사는 이유의 '−거든요'를 가르칠 때 억양에도 주의하도록 해야 한다.

(4) 연습과 활용

• 묻고 답하기 - 우리 반 친구들은?

> T: OO 씨는 왜 한국어를 배워요?
> S: 저는 한국에서 대학에 가고 싶거든요.

⇒ '−거든요'를 학습하는 단계가 되면 보통 개강 후 어느 정도가 지난 시점이 된다. 따라서 학생들은 서로에 대해서 조금씩 알고 있는 정보가 있는데 이를 활용하여 반 친구들과 함께 묻고 답하기를 할 수 있다.

> T: OO 씨는 왜 커피를 안 마셔요?
> S: 커피를 마시면 밤에 잠을 못 자거든요.

- 짝활동으로 진행할 수 있고 또 반 친구들이 모두 동그랗게 앉아 시계 방향이나 반대 방향으로 옆 사람에게 돌아가며 질문을 하고 답하게 할 수 있다.

• 이유 답하기 - 왜 그래요?

> T: 여러분! 아침은 꼭 먹어야 해요.
> S: 왜요?
> T: 건강이 중요하거든요. 한국어를 공부하려면 체력이 있어야 하거든요.
> T: 여러분이 중요하게 생각하는 것에 대해 말해 볼까요?

- 학생들이 돌아가며 중요하다고 생각하는 것을 말하게 한다.
- 모두 같이 '왜요?'로 물으면 그다음에 목표 문형을 활용하여 이유를 말하게 한다.

• 인터뷰: 우리 반 친구들은?
- 인터뷰 형식으로 짝을 지어 공통 질문에 대해 묻고 답하기로 진행한다.

> - 주말에는 무엇을 해요?
> - 취미가 뭐예요? 왜 그것을 좋아해요? 자주 해요?
> - 시간이 있을 때 뭐해요?
> - 졸업한 후에 무엇을 할 거예요?
> - 스트레스가 쌓였을 때는 어떻게 해요?

- 자유질문을 추가하여 묻고 답하기로 진행한다.

(5) 이유 표현 정리

문형	의미	통사 제약	후행문 제약	문체	예문
-아/어/여서	객관적이고 일반적인 이유	'-았/었/였' ×	명령, 청유 ×	구어, 문어	아파서 학교에 못 갔어요.
-(으)니까 [이유]	주관적이고 개인적인 이유	'-았/었/였' ○, 미래 ○	명령, 청유 ○	구어, 문어	아프니까 집에서 쉬세요.
-(으)니까 [발견]	발견, 새롭게 알게 된 사실	'-았/었/였' × [동사]와 결합	미래 ×	구어, 문어	학교에 가니까 아무도 없었어요.
-어/아/여 가지고	객관적이고 일반적인 이유	'-았/었/였' ×	명령, 청유 ×	구어	아파 가지고 아무것도 못했어.
-기 때문에	이유를 강조할 때	'-았/었/였' ○	명령, 청유 ×	문어	비가 너무 많이 오기 때문에 갈 수 없습니다.
-거든요	이유나 자신의 생각을 표현할 때	'-았/었/였' ○, 미래 ○, 글이나 대화의 맨 앞에 올 수 없다.	후행문 없음	구어	학교에 못 갔어요. 많이 아팠거든요.

Q. 물음에 대한 대답으로 의미가 다른 것을 골라 보자.

A: 다카시 씨, 명동에 왜 자주 가요?
① 아, 명동이 옷이 싸거든요.
② 네? 저, 자주 안 가거든요.
③ 왜냐하면 분위기가 좋거든요.
④ 그게, 명동에 맛집이 많거든요.

정답: ②

해설: ②에 쓰인 '-거든요'는 상대방의 물은 사실에 대해 부정하는 의미로 사용되었다. 이때 억양은 상승 억양이 되어 반박하는 의미를 나타낸다. 다른 예들에서는 모두 이유를 나타내는 표현으로 사용되었다.

42. -기 위해서, -기 위해서 vs -(으)려면

1) -기 위해서

> 민수: 다카시 씨, 지금도 한국어를 계속 공부해요?
> 다카시: 네, 요즘은 비즈니스 한국어를 배우기 위해서 공부하고 있어요.
> 민수: 네, 회사에서 일할 때 필요한 한국어는 또 배워야겠네요.
> 다카시: 맞아요. 거래처와 대화를 하기 위해서 알아야 하는 전문적인 단어들이 많더
>   라고요.

(1) 학습목표: '-기 위해서'를 사용하여 목적에 대해 말할 수 있다.

(2) '-기 위해서'의 의미:

- 동사 뒤에 붙어서 앞의 내용이 뒤의 내용의 목적이 됨을 나타낸다.
  - 형용사에 쓸 수 없다.
  - '-기 위하여'로도 쓰인다.

(3) 도입과 제시

> T: 여러분, 과일 좋아해요?
> S: 네.
> T: 야채는 어때요? 야채도 좋아해요?
> SS: 네, 아니요. 저는 고기를 좋아해요.
> T: 그래요? 자기가 좋아하는 음식을 먹으면 좋아요.
>   하지만 우리는 과일하고 야채도 꼭 먹어야 해요. 왜 그럴까요?
> S: 건강에 좋아요.
> T: 맞아요. 건강을 위해서 과일하고 야채를 먹어야 해요.
>   그리고 건강을 유지하기 위해서/건강하게 살기 위해서 운동도 같이 하면 좋을 것
>   같아요.

- 형태 제시: -기 위해서, N을 위해서

가다 - 가기 위해서	먹다 - 먹기 위해서
미래 - 미래를 위해서	건강 - 건강을 위해서

- [형용사]의 경우 -아/어/여지기 위해서 (단어에 따라 쓰이지 않는 경우가 있다.)

예쁘다	- 예뻐지기 위해서
행복하다	- 행복해지기 위해서
높다	- 성적이 높아지기 위해서 (X)
	성적을 높이기 위해서 (사동의 형태로 사용한다.)

⇒ 학생이 형용사를 사용하고 싶어 하는 경우 '-아/어/여지기 위해서'의 형태로 사용함을 알려 준다. 그러나 일부 형용사는 사동사의 형태로 쓰이는 경우가 있으므로 학습자들이 질문을 하는 경우에 한하여 단어별로 제시해 준다.

(4) 연습과 활용

• 응답 연습 - [왜?(목적)]

> T: 한국어를 왜 공부해요?
> S: 한국어가 재미있어서 공부해요.
> T: 그래요. 한국어를 공부해요. 그래서 무엇을 하려고 해요.
> S: 대학교에 가려고 해요. 한국 사람하고 이야기하고 싶어요.
> T: 아, 대학교에 가기 위해서 한국어를 공부해요.
>   한국 사람하고 한국어로 이야기하기 위해서 한국어를 공부해요.
> T: 이렇게 무엇을 하려고 해요. 그것을 생각하면서 '-기 위해서'를 써서 말해 볼까요?
> T: 왜 한국어를 공부해요? / 왜 다이어트를 해요? / 왜 [장소]에 가요?

⇒ 학생들이 단순한 이유를 말하는 경우 '재미있어서 한국어를 공부해요'와 같은 응답이 나올 수 있다. 따라서 교사는 응답 연습 시에 무슨 목적을 가지고 있는지에 초점을 맞추어 응답 할 수 있도록 지도해야 한다.

• 문장 만들기 (선행절, 후행절 만들기)

나를 위해서 ~~~

부모님을 위해서 ~~~

사랑하는 사람을 위해서 ~~~

내 꿈을 이루기 위해서 ~~~

스트레스를 풀기 위해서 ~~~

　　　　　~~~ 돈을 벌어요.

　　　　　~~~ 열심히 공부해야 해요.

　　　　　~~~ 열심히 노력하겠습니다.

⇒ 'N을/를 위해서', '−기 위해서'의 형태를 함께 사용하여 후행절과 선행절 완성하기 연습을 한다.

· **토의하기 (함께 생각해 봅시다.)**
- 주제를 주고 함께 생각해 보기
- 환경 보호 / 아름다운 세상 만들기 / 평화로운 세상 만들기 / 학교의 발전 /
- 3~4명씩 그룹을 지어 주고 해당 주제에 대해 함께 이야기해 보게 한다.
- 이유와 더불어 좋은 방법을 제시해 보게 한다.

2) -기 위해서 VS -(으)려고

ㄱ. 건강을 유지하기 위해서 운동을 해요.(운동의 목적 - 건강 유지)
ㄴ. 건강을 유지하려고 운동을 해요.(건강 유지의 의도 - 운동을 함)

⇒ 위의 문장에서는 목적과 의도가 크게 구분되지 않는 것처럼 보인다. 그런데 다음 문장을 보면 목적과 의도의 차이를 알 수 있다.

ㄱ. 운동하려고 헬스클럽에 가요.
ㄴ. 운동하기 위해서 헬스클럽에 가요.
ㄷ. 운동을 하려고 해요.
ㄹ. 운동을 하기 위해서요.

⇒ 위의 문장들에서 후행절에 '헬스클럽에 가요'가 있으면 '−기 위해서', '−(으)려고'가 쓰인 선행절이 모두 목적으로 읽힐 수 있다. 그러나 '운동을 하려고 해요'와 같은 문장에서는 내가 지금 운동을 하려는 의도를 가지고 있다는 의미로 읽힌다. 그래서 ㄷ과 같은 문장은 '지금 뭐 해?'와 같은 물음에 대한 대답으로 이해될 수 있다. 그런데 '운동을 하기 위해서요'는 '여기 왜 왔어? 왜 지금 나가?'와 같이 무언가 뚜렷한 목적에 초점을 맞추어 묻는 물음에 대한 대답으로 이해된다.

A: 지금 뭐 해?
B: 아, 운동하려고   B': 운동하러 나가려고   B': 운동하기 위해서(*)

다음 부정의문문이 쓰인 대화를 보면 이것이 더 잘 드러난다.

A: 어디 가?(↗)
B: 응, 운동하려고   B': 응, 운동하기 위해서(?)

⇒ A의 문말 억양이 상승했기 때문에 A의 물음은 어딘가 가느냐는 부정의문문이다. 이에 대한 대답으로는 운동하려고 어딘가 간다는 정도의 대답을 하게 되는데 따라서 운동을 하는 의도를 말하는 '응, 운동하려고'가 적절한 것이다.

A: 준비 다 했어?
B: 응, 이제 나가려고   B': 응, 이제 나가기 위해서(?)

⇒ 위의 문장에서 준비를 다 했는지에 대한 대답으로 준비를 다 한 상황이라면 이제 나간다는 의도만을 말하면 되기 때문에 '응, 이제 나가려고'가 자연스럽다. '응, 이제 나가기 위해서'를 쓰려면 '응, 이제 나가기 위해서 준비하고 있어'의 의미로 읽히기 때문에 '언제 준비할 거야?' 정도의 질문이 있어야 한다.

ㄱ. 여행 가려고 했지만 못 갔어요.
ㄴ. 여행 가기 위해서 준비했지만 못 갔어요.

⇒ 위의 문장을 보면 '여행을 가려고 했지만'은 여행을 가려는 의도가 있었지만 실행에 옮기지는 못 했다는 의미로 읽힌다. 그런데 '여행 가기 위해서'를 쓰는 경우 뒤에 '준비했지만'과 같은 구체적 실행까지 있어야 하는데 이는 준비의 목적이 '여행을 가기 위함'이기 때문에 그러한 것이다.

43. -(으)ㄴ/는 덕분에

1) -(으)ㄴ/는 덕분에

> 미키: 민수 씨, 고마워요. 민수 씨가 도와준 덕분에 행사가 잘 끝났네요.
> 민수: 아니에요. 미키 씨가 거의 다 했지요.
> 미키: 민수 씨 덕분에 저도 이번에 많이 배웠어요.
> 민수: 별말씀을요. 다음에도 같이 잘해 봐요.

(1) 학습목표: '-(으)ㄴ 덕분에'를 사용하여 감사의 말을 할 수 있다.

(2) '-(으)ㄴ 덕분에' 의미:

- 동사 뒤에 붙어서 감사하는 이유나 좋은 일이 생긴 이유를 나타낸다.
  - 앞의 상황이 뒤의 행동에 긍정적인 영향을 미칠 때 사용한다.

(3) 도입과 제시

> T: 여러분, 유학 생활은 요즘 어때요?
> S: 재밌어요.
> T: 그래요. 이렇게 유학 생활을 할 수 있게 도와 준 사람이 있어요?
>   여러분이 공부할 때 도움을 준 사람이 있나요?
> SS: 부모님이요. 제 고향 선생님이요.
> T: 네, 여러분 부모님 덕분에 여러분이 한국에 올 수 있었네요.
>   OO 씨는 OO 씨 선생님께서 도와주신 덕분에 한국어 공부를 잘할 수 있었군요.
> T: 이렇게 여러분이 도움을 받은 사람들이 있죠? 그 사람들한테 어떤 도움을 받았어요.
>   그래서 감사하는 이유가 있을 거예요. 그럴 때 '-덕분에'를 써서 말할 수 있어요.

- **형태 제시: N 덕분에, -(으)ㄴ/는 덕분에**

예쁘다 - 예쁜 덕분에	많다 - 많은 덕분에	친하다 - 친한 덕분에
쉽다 - 쉬운 덕분에		

가다 - 가는 덕분에	먹다 - 먹는 덕분에	공부하다 - 공부하는 덕분에
살다 - 사는 덕분에	듣다 - 듣는 덕분에	

가다 - 간 덕분에	먹다 - 먹은 덕분에	공부하다 - 공부한 덕분에
살다 - 산 덕분에	듣다 - 들은 덕분에	

• 인사말로 단독 쓰임 제시

- 인사말로 홀로 쓰일 수 있음을 알려준다.

> - 덕분에 잘 먹었습니다. / 덕분에 잘 끝났습니다.
> - 잘 지냈어요?, 네, 덕분에요.

(4) 연습과 활용

• 응답 연습

> T: 누구 덕분에 한국에 올 수 있었어요?
> T: 부모님께서 어떻게 해 주시는 덕분에 여러분이 편하게 지낼 수 있는 걸까요?
> T: 우리가 깨끗한 교실에서 공부할 수 있는 이유는 무엇일까요?

• 경험 말하기 - 고마운 사람

> T: 저는 대학교 때 만난 선생님 덕분에 열심히 공부할 수 있었어요.
> 　선생님께서 도와주신 덕분에 장학금도 받을 수 있었어요.
> 　그 선생님 덕분에 한국어 선생님이 될 수 있었어요.
> 　여러분도 이렇게 고마운 사람이 있어요?
> S: 저는 ~~~ 덕분에

⇒ 목표 문형을 활용하여 고마운 사람을 이야기하고 그 사람과의 이야기를 길게 말할 수 있도록 지도한다.

• 주제 보고 말하기

- 주제어를 주고 주제어와 관련한 경험/생각을 말하게 한다.

> [사물]: 여행 / 전화 / 컴퓨터 / 인터넷 / 스마트폰
> [사람(직업)]: 경찰 / 군인 / 의사 / 선생님 / 버스 기사 / 소방관

⇒ 사물의 등장으로 우리 생활이 좋게 달라진 부분들에 대한 경험, 생각을 말하게 한다. 또 우리 주변에 다양한 직업과 관련하며 사회에 도움이 되는 부분들에 대해 말하게 한다. 제시된 주제 이외에 학생들이 생각해서 말하게 할 수도 있다.

2) -(으)ㄴ/는 덕분에 VS 때문에 VS 탓에 / 는 바람에

(1) N 덕분에 / 때문에 / 탓에

> ㄱ. 선생님 덕분에 합격했습니다.
> ㄴ. 선생님 때문에 합격했습니다.
> ㄷ. 선생님 탓에 합격했습니다. (x)　　　N 탓에: 부정적 결과
> ㄹ. 너 덕분이야. (좋은 일)
> ㅁ. 너 때문이야. (부정적인 일 / 긍정적 일에도 가능)
> ㅂ. 네 탓이야. (나쁜 일 - 잘못의 원인을 돌림)

(2) −(으)ㄴ/는 덕분에 VS −기 때문에 VS −(으)ㄴ/는 탓에

> ㄱ. 선생님이 도와주시는 덕분에 합격할 수 있을 거야. (?)
> ㄴ. 선생님이 도와주신 덕분에 합격할 수 있었어.

⇒ '합격'이라는 긍정적인 결과가 나오기 전이므로 미래와 썼을 때 어색하다. 결과가 나온 후 그에 대한 고마운 이유를 찾는 것이므로 '덕분에 합격했다'가 자연스럽다.

> ㄱ. 선생님이 도와주시기 때문에 합격할 수 있을 거야.
> ㄴ. 선생님이 도와주셨기 때문에 합격할 수 있었어.

⇒ '때문에'는 후행절에 미래와 과거 모두 가능한데 이는 '때문에'에 감사의 의미가 들어있는 것이 아니라 단순 이유를 나타내는 표현임을 말해 준다.

> ㄱ. 선생님이 안 도와주시는 탓에 합격하기 어려울 거야.
> ㄴ. 선생님이 안 도와주신 탓에 합격하지 못했어.

⇒ '탓에'가 쓰인 문장을 보면 후행절은 미래와 과거 모두 부정적 결과임을 알 수 있다. 따라서 '탓에'가 쓰인 문장은 책임을 선생님에게 전가하는 의미로 읽힌다.

(3) −는 바람에: 주로 부정적 결과

> ㄱ. 선생님이 도와주시는 바람에 합격할 수 있었다.(X)
> ㄴ. 선생님이 안 도와주시는 바람에 합격하기 어려울 거야(X)
> ㄷ. 선생님이 안 도와주시는 바람에 합격하지 못했어.

⇒ '−는 바람에'는 부정적인 결과에 대해 원인을 말할 때 사용한다. 따라서 '도와주시는 바람에'와 같이 '도와주다'라는 긍정적 어휘와 결합하면 어색하다. 그리고 후행절에 '합격하기

어려울 거야'와 같이 미래 추정이 어색하다. 이는 부정적 결과가 나오기 전이기 때문이다. 따라서 세 번째 문장과 같이 도출된 부정적인 결과에 대한 부정적인 원인을 찾을 때 사용하는 것이다.

> ㄱ. 앞 선수가 넘어지는 바람에 내가 우승했지.
> ㄴ. 앞 선수가 넘어진 덕분에 내가 우승했지.
> ㄷ. 앞 선수가 넘어진 탓에 내가 우승했지.(?)

⇒ 위의 문장을 보면 뉘앙스가 차이가 느껴진다. 먼저 첫 번째 문장은 결과적으로 나한테 도움이 된 상황이지만 '앞 선수가 넘어진'의 상황은 부정적 상황이므로 '−는 바람에'가 결합할 수 있는 것이다. 즉, 이때 '−는 바람에'는 앞 상황에 초점이 되어 있음을 알 수 있다. 반면에 두 번째 문장은 결과적으로 나에게 긍정적인 결과(우승했다)의 원인에 대해 고마움을 표현하는 것이 '앞 선수가 넘어진'의 상황이다. 그래서 첫 번째 문장은 앞 선수의 대한 약간의 미안함과 아쉬움이 느껴지지만 두 번째 문장은 앞 선수에 대한 약간의 비꼬는 고마움이 느껴진다.

마지막 문장은 '−는 탓에'는 부정적인 결과에 대한 부정적 원인을 찾아야 하므로 어색하다. 보통은 '앞 선수가 넘어진 탓에 나까지 넘어졌어'와 같이 사용해야 하므로 세 번째 문장은 어색한 것이다.

44. -(으)ㄴ/는지 알다/모르다

1) -(으)ㄴ/는지 알다/모르다

> 냔냔: 민수 씨, 여기서 신촌에 가려면 어떻게 가야 하는지 아세요?
> 민수: 아, 여기서는 버스가 한 번에 가는 게 있어요. 273번을 타면 돼요.
> 냔냔: 아, 그렇군요. 고마워요.

(1) **학습목표**: '-(으)ㄴ/는지 알다/모르다'를 사용하여 어떤 사실에 대해 아는지 모르는지 묻고 대답할 수 있다.

(2) **'-(으)ㄴ/는지 알다/모르다'의 의미**:

- '동사, 형용사, 이다' 뒤에 붙어서 어떤 사실에 대해 알거나 모르는 것을 말할 때 쓰인다.

'-(으)ㄴ/는지': 막역한 의문을 나타낸다.

- 얼마나 좋은지 몰라요.(강조)

- 지금 끝났는지도 몰라요.(추측)

- 잘 지내는지 몰라. (걱정)

> ⇒ '-(으)ㄴ/는지' 뒤에 알다/모르다 붙어 여러 의미로 사용된다. 한 차시에 여러 의미를 모두 제시하는 것은 좋지 않다. 따라서 위 대화문에서는 어떤 사실에 대해 묻고 답하는 것으로 한정하여 의미를 제시하고 연습할 수 있도록 지도한다.

(3) 도입과 제시

> T: 여러분, 여행 좋아해요?
> S: 네, 좋아해요.
> T: 그래요. 저도 여행을 좋아해요. 지난번에 여행을 갔는데 처음 가는 곳이었어요.
>   그래서 지도를 봐도 길을 찾기가 어려웠어요. 이럴 때 어떻게 하면 좋을까요?
> S: 물어봐요.
> T: 맞아요. 그래서 가게에 들어가서 아저씨한테 지도를 보여주면서 이렇게 물어봤어요.
>   "저 여기에 가고 싶어요. 어떻게 가는지 아세요?"
> T: 그리고 버스가 몇 시에 있는지 알고 싶었어요. 그래서 가게 아저씨한테 또 이렇게
>   물어봤어요. "버스가 몇 시에 있는지 아세요?" 아저씨가 친절하게 대답해 주셨어
>   요. 또 궁금한 게 있었어요. 배가 고파서 맛있는 걸 먹고 싶었어요. 어떻게 물어 봤
>   을까요?
> S: 뭐가 맛있는지 아세요?

> T: 좋아요. 이렇게 내가 알고 싶은 것이 있을 때 '-(으)ㄴ/는지 알아요?'로 물어 볼 수 있어요. 이때 '언제, 어디서, 누가, 무엇, 어떻게, 왜' 이런 말하고 같이 사용해요.

• 형태 제시: 의문사+ -(으)ㄴ/는지 알다/모르다

예쁘다 - 예쁜지	적다 - 적은지	친하다 - 친한지
덥다 - 더운지		
가다 - 가는지	먹다 - 먹는지	공부하다 - 공부하는지
놀다 - 노는지	듣다 - 듣는지	

> T: OO 씨, 혹시 ㅁㅁ 씨가 커피를 마셔요? 안 마셔요? 알아요?
> S: 몰라요. 아마 마셔요.
> T: 그래요. ㅁㅁ씨가 커피를 마시는지 안 마시는지 아는 사람 있어요?

• 형태 제시: -(으)ㄴ/는지 안 -(으)ㄴ/는지 알다/모르다

> T: OO 씨, ㅁㅁ 씨는 부자인가요? 돈이 많은지 적은지 알아요?
> S: 몰라요. ㅁㅁ 씨가 돈이 많은지 적은지 몰라요.

• 형태 제시: V1(으)ㄴ/는지 V2(으)ㄴ/는지 알다/모르다

⇒ '-(으)ㄴ/는지 알다/모르다'는 상황에 따라서 위와 같이 연속되는 여러 형태로 활용이 된다. 수업의 흐름과 학생 수준에 맞추어 교사가 어디까지 제시할 것인지 미리 정해서 수업을 들어가야 한다.

(4) 연습과 활용

• 응답 연습 - [우리 반 친구들에 대해서 얼마나 알고 있어요?]

> T: 여러분, OO 씨가 어느 나라 사람인지 알아요?
> S: 네, OO 씨가 어느 나라 사람인지 알아요. 중국사람이에요.
> T: 그러면 OO 씨가 무슨 음식을 제일 좋아하는지 알아요?

⇒ 학생들이 같은 반 친구들의 나라에 대해서는 보통 알고 있으므로 첫 질문은 모두가 알 수 있는 질문을 한다. 점점 조금 더 구체적인 질문을 하는 식으로 진행한다.

> T: 그러면 OO 씨가 주말에 보통 어디에 가는지 알아요?
> T: 그러면 OO 씨가 왜 한국어를 공부하는지 알아요?

- 반 친구에 대해 전체에게 묻는다
- 아는 사람이 '-(으)ㄴ/는지 알아요'로 대답하도록 한다.
- 학생을 지명해서 묻는 경우, 대답을 모를 때 '-(으)ㄴ/는지 몰라요'를 사용해서 대답하도록 한다.

• 묻고 답하기
- 반 친구들에 대해 궁금한 것을 쓰도록 한다.
- 해당 질문을 다른 친구들에게 물어본다.

> S1: 우리 반 OO 씨가 가수 누구를 좋아하는지 알아요?
> S2: 네, OO 씨가 누구를 좋아하는지 알아요. OO 씨는 BTS를 좋아해요.
> S1: OO 씨가 이번 방학에 어디에 가는지 알아요?
> S2: 아니요. OO 씨가 이번 방학에 어디에 가는지 몰라요.

⇒ 청자에 대해서 청자에게 바로 묻고 대답을 듣는 경우에는 '-는/(으)ㄴ지 알다/모르다'를 사용하지 않는다. 친구의 생일 선물을 사기 위해 다른 친구에게 그 친구에 대해서 묻거나 좋아하는 사람 모르게 무언가를 준비하기 위해서 좋아하는 사람을 알고 있는 주변 사람들에게 묻고 답을 들을 때 '-(으)ㄴ/는지 알다/모르다'를 사용하는 것이다. 따라서 교사가 연습과 활동을 지시할 때 이에 초점을 맞추어 청자에 대한 이야기가 아니라 청자가 알고 있는 사실에 대해 묻고 답하는 것임을 분명히 알도록 지도해야 한다.

• 묻고 답하기 - 나에 대해서 얼마나 알고 있어요?

> T: 여러분, 저에 대해서 잘 알고 있어요? 얼마나 알고 있어요? 저에 대해 얼마나 알고 있는지 한번 제가 물어볼게요.
> T: 제가 보통 몇 시에 자는지 알아요?
> S1: 네, 알아요. 11시에 자요.
> S2: 아니요. 몰라요. 선생님이 몇 시에 자는지 몰라요. 그런데 늦게 잘 것 같아요.

⇒ 이런 식으로 교사가 먼저 자기에 대해 얼마나 아는지 문제를 만들어 학생들에게 질문을 하고 답하게 한다. 그 후에는 학생들이 자신에 대해 같은 반 친구들이 얼마나 알고 있는지 질문을 만들게 하고 학생 1명과 반 전체, 혹은 짝활동으로 묻고 답하기로 진행한다.

• **묻고 답하기 - 여행하려고 해요.**

- 친구의 나라/도시에 여행하기 위해 정보를 구하는 활동
- 갈 만한 장소 / 교통편 / 시간 / 숙소 / 맛집 등
- 궁금한 것을 적고 묻고 답하도록 한다.

⇒ 같은 반 친구들의 고향(나라, 도시)에 여행을 간다고 생각하고 그 나라와 도시에서 온 친구
에게 묻고 답을 듣도록 한다.

(5) −(으)ㄴ/는지 알다/모르다 vs −(으)ㄴ/는 줄 알다/모르다, −(으)ㄹ 줄 알다/모르다

> ㄱ. 명동에 어떻게 가는지 알아요?
> ㄴ. 네. 명동에 어떻게 가는지 알아요.(응답)
> ㄷ. 아니요. 명동에 어떻게 가는지 몰라요.(응답)

⇒ 위와 같이 '−(으)ㄴ/는지 알다/모르다'는 어떠한 사실에 대해 아는지 모르는지를 묻고 대답
하는 것이다. 그런데 '−(으)ㄴ/는 줄 알다/모르다'는 같은 형식에도 의미 차이가 발생한다.

> ㄱ. 명동에 사람이 많은 줄 몰랐어요.(사람이 많다는 것을 새롭게 알게 됨)
> ㄴ. 명동에 사람이 많은 줄 <u>알았어요</u>.(명동에 사람이 많음 - '알았어요'을 강조해서 말함)
> ㄷ. 명동에 사람이 <u>많은 줄</u> 알았어요.(명동에 사람이 많지 않음 - '많은 줄'을 강조해서 말함)

⇒ '−(으)ㄴ/는 줄 알다/모르다'에서 '모르다'와 결합하는 경우는 새롭게 알게 된 사실을 말할
때 그전에는 몰랐다는 의미로 사용한다. 그런데 '알다'와 결합하는 경우 억양에 따라 뜻이
다르게 해석된다. ㄴ과 같이 '알았어요'를 강조해서 말하는 경우 '내가 알고 있었다'는 사
실을 강조하는 것이므로 내가 처음부터 그 사실을 알고 있었고 명동에 와서 자신이 알고
있는 것을 확인했을 때 '거 봐! 내가 이럴 줄 알았어. 내가 많을 거라고 했잖아'와 같은 의미
로 사용된다. 그런데 명동에 사람이 많을 거라 예상했는데 자신의 생각과 다른 것을 확인했
을 때는 ㄷ과 같이 '많은 줄'을 강조해서 말하고 '어, 나는 많을 거라고 생각했는데 전혀 아
니잖아!'와 같은 의미로 사용된다. 아래 문장들도 이와 같은 맥락으로 그 의미를 짐작할 수
있다.

> ㄱ. 기타를 어떻게 치는지 알아요? (치는 능력 + 방법)
> ㄴ. 기타를 칠 줄 알아요? (능력)
> ㄷ. 기타를 칠 줄 알아요. 기타를 칠 줄 몰라요.
> ㄹ. 기타를 <u>어떻게</u> 칠 줄 알아요? (청자가 기타를 쳐서 놀랐다는 의미, 이때는 '어떻게'를 강조)
> ㅁ. 기타를 칠 줄 몰랐어요. (청자가 기타를 못 칠 거라고 생각했는데 쳐서 놀랐다)
> ㅂ. 기타를 칠 줄 <u>알았어요</u>. (청자가 기타를 칠 거라고 생각했는데 역시 내 생각이 맞았다.)
> ㅅ. 기타를 <u>칠 줄</u> 알았어요. (청자가 기타를 칠 거라고 생각했는데 못 쳐서 놀랐다)

45. -(으)ㄴ 적이 있다/없다

1) -(으)ㄴ 적이 있다/없다

> 민수: 다카시 씨, 경주 여행은 어땠어요?
> 다카시: 경주는 이번에 처음 갔는데 정말 좋았어요. 불국사 단풍이 너무 아름다웠어요.
>   길도 예쁘고 여러 역사 유적지도 볼 수 있었어요. 일본의 교토 같은 느낌이
>   있었어요.
> 민수: 아, 저도 2년 전에 교토에 간 적이 있어요. 그때 저도 비슷한 생각을 했어요.
>   한국의 경주처럼 여러 유적지를 볼 수 있어서 좋았어요.

(1) 학습목표: '-(으)ㄴ 적이 있다/없다'를 사용하여 경험에 대해 말할 수 있다.

(2) '-(으)ㄴ 적이 있다/없다'의 의미:

- 동사 뒤에 붙어서 그 일을 한 경험이 있거나 없음을 나타낸다.
- 표준국어대사전: '적' - 의존명사, 그 동작이 진행되거나 그 상태가 나타나 있는 때, 또는 지나간 어떤 때.

(3) 도입과 제시

> T: [교사가 간 적이 있는 화려한/멋있는 여행지 사진 준비] 여러분, 여기 어때요?
> SS: 와, 멋있어요. 예뻐요. 좋아요.
> T: 멋있죠? 어때요? 가 보고 싶어요?
> S: 네, 가 보고 싶어요.
> T: 그렇죠? 저는 예전에 이곳에 간 적이 있어요. (그때를 회상하는 표정을 지으며) 그때
>   날씨도 좋고 거기서 먹은 음식도 정말 맛있었어요. 지금도 제 기억에 남아 있어요.
> T: 여러분도 이렇게 여러분 기억에 남은 특별한 일이 있나요?
>   (이때 '특별한'을 강조해서 말한다.)
> S: 저는 예전에 OO에 갔어요.
> T: 네, OO 씨는 예전에 OO에 간 적이 있군요. 저는 그곳에는 간 적이 없어요.

- 형태 제시: -(으)ㄴ 적이 있다/없다

> 가다 - 간 적이 있다   먹다 - 먹은 적이 있다
> 공부하다 - 공부한 적이 있다

울다 - 운 적이 있다	듣다 - 들은 적이 있다

(4) 연습과 활용

• 응답 연습

- 다른 나라에 간 적이 있어요?

- 많은 사람들 앞에서 노래한 적이 있어요?

- 혼자 극장에 간 적이 있어요?

- 혼자 여행을 한 적이 있어요?

⇒ '–(으)ㄴ 적이 있다/없다'는 목표 문형을 사용한 단문으로 끝나면 안된다. 우리가 보통 어떤 경험을 이야기하기 위해서 이야기의 도입이 되는 문장에 '–(으)ㄴ 적이 있다'를 사용해서 말하고 그와 관련된 이야기를 이어 나가게 된다. 따라서 학생들이 교사의 질문에 대답을 한 후에 이어서 이야기를 할 수 있도록 교사는 추가 질문을 통해 학생들이 문장을 확대하여 이야기를 구성할 수 있도록 지도해야 한다. 대답을 '–(으)ㄴ 적이 없다'로 할 때에도 뒤이어 그러한 경험을 하고 싶다거나 그러한 경험을 하기 무섭다거나 등의 이어지는 말을 덧붙일 수 있도록 지도해야 한다.

• 경험 말하기

> T: 여러분, 사는 동안 기쁜 일이 있었죠? 그때 무엇을 했는지 말해 주세요.

- 기쁜/슬픈/화가 난/무서운/당황한/재미있는 경험

⇒ 학생들이 '기쁜 적이 있어요'와 같이 오류를 범할 수 있으므로 무엇을 했는지에 초점을 맞추어 화제를 도입하도록 한다. 그리고 그에 대해 길게 말하기를 할 수 있도록 지도한다.

• 경험 쓰고 발표하기

> T: 여러분, 지금까지 살면서 기억에 남는 특별한 경험이 있죠? 여러분의 특별한 경험을 듣고 싶어요.

- 짧은 글쓰기 후 발표하기

(5) -아/어/여 보다 vs -(으)ㄴ 적이 있다/없다

> ㄱ. 김치를 먹어 봤어요. (시도를 한 것이 과거 → 경험)
> ㄴ. 김치를 먹은 적이 있어요. (특별한 경험)
> ㄷ. 김치를 먹어 본 적이 있어요. (시도를 해 본 경험이 있다.)
> ㄹ. 너무 기뻐서 울어 봤어요. (?)
> ㅁ. 너무 기뻐서 운 적이 있어요.
> ㅂ. 저는 어렸을 때 다리를 다쳐 봤어요. (?)
> ㅅ. 저는 어렸을 때 다리를 다친 적이 있어요.

⇒ '-아/어/여 보다'는 '시도'의 의미를 가지고 있기 때문에 위와 같은 문장에서 '울어 보다'나 '다쳐 보다'는 스스로 의지를 가지고 시도하는 것과는 의미상 충돌이 일어나서 어색하다. 따라서 이러한 경험을 했다는 '-(으)ㄴ 적이 있다'가 자연스럽다. 이는 아래와 같이 피동과의 결합을 보면 잘 드러난다.

> ㄱ. 갑자기 문이 열려 봤어요.(x)
> ㄴ. 갑자기 문이 열린 적이 있어요.

⇒ 문은 시도를 하는 행위자가 될 수 없기 때문에 '열려 보다'는 비문이 된다. 그러나 '열린 적이 있다'는 그것을 관찰한 나의 특별한 경험이기 때문에 자연스럽다.

46. -고 나서, -고 나면, -고 나니까

> 아빠: 혜빈아, 내일 학교 갈 준비 다 했어?
> 혜빈: 네, 아까 숙제하고 나서 다 챙겼어요.
> 아빠: 잘했네. 언니도 조금 있으면 끝나니까 언니 숙제 다 하고 나면 같이 운동하러 가자.

(1) **학습목표:** '-고 나다'를 사용하여 어떤 일 후에 하는 일에 대해 말할 수 있다.

(2) **'-고 나다'의 의미:**

동사 뒤에 붙어서 그 일을 한 후에 다른 일을 하거나 어떤 상황이 일어남을 나타낸다.
- 식사하고 나서 이어서 합시다.(행위)
- 이번 학기가 끝나면 나면 졸업이다.(상황)
  : 행위가 일어나기 전에는 몰랐는데 행위를 한 뒤에, 또는 그 결과로 뒤에 오는
    내용을 받아들이거나 새삼 깨닫게 됨을 나타낸다.
- 밥을 먹고 나니까 졸리다.(발견)
- 다 끝내고 나니까 시원하다.(발견)

(3) **도입과 제시**

> T: 여러분, 운동 좋아해요?
> S: 네, 좋아해요.
> T: 운동을 해요. 운동이 끝난 후에 우리는 무엇을 해요?
> S: 샤워를 해요. 밥을 먹어요.
> T: 네, 운동을 다 하고 나서 샤워를 하지요. 샤워를 해요. 샤워가 끝나면 기분이 어때요?
> S: 시원해요. 상쾌해요.
> T: 맞아요. 샤워를 하고 나면 기분이 좋아요.
> T: 이렇게 어떤 일을 다 하고 다음에 어떤 일을 하거나 그 일을 다 한 후에 기분을
>   말할 때 '-고 나다'를 써서 말할 수 있어요.

• **형태 제시: -고 나다**

> ㄱ. -고 나서 [동사]: 운동을 하고 나서 샤워를 해요.
> ㄴ. -고 나면 [동사/형용사]: 운동을 하고 나면 샤워를 할 거예요.
>   운동을 하고 나면 기분이 좋아요.

ㄷ. -고 나니까 [감정형용사]: 운동을 하고 나니까 기분이 좋아요.

⇒ '-고 나다'가 어떠한 문형과 결합하느냐에 따라 의미가 조금씩 다르다. '-고 나서' 뒤에는 이어서 하는 행위에 초점을 맞추어 문장을 구성하도록 한다. '-고 나면'은 가정의 '-(으)면' 이 붙었으므로 일반적으로 어떤 일을 하고 난 후를 가정해서 생각해 보도록 한다. 따라서 '-고 나면' 뒤에는 이어서 하는 행위도 올 수 있고 나의 기분을 말할 수도 있다. 전에 학습 은 순차의 '-아/어/여서'와 가정의 '-(으)면'의 의미가 중요함을 알려주어야 한다. 그리고 '-고 나니까' 뒤에는 어떤 일을 한 뒤에 기분을 말하는 것에 초점을 맞추어 문장을 구성하 도록 한다. 수업 차시와 학생 환경에 따라서 세 개 형태를 모두 제시할 수도 있고 하나의 형 태만 초점을 맞추어 제시할 수도 있다.

(4) 연습과 활용

• 형태 연습: 문장 형태 연습

> T: 수업이 끝나고 나서 무엇을 해요?

⇒ '-고 나서' 뒤에 어떠한 말이 와야 하는지에 초점을 맞춘 연습이다. '-고 나서' 뒤에 오는 행위에 대해 다양하게 말해 보게 한다.

> T: 졸업하고 나면 무엇을 할 거예요?

• 졸업하고 나면 어떨 것 같아요?

⇒ '-고 나면' 뒤에 어떠한 말이 올 수 있는지 초점을 맞춘 연습이다. 교사는 '한번 생각해 봅시 다'와 같은 화제 도입의 말을 통해 '가정'을 이야기함을 전달하고 '-고 나면' 뒤에 오는 행위와 상황에 대해 이야기하게 한다.

> T: 1급이 끝나고 나니까 어때요?/어땠어요?

⇒ '-고 나니까' 뒤에 어떠한 말이 와야 하는지에 초점을 맞춘 연습이다. '-고 나다'는 2급이나 3급에서 학습하게 되는데 한국어 공부를 처음 했을 때를 떠올리며 1급이 끝나고 난 뒤에 어떤 생각을 했는지를 물어 그때의 기분, 새롭게 알게 된 것을 말해 보게 한다.

• 이어 말하기 [-고 나서 ~~~]

> T: 여러분 기분이 좋을 때는 뭐해요?
> S: 기분이 좋을 때는 노래를 불러요.
> T: 노래를 부르고 나서 무엇을 해요?
> S: 노래를 부르고 나서 밥을 먹어요. 밥을 먹고 나서 커피를 마셔요.

- 친구의 말을 듣고 이어서 '-고 나서'를 사용해서 문장을 만들어 보게 한다. 옆으로 돌아가면서 계속 이어지는 문장을 만든다.

• 응답 연습 - [짝활동 - 친구와 인터뷰]

> T: 저는 점심을 먹고 나면 잠이 와요. 여러분도 이럴 때 있어요? 친구와 이야기해 보세요.

- 언제 자고 싶어요?
- 언제 고향에 가고 싶어요?

⇒ 학생들이 '방학에 고향에 가고 싶어요.'와 같이 대답하는 경우가 있다. 따라서 교사는 이때의 '언제'가 어떤 일을 하고 난 후, 어떤 일이 발생한 후라는 것에 초점을 맞추어 이야기하도록 지도해야 한다. '엄마와 전화하고 나면', 'TV에서 고향 소식을 듣고 나면'와 같이 예시를 보이고 학생들도 '어떠한 일을 겪고 나면'으로 '언제'에 대해 말하도록 한다.

• 응답 연습 - [기분을 말해 주세요]

> T: 어제는 운동을 했어요. 운동을 하고 나니까 힘들었어요. 하지만 운동을 하고 나니까 기분이 좋았어요. 운동을 하고 나서 샤워를 했는데 샤워를 하고 나니까 상쾌했어요.

⇒ 교사는 기분이나 감정 어휘를 준비해서 어떤 일을 하고 난 뒤에 그러한 기분, 감정을 느꼈는지를 말해 보게 한다.

• 인생 계획 말하기: - 고 나서 -(으)ㄹ 거예요, -고 나면 -(으)ㄹ 것 같아요.
- 인생 시간별 그래프를 만들어서 발표하게 할 수 있다.

⇒ '졸업하고 나서 취직할 거예요. 그런데 취직하고 나면 바쁠 것 같아요'와 교사가 문장 구성의 시범을 보여 주고 두 문형을 모두 사용해서 통합적으로 사용하도록 지도해야 한다.

S1: 선생님, 운동을 한 후에 샤워를 해요. 운동을 하고 나서 샤워를 해요. 같아요?

ㄱ. 숙제를 한 후에 TV 봐. [시간 상 선후 관계로 이어진 것에 초점]
ㄴ. 숙제를 하고 나서 TV 봐.[행동의 강조: 숙제를 다 끝내야 한다는 것에 초점]

S2: 선생님, 운동을 하면 기분이 좋아요. 운동을 하고 나면 기분이 좋아요. 같아요?

ㄱ. 스트레스가 쌓이면 운동을 해요.
ㄴ. 스트레스가 쌓이고 나면 운동을 해요.(?)
ㄷ. 스트레스가 쌓이면 운동을 해요. 운동을 하는 동안 스트레스가 풀려요.
　　　　　　　　　　　　　　　　운동을 하면 스트레스가 풀려요.

ㄹ. 스트레스가 쌓이면 운동을 해요. 운동이 끝나요. 그다음에 스트레스가 풀려요.
　　　　　　　　　　　　　　　　운동을 하고 나면 스트레스가 풀려요.

⇒ '-고 나다'는 행위가 끝나고 난 뒤를 의미하므로 위의 문장과 같이 '운동을 하면'은
　운동을 시작해서 하는 과정을 포함하지만 '운동을 하고 나면'은 운동을 끝내고 난
　다음을 말하는 것이므로 두 문장의 차이를 통해 의미 차를 보여 줄 수 있다.

47. -잖아요, -잖아요 VS -거든요

1) -잖아요

> 민수: 다카시 씨, 우리 내일 몇 시에 만날까요?
> 다카시: 네? 민수 씨, 우리 약속은 다음 주 금요일이잖아요.
> 민수: 아! 그렇네요. 제가 적어 놓고 날짜를 착각했어요.
> 다카시: 그럴 수도 있지요.

(1) **학습목표**: '-잖아요'를 사용하여 청자가 알고 있음을 확인하며 말할 수 있다.

(2) **'-잖아요'의 의미**:

- 동사, 형용사, '이다' 뒤에 붙어서 듣는 사람과 말하는 사람이 그 내용을 이미 알고 있음을 나타낸다.
  - 알고 있는 것을 확인해 주거나 알려 주듯이 말한다.

(3) **도입과 제시**

> T: 여러분, 오늘이 화요일이죠?
> S: 선생님, 오늘 수요일이에요.
> T: 아! 맞다. 오늘 수요일이에요.
>   [조금 생각하는 시간 후에] 오늘이 무슨 요일이에요?
> S: 선생님, 아까 말했어요. 수요일이요.
> T: 맞아요. 수요일이요. 선생님도 알았는데 잠깐 깜빡했어요.
>   저도 알고 있었는데 여러분이 확인해 주었어요.
>   이럴 때 우리는 어떤 말을 쓰면 좋을까요?

> T: 제가 어제 친구한테 전화를 해서 '7시에 학교 정문에서 만나' 이렇게 말했어요.
>   그 친구가 '알았어' 말했는데 30분 후에 저한테 다시 전화를 했어요.
>   그리고 '우리 몇 시에 만나?' 이렇게 물어 봤어요. 그래서 '아까 말했잖아. 7시!'
>   이렇게 말해 줬어요.

> T: (계절에 따라) 여러분, 오늘 왜 반팔을 입었어요?
> SS: 지금은 여름이에요. 날씨가 덥잖아요.

- 형태 제시: -잖아요, N(이)잖아요, -았/었/였잖아요.

- 일반적으로 아주 친한 사이, 아랫사람에게 사용한다.

- 구어적 표현으로 억양에 주의해야 한다.

> ㄱ. 오늘 수요일이잖아요. (끝을 조금 길게 하면 부드럽게 알려주는 느낌)
> ㄴ. 오늘 수요일이잖아요. (끝을 빨리 끝내면 '그것도 모르냐?'고 화내는 느낌)

⇒ 학생들과 함께 여러 번 말해 보면서 부드럽게 확인해 주는 느낌으로 말할 수 있도록 한다.

(4) 연습과 활용

• 응답 연습 - [교실 환경 / 학생 정보 활용]

> T: 여러분, 오늘 화요일이죠?
> S: 아니요. 오늘 수요일이잖아요.
> T: OO 씨, 고향이 일본 니가타지요?
> S: 네? 선생님, 저 중국 사람이잖아요.

⇒ 주변 정보, 학생 정보를 활용하여 학생이 교사의 말을 정정해 주는 활동으로 진행한다.

• 응답 연습 - [이유 들어 말하기]

> T: 여러분, 학생 식당은 왜 인기가 많을까요?
> S: 싸잖아요. 가기 편하잖아요.
> T: 맞아요. 그렇죠. 저도 그렇게 생각해요.

⇒ 이때 '싸니까요'로도 대답할 수 있다. 이때 '싸니까요'로 대답하는 것은 물음에 대한 이유만을 말하는 것이다. '싸잖아요'는 그 이유를 질문을 한 사람도 알고 있을 거라고, 또는 답하는 사람의 의견에 질문을 한 사람이 동의할 것이라고 생각하면서 말하는 것이다. 따라서 학생이 '-잖아요'로 대답을 했을 때 교사가 그에 대한 적절한 반응(맞아!, 나도 그렇게 생각해!)을 해 주는 것이 좋다.

- 질문의 내용들은 모두가 함께 공통적으로 알고 있는 것으로 묻는 것이 좋다.
- 가벼운 질문에서 자신의 의견을 개진할 수 있는 질문으로 확장한다.

> - 학생들과 선생님이 대부분 알고 있는 연예인이 인기 있는 이유
> - 부모님/친구가 한국에 오면 가기 좋은 곳
> - 도시와 시골 중에서 어디가 살기 좋은지

- 양쪽을 나누어 의견 말하기[가벼운 토론]
- '-잖아요'는 구어적 표현이므로 공식적인 토론에 사용되지 않는다.
- 커피숍에서 가볍게 친구끼리 의견을 교환하는 형식으로 진행
  주제: 혼자 여행 VS 친구와 같이 여행
       (유학생활 동안) 학생이 아르바이트를 하는 것의 장·단점
       강아지와 고양이 무엇이 더 키우기 좋은가

2) -잖아요 VS -거든요

- <학생들의 질문>

> T: 그 배우는 왜 인기가 많아요?
> S: 멋있거든요. 멋있잖아요. 선생님, '-잖아요', '-거든요' 같아요?

(1) <대화 1>

> S: 선생님, 그동안 감사했습니다.
> T: 네? 갑자기 무슨 말이에요?
> S: 저 내일 고향에 돌아가거든요.　　S: 저 내일 고향에 돌아가잖아요.
> T: 정말? 몰랐어요.　　　　　　　　T: 아! 그게 벌써 내일이군요.
> 　　　　　　　　　　　　　　　　T′: 정말? 그런 말 한 적 없잖아요.

⇒ '돌아가거든요'로 학생이 말하는 것은 학생이 고향에 돌아간다는 정보를 처음으로 전달하는 것이다. 그래서 선생님의 반응이 그 사실을 몰랐고 지금 처음 알았다고 한 것이다. 그런데 '돌아가잖아요'로 말하는 것은 학생이 선생님이 그 사실을 알고 있다고 생각하고 말하는 것이다. 그래서 선생님의 반응이 이미 그 사실을 알고 있었다고 한 것이다. 또는 선생님이 그 사실을 모르는 상황이라면 학생에게 그런 사실을 나한테 말하지 않았다고 확인하는 ['그 정보는 처음 말하는 정보라는 사실을 너도 알잖아!'] 말을 하게 되는 것이다.

(2) <대화 2>

> T: OO 씨, 일본 사람이지요?
> S: 네? 저 중국사람이거든요.　　　S′: 네? 저 중국사람이잖아요.
> T: 정말? 미안해요.　　　　　　　T: 아, 맞다. 미안해요.

⇒ '중국사람이거든요'라는 학생의 대답은 선생님이 나를 일본 사람으로 생각해서 조금

화가 난 의미로 말하는 것임을 알 수 있다. 그래서 그다음에 선생님이 자신이 잘못 알았다고 하면서 미안하다고 말하는 것이다. 그런데 학생이 '중국사람이잖아요'라는 대답은 '선생님도 아는 사실인데 왜 그러지' 하면서 정정해 주는 의미로 말하는 것임을 알 수 있다. 그래서 선생님이 잠깐 착각했음을 시인하면서 잘못 말해서 미안하다고 하는 것이다.

(3) <대화 3>

> T: 친구가 한국에 오면 어디에 같이 갈 거예요?
> S: 명동이요.
> T: 왜요?
> S: 명동이 쇼핑하기 좋거든요.　　　　S: 명동이 쇼핑하기 좋잖아요.
> T: 그래요? 그렇구나.　　　　　　　　T: 그렇죠. 좋죠.

⇒ 학생이 '쇼핑하기 좋거든요'는 청자가 모르는 사실을 이야기하는 것이다. 그래서 청자(교사)의 반응이 그 사실을 몰랐다는 반응으로 이어지는 것이다. 반면에 '쇼핑하기 좋잖아요'는 청자도 그 의견에 동의할 것이라고 생각하면서 말하는 것이다. 그래서 청자(교사)의 반응이 동의한다는 반응으로 이어지는 것이다.

이렇게 '-거든요'는 새로운 정보를, '-잖아요'는 알고 있는 정보의 확인이라는 차이가 드러난다. 교사는 서로 다른 대화에서의 '-거든요'와 '-잖아요'의 차이를 보여주는 것이 아니라 같은 상황에서 둘의 사용이 어떻게 다른지를 보여 주는 것이 좋다.

48. N에다가, N하고 vs N와/과 vs N에다가

1) N에다가

> 다카시: 민수 씨, 오늘 무슨 날이에요?
> 　　　　청바지에다가 하얀 티셔츠! 대학생 같아요.
> 민수: 하하하. 오늘 쉬는 날이라 편하게 입었어요.
> 다카시: 좋아요. 자, 빨리 치킨에다가 맥주 한 잔 하러 가요.

(1) 학습목표: 'N에다가'를 사용하여 어떤 것에 추가되는 것이 있음을 말할 수 있다.

(2) 'N에다가'의 의미:

　명사 뒤에 붙어서 앞의 명사에 뒤의 명사가 더해짐을 나타낸다.

　- 조사 '에': 앞의 말에 다른 내용이 더해짐을 나타낸다.

　　　　'에다가': 의미를 강조하기 위해 '에' 뒤에 조사 '다가'를 붙인 형태

(3) 도입과 제시

> T: 여러분, 밤에 배가 고플 때 있죠? 그럴 때 뭐 먹어요?
> SS: 라면이요. 빵이요.
> T: 그래요. 저도 밤에 출출할 때 라면을 먹어요.
> 　　그런데 라면에다가 (손 모양이나 그림으로 라면을 표현) 무엇을 넣으면 더 맛있을
> 　　까요?
> SS: 계란이요. 치즈요. 햄이요.
> T: 맞아요. 라면에다가 (손 모양이나 그림으로 무언가를 더하는 표현) 계란/치즈/햄/
> 　　김치를 넣어서 먹으면 더 맛있어요.

> T. 제가 이번 주말에 오랜만에 친구들 만나기로 했어요.
> 　　하얀색 티셔츠를 입을 건데 티셔츠에다가 무엇을 입으면 좋을까요?
> S. 하얀색 티셔츠에다가 청바지를 입으면 잘 어울려요.

• **형태 제시:** N에다가

(4) 연습과 활용

• 어울리는 음식 말하기

> T: 라면에다가 계란을 넣어서 먹으면 맛있어요. 라면에다가 김치를 같이 먹으면 맛있
> 어요. 이렇게 어울리는 음식들은 또 뭐가 있나요?
> S: 피자에다가 콜라를 먹으면 맛있어요.

> T: 한국 음식 중에는 어떤 것이 있나요?
> 여러분 고향 음식에는 어떤 것이 있나요?

⇒ 이때 교사는 주가 되는 음식이 있고 거기에 추가로 더해서 먹으면 맛있는 것이 무엇인지
더해짐에 초점을 맞추어 '에다가'의 의미를 다시 상기시켜 준다.

• 응답 연습 – [요즘 왜 바빠요?]

> T: OO씨, 요즘 바쁜 것 같아요. 할 일이 많아요?
> S: 숙제에다가 발표도 있어서 바빠요.

⇒ 바쁜 일이 겹치고 더해지는 상황으로 말하도록 한다.

• 내 스타일을 코디해 주세요.

[결혼식 / 반 친구들과 소풍 / 여름 휴가 바다 / 회사 면접 / 소개팅]

> T-SS: 학생들이 선생님의 스타일을 코디해 주기
> S-S: 짝활동으로 상황에 맞게 친구의 스타일을 코디해 주기

⇒ 먼저 교사가 중요한 일, 상황을 제시하고 학생들 전체가 교사의 스타일을 코디해 주도록 한다.
이어 학생들 1명에 대해 전체가, 학생들이 짝활동으로 서로의 스타일을 코디해 주도록 한다.
이때 색깔 어휘, 착용 동사[입다, 쓰다, 차다, 걸다, 끼다 등]를 확인 및 제시하여 학생들이
자유롭게 말하도록 한다.

⇒ 색깔 어휘의 경우 '빨간, 파란, 노란, 하얀'과 같은 색채어 관형형은 'ㅎ불규칙'이므로 형태에
유의하도록 한다.

2) N하고 VS N와/과 VS N에다가

> ㄱ. 라면하고 계란을 먹으면 좋아요.
> ㄴ. 라면과 계란을 먹으면 좋아요. [조사 '과'로 연결 문어적 표현]
> ㄷ. 라면에다가 계란을 먹으면 좋아요.
> ㄹ. 라면하고 계란을 넣어 먹으면 좋아요.(?)
> ㅁ. 라면에다가 계란을 넣어 먹으면 좋아요.

N1하고 N2	N1, N2가 동등하게 접속: 하고 = 공동격 조사
N1에다가 N2	처소격 조사 '에'와 부가를 나타내는 '다가'가 결합

⇒ 위에서 보는 것처럼 '하고'는 선행 명사와 후행 명사가 동등하게 결합한 것이다. 따라서 '라면하고 계란을 같이 먹으면 좋아요'라는 문장에서 '라면'과 '계란'이 동등하게 결합된 것으로 '라면하고 계란을 넣어 먹으면 좋아요(?)'와 같이 쓰면 어색하다. '라면하고 계란을 떡볶이에 넣어 먹으면 좋아요'와 같이 '라면', '계란'이 동등한 식재료로 다른 음식에 들어가는 상황이 되면 자연스럽다. 따라서 라면이 있고 거기에 계란을 더하는 경우에는 '라면에다가 계란을 넣어 먹으면 좋아요'가 자연스러운 것이다. 즉, '에다가'는 선행 명사에 후행 내용이 부가되는 의미로 쓰인다. 이는 아래 문장을 통해서도 알 수 있다.

> ㄱ. 그러면 치킨하고 피자 시키자.　　ㄱ'. 그러면 치킨에다가 피자 시키자.
> ㄴ. 이따가 치킨하고 맥주 한잔할까?　ㄴ'. 이따가 치킨에다가 맥주 한잔할까?

⇒ 위의 문장에서 '하고'로 연결된 것은 치킨하고 피자, 치킨하고 맥주가 두 개를 동시에 떠올렸다면 '에다가'로 연결된 것은 치킨을 먼저 기본으로 먹고 거기에 부가적으로 피자, 맥주를 더하자는 것이다.

> ㄱ. 상추하고 삼겹살을 싸 먹으면 맛있다.
> ㄴ. 상추에다가 삼겹살을 싸 먹으면 맛있다.

⇒ 위의 문장을 보면 '하고'로 연결된 문장은 상추와 삼겹살이 동등하게 결합했기 때문에 싸먹는 것과 연결이 조금 어색하다. 따라서 이때는 상추가 있고 그 위에 삼겹살을 올려서 '에다가'로 연결해서 싸 먹는 것이 더 자연스럽다.

49. -(으)ㄴ/는 편이다

1) -(으)ㄴ/는 편이다

> 다카시: 미키 씨는 일을 정말 빨리 잘하는 것 같아요.
>
> 미키: 아니에요. 제가 성격이 급한 편이라서 일을 서두르는 것 같아요.
>
>   그래서 실수할 때도 많아요. 일은 다카시 씨가 잘하지요.
>
> 다카시: 아니에요. 저는 행동이 느린 편이라서 일을 시간에 맞게 잘 못하는 것 같아요.

(1) 학습목표: '-(으)ㄴ/는 편이다'를 사용하여 경향에 대해 말할 수 있다.

(2) '-(으)ㄴ/는 편이다'의 의미:

- 동사나 형용사, '이다' 뒤에 붙어서 그러한 경향이 있음을 나타낸다.

(3) 도입과 제시

> T: 여러분, 한국 음식 좋아해요?
>
> SS: 네, 좋아요.
>
> T: 그래요. (칠판에 선을 나누어 '맵다 / 안 맵다'로 구분한다.)
>
>   여러분 생각에 정말 매운 한국 음식은 뭐예요?
>
> SS: 떡볶이요. 김치찌개요.
>
> T: 그럼 안 매운 음식은요?
>
> SS: 삼계탕이요. 칼국수요.
>
> T: 그래요. 그럼, 제육볶음은요? 감자탕은 어때요?

맵다	안 맵다
떡볶이 김치찌개	삼계탕 칼국수

> SS: 조금 매워요. 괜찮아요. 매워요.
>
> T: (개인차가 있으므로 학생들의 대답을 점으로 표시해 준다.)
>
> T: 네, OO 씨한테 감자탕은 안 매운 편이에요.
>
>   OO 씨한테 감자탕은 매운 편이에요.

T: (그림의 내용을 바꾼 후에) 그럼, ○○ 씨, 감자탕을 자주 먹어요?

S: 아니요. 한 달에 한 번?

T: 네, 자주 안 먹는 편이에요.

매일 먹는다	가끔 먹는다
	감자탕

⇒ 학생들마다 개인차가 있으므로 학생들의 대답을 도식의 가운데를 기점으로 점을 찍어서 개인차를 보여 주는 것이 좋다. 이를 통해 자신의 경향성을 나타내는 의미임을 보여 준다. 즉, '경향'이라는 고급 단어를 쓰지 않아도 도식을 통해서 어느 쪽에 가까운지를 나타낼 수 있다.

• 형태 제시: -(으)ㄴ/는 편이다.

많다 - 많은 편이다	예쁘다 - 예쁜 편이다
덥다 - 더운 편이다	친하다 - 친한 편이다
가다 - 가는 편이다	먹다 - 먹는 편이다
놀다 - 노는 편이다	듣다 - 듣는 편이다

- 부정형:

많다 - 많지 않은 편이다   가다 - 가지 않는 편이다

(4) 연습과 활용

• 응답 연습 - [어떤 사람이에요?]

T: 여러분 생각에 자기의 성격이 어떤 것 같아요? 어느 쪽에 가까워요?
  (도입에서 사용한 그림을 활용할 수 있음)

성격		말		목소리		음식	
빠르다	느리다	많다	적다	크다	작다	많이	적게

> S: 저는 성격이 느린 편이에요.
> T: 우리 반 친구들은 어떤 것 같아요?
> T: ○○ 씨의 성격은 어떤 편인 것 같아요?

⇒ 학생들이 자기에 대해서 이야기를 할 때는 그렇게 생각하는 이유를 말하게 하거나 어떠한 경향을 알 수 있는 에피소드를 소개하도록 해서 확장된 말하기를 할 수 있도록 지도한다. 또 다른 친구들에 대해서 이야기를 할 때도 그렇게 생각한 이유를 함께 말하도록 한다.

• 응답 연습 – [한국은?]
- 물가/날씨/한국 사람/음식

> T: 한국의 물가는 어떤 편이에요?
> S: 한국의 물가는 비싼 편이에요. 제 고향보다 비싸요.

⇒ 학생들의 국적이 다양한 경우 한국에서 겪게 되는 여러 일에 대한 생각이 다를 수 있으므로 학생들의 고향과 비교해서 말해 보게 한다.

• 비교하기
- 주제를 주고 비교하여 말하기

강아지 VS 고양이	아들 VS 딸	여자 VS 남자	백화점 VS 시장

• 인터뷰: 당신에 대해서 말해 주세요.
- 짝활동: 궁금한 것을 친구에게 묻고 답하기

어떤 옷을 즐겨 입는 편이에요?
어떤 색깔의 옷을 많이 입어요?
주말에 보통 뭐 해요?
친구를 만나면 보통 뭐 해요?
자유 질문

⇒ 친구에 대해서 궁금한 것을 묻고 대답하게 한다. 공통된 질문과 질문하는 사람이 자유로운 질문을 추가하여 인터뷰 형식으로 번갈아 진행한다.

50. -아/어/여 보이다

다카시: 민수 씨, 요즘 많이 바빠요? 피곤해 보여요.
민수: 네, 신제품 발표일이 얼마 남지 않아서 요새 일이 좀 많아요.
　　　 그런데, 다카시 씨 오늘 무슨 일 있어요? 기분이 좋아 보이는데요.
다카시: 아, 오늘이 우리 회사 월급날이거든요.

(1) 학습목표: '—아/어/여 보이다'를 사용하여 무엇에 대한 자신의 느낌과 짐작을 말할
　　　 수 있다.

(2) '—아/어/여 보이다'의 의미:

 • 형용사 뒤에 붙어서 그 형용사처럼 느껴지거나 그렇게 짐작됨을 나타낸다.
 • 명사에 붙는 경우 'N처럼 보이다'로 쓸 수 있다.

(3) 도입과 제시

T: (선을 수평으로 하나 칠판에 긋는다)
　 여러분, 여기 선이 하나 있어요. 길어요? 짧아요?

SS: 길어요. 짧아요. 몰라요.
T: (간격을 조금 두고 그 위에 수평으로 다시 긴 선을 긋는다)
　 여러분, 이제 어때요? 길어요. 짧아요?

S: 짧아요.
T: 아까는 잘 몰랐어요. 선 위에 긴 선을 하나 더 그었어요. 선이 짧아 보여요.
T: 이건 어때요?

> T: 어느 쪽이 더 길어 보여요?
> S: 왼쪽이요.
> T: 네, 우리 눈에 왼쪽이 더 길어 보여요.

- 같은 사람의 화장 전후 사진(눈 크기가 달라 보이는 사진)
- 사진 찍을 때 머리카락으로 얼굴(볼)을 가린 사진(왜 그렇게 하는지)

- 형태 제시: -아/어/여 보이다.

예쁘다 - 예뻐 보이다	많다 - 많아 보이다	건강하다 - 건강해 보이다
적다 - 적어 보이다	덥다 - 더워 보이다	낫다 - 나아 보이다

(4) 연습과 활용

- 그림 보고 답하기

(뛰어가는 사람 / 눈이 충혈된 사람 / 어깨가 처진 사람 / 환하게 웃고 있는 사람)

> T: 이 사람은 지금 어때 보여요?
> S: 바빠 보여요 / 힘들어 보여요 / 피곤해 보여요 / 행복해 보여요

⇒ 교사는 이때 학생들이 왜 그렇게 생각했는지를 물어 이유를 함께 대답하게 한다.

- 우리 반 친구들은 오늘 어때 보여요?
- 릴레이식으로 학생들이 자기의 오른쪽/왼쪽에 있는 친구를 살펴보고 추측하여 대답하게 한다.

> S1: OO 씨는 오늘 피곤해 보여요. 어제 잠을 잘 못 잔 것 같아요.
> S2: OO 씨는 오늘 예뻐 보여요. 옷을 예쁘게 입었어요.

• 연기 보고 맞추기 [나는 지금 어때 보여요?]

- 형용사 카드를 주고 해당 단어를 연기하게 한다.
- 학생들이 돌아가며 앞으로 나와서 교사가 보여주는 단어 카드를 보고 연기를 하면 다른 학생들이 목표 문형을 사용하여 문장으로 말하게 한다.
- 팀을 나누어서 대항전과 같이 진행할 수도 있다.

> [졸리다, 바쁘다, 아프다, 맛있다, 즐겁다, 슬프다, 어렵다, 쉽다, 무섭다, 비싸다, 피곤하다, 춥다, 덥다, 기분이 좋다, 기분이 나쁘다, 맵다, 맛없다, 시원하다, 똑똑하다]

- 'N처럼 보이다'를 함께 연습할 수 있다.

> [가수, 운동 선수 등, 학생들이 많이 알고 있는 유명한 사람의 이름, 직업을 활용]

• 이렇게 해 보세요!

- 저는 이렇게(-아/어/여) 보이고 싶어요. 어떻게 하면 될까요?
- 그러면 이렇게 해 보세요. 그러면 그렇게(-아/어/여) 보일 거예요.

⇒ 학생들이 자기의 고민을 목표 문형을 사용해서 만들고 조언을 구하게 한다. 다른 학생들은 친구가 작성한 고민들을 보고 방법을 제시해 보게 한다. 목표 문형과 연결하여 앞뒤 문장을 이어서 말할 수 있도록 지도한다.

(5) –아/어/여 보이다 VS –(으)ㄴ 것 같다

> ㄱ. 저 사람은 바빠 보여요.
> ㄴ. 저 사람은 바쁜 것 같아요.
> ㄷ. 미키 씨가 요즘 바빠 보여요. (미키를 보는 상황)
> ㄹ. 미키 씨가 요즘 바쁜 것 같아요. (미키를 보는/보지 않는 상황)

⇒ '–아/어/여 보이다'는 문형 자체에 '보이다'라는 말이 있으므로 대상을 실제 보면서 이야기하는 상황에서 주로 쓰인다. 예를 들어 회사에서 미키가 바쁘게 일을 하고 있는 상황을 옆에서 지켜보면서 '지금은 미키 씨하고 이야기하기 힘들겠는데, 너무 바빠 보여'과 같이 말을 할 수 있다. 그런데 미키가 학교를 결석한 상황에서는 선생님이 학생들한테 미키가 왜 결석했는지 물을 때 학생들이 '미키 씨가 요즘 바빠 보여요'라고 대답하면 어색하다. 이때는 '미키 씨가 요즘 바쁜 것 같아요. 바빠서 결석한 것 같아요'와 같이 눈에 보이지 않아도 추측을 할 수 있을 때는 '–(으)ㄴ 것 같다'를 사용한다.

ㄱ. 다카시 씨, 옷을 왜 이렇게 많이 입었어요? 더워 보여요.

ㄴ. 다카시 씨, 옷을 왜 이렇게 많이 입었어요? 더운 것 같아요. (?)

ㄷ. 다카시 씨, 옷을 왜 이렇게 많이 입었어요? 더울 것 같아요.

⇒ 위의 문장들은 다카시가 날씨가 맞지 않게 옷을 많이 껴 입은 상황에서 하는 말이다. 이때 옷을 입은 상태를 보고 그것으로 미루어 '더워 보인다', '더울 것 같다'로는 추측할 수 있지만 '더운 것 같다'는 어색하다. 이때 '더워 보이다'는 나한테까지 그러한 느낌이 든다는 의미로 해석되고 '더울 것 같다'는 내 생각에 다카시가 덥다고 느낄 것 같다는 의미로 해석된다.

ㄱ. 와! 정말 맛있는 것 같아요.

ㄴ. 와! 정말 맛있어 보여요.

ㄷ. 와! 정말 맛있을 것 같아요.

⇒ 식당에 앉아서 음식을 기다리는 상황에서는 '와! 정말 맛있을 것 같아요'가 자연스럽다. 식당을 둘러보면서 왠지 이 식당이 유서 깊은 맛집이라는 기대를 드러낼 때는 '맛있을 것 같아요'를 사용한다. 그리고 드디어 기다리는 음식이 나온 상황에서 음식을 보면서는 '맛있을 것 같아요'와 '맛있어 보여요'를 모두 사용할 수 있는데 이때 '맛있어 보이다'는 내 눈에 보이는 것에 더 초점이 맞추어지기 때문에 음식의 색까지도 맛있게 느껴진다는 의미를 포함한다. 그리고 음식을 먹는 중에는 '맛있어 보여요'와 '맛있을 것 같아요'는 말하지 않고 '맛있는 것 같아요'만 사용이 가능하다.

51. -기는요, -(으)ㄴ/는걸요

1) -기는요

> 민수: 다카시 씨, 한국어 실력이 더 좋아진 것 같아요.
> 다카시: 좋기는요. 지금도 모르는 것이 얼마나 많은데요.
> 민수: 너무 겸손한 것 아니에요? 회사에서도 인정받고 있잖아요.
> 다카시: 아니에요. 더 열심히 해야지요.

(1) 학습목표: '–기는요'를 사용해서 겸양 표현과 가벼운 부정에 대해 말할 수 있다.

(2) '–기는요'의 의미:

- 동사, 형용사, '이다'에 붙어서 그 내용을 가볍게 부정함을 나타낸다. 상대방의 말에 반응할 때 쓰며 칭찬에 대해 겸손하게 대답할 때 많이 쓴다.

(3) 도입과 제시

> T: [학생들의 옷차림/공책 글씨 등을 살피며]
>   와! OO 씨, 오늘 입은 옷 정말 예쁘네요.
> S: 하하하, 아니에요.
> T: 아니에요. 정말 예뻐요.
> S: 감사합니다.
> T: 저는 오늘 어때 보여요?
> S: 선생님, 오늘 정말 멋있어요.
> T: (웃으면서) 멋있기는요. 아니에요. OO 씨가 더 멋있어요.
>   그렇게 말해 줘서 고마워요.
> T: 이렇게 여러분, 다른 사람한테 칭찬을 들을 때가 있죠? 그럴 때 "네, 맞아요" 말하면
>   이상해요. 그때 '–기는요'를 사용해서 말하면 좋아요. 예의가 있어 보여요.

> T: 제가 지난 주말에 여행을 갔다가 왔어요. 어땠을 것 같아요?
> S: 좋았을 것 같아요.
> T: 어휴, 좋기는요. 차가 너무 많이 막히고 사람도 너무 많아서 힘들었어요.
> T: 이렇게 다른 사람 말에 가볍게 아니라고 할 때도 '–기는요'를 쓸 수 있어요.

• 형태 제시: -기는요.

(4) 연습과 활용

• 칭찬하기

> T: 여러분, OO 씨 보세요. 정말 글씨가 예쁘죠? OO 씨, 한국어 글씨가 정말 예쁘네요.
> (이때 학생의 눈을 응시하면서 말한다)
> S : 아니에요. 예쁘기는요. 아직 잘 못 써요. 우리 반 OO 씨 글씨가 더 예뻐요.

⇒ 교사는 학생들이 '-기는요'를 사용한 단문으로 말을 끝내지 말고 이어지는 말을 할 수 있도록
지도해야 한다.

> T: 이렇게 옆에 있는 친구에게 칭찬하는 말을 해 보세요.

• 응답 연습 - [아니에요.]

> T: OO 씨, 지금 자고 있어요?
> S: 네?, 자고 있기는요. 열심히 공부하고 있어요.
> T: OO 씨, 이번 주에 여행가지요?
> S: 네? 여행 가기는요. 돈이 없어서 갈 수 없어요.

⇒ 처음에는 T-S로 진행하고 이어서 학생들이 옆으로 돌아가면서 릴레이 식으로 진행한다.
이때도 '-기는요'를 말한 후에 가벼운 부정에 이어지는 설명의 말을 하도록 지도한다.

2) -(으)ㄴ/는걸요.

(1) 도입과 제시

> T: [학생들의 옷차림/공책 글씨 등을 살피며]
> 와! OO 씨, 오늘 입은 옷 정말 예쁘네요.
> S: 하하하, 아니에요. 예쁘기는요.
> T: 저는 어때요?
> S: 선생님 오늘 정말 멋있어요. 오늘 정말 예쁘세요.
> T: 아니에요. 멋있기는요. 저는 안 멋있는걸요. 제가 아니라 OO 씨가 멋있는걸요.
> OO 씨가 더 예쁜걸요.
> T : 이렇게 여러분, 다른 사람 말을 듣고 "아니에요" 말하고 싶을 때가 있죠. 그럴 때

'-(으)ㄴ/는걸요'를 사용해서 말할 수 있어요.

T: OO 씨하고 OO 씨 사이가 좋아 보여요. 혹시 두 사람....

SS: 아니에요. 우리 그냥 친구예요.

T: 아, 그렇구나. 이럴 때 '우리 그냥 친구인걸요', '안 친한걸요' 이렇게 말할 수 있어요.

T: 말할 때 쓰는 표현이에요. 하지만 나보다 나이가 많은 사람한테는 잘 쓰지 않아요.

• 형태 제시: -(으)ㄴ/는걸요.

가다 - 가는걸요	먹다 - 먹는걸요	공부하다 - 공부하는걸요
놀다 - 노는걸요	듣다 - 듣는걸요	
예쁘다 - 예쁜걸요	높다 - 높은걸요	깨끗하다 - 깨끗한걸요.
덥다 - 더운걸요	낫다 - 나은걸요	
친구 - 친구인걸요	학생 - 학생인걸요	
친구가 아니다 - 친구가 아닌걸요		

- [동사]의 과거는 '-ㄴ/은걸요', '-었/았/였는걸요'로 모두 활용이 가능

공부한걸요, 공부했는걸요

(4) 연습과 활용

• 칭찬하기

T: 여러분, OO 씨 보세요. 정말 글씨가 예쁘죠? OO씨, 한글 글씨가 정말 예쁘네요.
   (이때 학생의 눈을 응시하면서 말한다)

S: 아니에요. 예쁘기는요. 안 예쁜걸요.

T: 이렇게 옆에 있는 친구에게 칭찬하는 말을 해 보세요.

⇒ 이때 응답으로 바로 '안 예쁜걸요'와 같이 바로 반대가 되는 부정어를 쓴 말을 하기보다는 'OO 씨가 더 예쁜걸요', '아직 잘 못 쓰는걸요'와 같이 자연스러운 표현의 예를 보여 주고 활용할 수 있도록 지도한다. 그리고 '-기는요'를 학습한 상황이라면 '-기는요'와 함께 문장을 구성할 수 있음을 예로 보이고 활용할 수 있도록 지도한다.

• 응답 연습 - [아니에요.]

T: 오늘이 목요일이죠?

S: 아니요. 오늘 수요일인걸요.

> T: OO 씨, 고향이 베이징이죠?
> S: 아니요. 제 고향은 상하이인걸요.

> T: 오늘은 날씨가 조금 시원한 것 같아요.
> S: 아니요. 오늘은 더운걸요.

⇒ 처음에는 T–S로 진행하고 이어서 학생들이 옆으로 돌아가면서 릴레이식으로 진행한다.

• **토론하기 - 아니에요.**

- 주제를 주고 양 팀으로 나누어 토론하도록 한다.

> 예) 강아지를 키우는 것 VS 고양이를 키우는 것
> 여름 여행: 산 VS 바다
> 시험으로 평가 VS 숙제와 수업 시간으로 평가
> 친구들과 함께하는 여행 VS 혼자 떠나는 여행

- 학생들이 어려워할 수 있으므로 처음에는 교사 VS 학생 전체로 진행할 수 있다.

> T: 저는 여름 여행으로 산이 좋은 것 같아요. 산에 가면 시원하잖아요.
>   (처음 말하는 발화에서는 '(으)ㄴ/는걸요'를 사용할 수 없다.)
> S: 하지만 바다에서는 수영할 수 있어요.
> T: 하지만 여름에 바다는 사람이 너무 많은걸요. 산은 사람이 많지 않아서 조용한걸요.

⇒ 상대방의 말은 들은 후에 그 말에 대해 반대하고 이유를 들어서 자신의 주장을 하도록 한다.

52. -더라

1) -더라

> 다카시: 민수 씨, 프랑스 여행은 어땠어요?
> 민수: 아, 정말 좋았어요. 다카시 씨도 다음에 꼭 가 보세요.
> 다카시: 어디가 제일 좋았는데요?
> 민수: 저는 특히 에펠탑 광장이 좋았어요.
>   밤에 불빛에 비치는 에펠탑이 정말 아름답더라고요.
> 다카시: 그래요? 저도 가 보고 싶네요.
> 민수: 그리고 근처 광장에서 여유를 즐기는 사람들의 모습도 너무 좋아 보이더라고요.

(1) 학습목표: '−더라'를 사용하여 경험한 일을 회상하면서 말할 수 있다.

(2) '−더라'의 의미:

- 동사나 형용사 뒤에 붙어서 화자가 과거에 경험을 통해 알거나 느낀 사실을 회상함을 나타낸다.
  - 화자 자신이 주어인 경우 새롭게 알게 된 사실이 아닌 내용에는 쓰일 수 없다.

    나는 외국어를 잘하더라(X)   민수는 외국어를 잘하더라(O)

  - 감정을 나타내는 경우 주어는 반드시 화자여야 한다.

    그날 혜윤이는 기분이 안 좋더라(X)   그날 나는 기분이 안 좋더라(O)

(3) 도입과 제시

> T: 여러분, 영화 좋아해요?
> S: 네, 좋아해요.
> T: 제 생각에 우리가 사는 동안 영화 같은 이야기들이 많은 것 같아요.
>   여러분, 우리 처음 만난 날 기억나요?
> S: 네, 기억나요.
> T: 영화 제목이 '우리가 처음 만난 날'이라고 생각하고 눈을 감고 생각해 봐요.
> S: (학생들 각자 눈을 감고 생각하게 한다.)
> T: (눈을 감고 생각하면서 무언가를 떠올리는 모습을 보여주면서)
>   그날 OO 씨가 친구들을 보고 예쁘게 웃더라고요.

> 첫날이었는데 OO 씨는 열심히 책을 보더라고요.
>
> 그날 OO 씨는 정말 멋있더라고요.
>
> T: 이렇게 여러분이 경험한 어떤 일을 생각하면 그 일이 우리 머릿속에서 사진처럼, 영화처럼 생각이 나요. 그것을 생각하면서 말할 때 '-더라고요'를 써서 말할 수 있어요.
>
> T: 과거의 경험이지만 내가 한 것에 대해서 나를 써서 말할 수 없어요.
>
> 내가 밥을 먹더라고요.(×)
>
> T: 하지만 그때의 나의 기분에 대해서는 말할 수 있어요.
>
> 그때 정말 재밌더라고요.(○)

• 형태 제시: -더라

(4) 연습과 활용

• 응답 연습 - [전체 이야기하기]

> T: 우리 반 처음 만난 날 어땠어요?
>
> T: 한국에 처음 온 날 어땠어요? (공항에 도착했을 때)
>
> T: 시험 보는 날 아침에 어땠어요? (그날 아침 교실 상황)
>
> T: 명동에 처음 갔을 때 어땠어요? (명동 거리 상황)

⇒ 교사는 주제와 관련된 상황을 떠올리며 묘사하도록 진행한다. 먼저 각 상황에서 학생들이 눈으로 관찰해서 본 것에 초점을 맞추도록 한다. 즉, 경험의 시각화를 통해 경험한 곳에 있는 여러 사건, 인물을 떠올리게 해야 한다.

• 경험 말하기 [내 기억에 남는 경험]

- 나의 특별한/기억에 남는 경험에 대해 말하게 한다.
- 나의 경험: 느낀 것/본 것/경험한 것

　　　　　친구들과 함께 한 여행, 친구들과 함께 한 문화 체험

- 그림일기와 같이 간단한 그림을 그리고 내용을 쓰고 발표하게 해도 좋다.

⇒ 이때 가능한 많은 인물이 등장하는 경험을 떠올리도록 한다. 내가 행동한 것이 아니라 내가 관찰한 것에 초점을 맞추어 경험을 말하고 그때의 기분을 떠올려 보도록 한다.

• 학생들의 질문

S: 선생님, '-더라고요'하고 과거 같이 쓸 수 있어요?

눈이 오더라고요.　　　눈이 왔더라고요.

T: '-더라고요'는 예전의 일을 다시 생각하면서 말하는 거예요.
(그림을 그리거나 미리 자료를 준비하면 좋다.)

눈이 오더라고요.　　　　　　눈이 왔더라고요.

T: 같이 과거로 돌아가 봐요. 작년 크리스마스예요. 창문을 보니까 눈이 오고 있어요.
와! 눈이 오네. 이렇게 눈이 오는 것을 봤어요. 이때를 생각하면 '눈이 오더라고요'
이렇게 말해요.

T: 다시 같이 과거로 돌아가 봐요. 작년 크리스마스예요. 창문을 보니까 눈이 많이 쌓여
있어요. 아마 어제 눈이 많이 왔어요. 와! 눈이 많이 왔네. 이렇게 눈이 온 것을 봤어요.
이때를 생각하면 '눈이 왔더라고요' 이렇게 말해요.

버스가 가더라고요. (정류장으로 거의 도착했는데 떠나는 버스를 봄)
버스가 갔더라고요. (정류장에 도착했는데 버스가 보이지 않음)

버스가 가더라고요.　　　　　　버스가 갔더라고요.

하나 더 ☝│ –더라(고요)

① 듣고 알게 된 사실
   간접화법 + 더라고요

ㄱ. 한국 여름이 덥더라고요.
ㄴ. 한국 여름이 덥다더라고요.
ㄷ. 그 식당이 맛있더라고요.
ㄹ. 그 식당이 맛있다더라고요.
          (듣고 알게 된 사실에 대해서는 간접화법과 결합한 상태로 쓴다.)

② 신체와 관련해서 사용할 수 있음. 이때 주어는 1인칭이 아님

ㄱ. (내) 머리/배/손/발이 아프더라고요.
⇒ '아프다' 문장의 주어는 머리/배/손/발이 된다.

- 1인칭 주어와 결합하는 경우
'-을 수 있다/없다', '-고 싶다', '-겠-'은 주어가 1인칭이지만 가능

ㄱ. 나는 그 사람을 이해할 수 없더라.(O)
ㄴ. 나는 아침에 꼭 커피가 먹고 싶더라(O)
ㄷ. 난 단 음식을 잘 못 먹겠더라고(O)

③ 구어에서 주로 사용한다.
- 학생들이 쓰기에 사용하는 경우가 있다.
- 격식체 쓰기에서는 '-더라고요'를 사용할 수 없음을 지도해야 한다.
⇒ 학생들이 '습니다'를 사용하는 문장에서 '-더라고요'를 사용하는 경우가 있다. 따라서 격식적인 글을 쓰거나 한국어능력시험에서 쓰기를 하는 경우에는 '-더라(고요)'를 쓰지 않도록 주의해야 함을 지도한다.

53. -느라고

민수: 어제 무슨 일 있었어? 여러 번 전화했는데...
지미: 그래? 낮에는 회사에서 일하느라 정신이 없었어.
민수: 그럴 것 같아서 밤에 전화했는데 안 받던데.
지미: 미안, 집에 오자마자 너무 피곤해서 일찍 잤거든. 자느라 전화 온 줄 몰랐나 봐.

(1) 학습목표: '-느라고'를 사용하여 어떤 일을 하지 못한 것의 이유를 말할 수 있다.

(2) '-느라고'의 의미:

- 동사 뒤에 붙어서 뒤 문장에 대한 원인이나 이유를 나타낸다. 주로 해야 하는 어떤 일을 하지 못했거나 부정적인 결과가 나왔을 때 사용된다.
  - 앞 문장과 뒤 문장의 주어가 같아야 한다.
  - 뒤 문장에 명령문이나 청유문이 올 수 없다.
  - 과거의 '-았/었/였-', '-겠-'과 함께 쓸 수 없다.

(3) 도입과 제시

T: 저는 어제 오랜만에 친구를 만났어요. 그래서 이야기를 많이 했어요.
　 이야기를 하다가 보니 시간이 너무 많이 지난 거예요. 사실 어제 할 일이 많았는데
　 오랜만에 만난 친구하고 이야기 하느라 할 일을 다 못 했어요.
T: 여러분도 이렇게 어떤 일을 해요. 그래서 다른 일을 못 한 경험이 있을 거예요.
T: 여러분 노는 것 좋아해요? 놀고 싶죠?
SS: 네, 좋아요.
T: 그런데 우리 지금 한국어를 공부하고 있어요. 몇 시부터 몇 시까지 공부하죠?
S: 9시부터 1시까지요.
T: 이 시간에 놀 수 있어요?
S: 아니요. 놀 수 없어요.
T: 맞아요. 공부하느라 놀 수 없어요.
　 (칠판에 도식을 통해 무엇을 하는 시간에 다른 것을 할 수 없음을 보인다.)

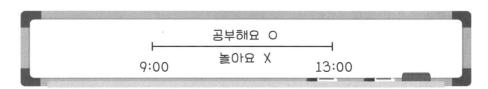

> T: 여러분, 그런데 공부하는 사람은 누구예요?
>
> SS: 우리요. 나요.
>
> T: 맞아요 여러분이 공부해요. 그 시간에 여러분이 놀 수 있어요?
>
> SS: 아니요.
>
> T: 맞아요. '-느라고' 앞에 쓰는 말과 뒤에 쓰는 말은 같은 사람이에요. 그리고 '-느라고' 앞에 '-았/었/였-'을 쓸 수 없고 '-느라고' 뒤에 '합시다/하세요' 이런 말이 올 수 없어요.

- 형태 제시: -느라고
  - '-느라고'는 동사와만 결합하는데 이때 동작성이 두드러지는 동사로 연습을 한다.
    ⇒ '먹다', '씻다'와 같이 일정한 시간이 소요되면서 반복적인 동작이 연상되는 단어를 통해 연습하는 것이 좋다. '일어나다, 앉다, 서다' 등과 같이 행동이 일회적이어서 시간의 소요가 길지 않은 동사는 '-느라고'와 결합하면 어색하다. 따라서 학생들의 오류를 방지하기 위해서 형태 연습을 할 때도 동사 선택에 주의해야 한다.

(4) 연습과 활용

- 문장 만들기
  - TV를 보다, 숙제를 하다 → TV를 보느라 숙제를 못 했어요.
  - 이야기를 하다, 숙제를 하다
  - 샤워를 하다, 전화를 받다
  - 화장을 하다, 학교에 늦다

- 선행절 만들기
  - 느라고 못했어요

    [못 봤어요, 못 만났어요, 늦었어요, 늦게 잤어요]

- 응답 연습

  > T: 여보세요. 왜 이렇게 전화를 안 받아요?
  >
  > S: 미안해요. 샤워를 하느라고 전화 온 줄 몰랐어요.

  - 전화 상황을 학생들이 릴레이식으로 돌아가면서 할 수 있다.

> T: 숙제를 왜 안 했어요?
> S: 어제, 드라마 보느라고 숙제를 못 했어요.

- 핑계를 대는 상황으로 학생들이 릴레이식으로 돌아가면서 할 수 있다.

• '-느라고' 확장

> T: 여러분 요즘 바빠요?
> SS: 네, 바빠요.
> T: 왜요? 할 일이 많아요? 무엇을 해요?
> SS: 한국어를 공부해요. 다음 주에 발표도 있어요. 아르바이트를 해요.
> T: 아, 그럼 쉴 수 없겠네요.
>   공부를 하느라 바쁘군요. 발표 준비를 하느라 바쁘네요.
>   그리고 아르바이트를 하느라 바쁘네요.

- 어떤 일을 하느라 (그 시간에 쉬지 못해서) 바쁘다/힘들다/피곤하다/정신이 없다

어떤 일을 해요 O	그래서 바빠요/힘들어요/피곤해요/정신이 없어요.
쉬어요 X	

⇒ '-느라고'를 제시할 때 사용한 도식을 통해서 어떤 일을 하는 동안 쉴 수 없기 때문에 그것을 이유로 '바쁘다, 힘들다, 피곤하다, 정신이 없다' 등과 같은 말들과 같이 쓸 수 있음을 보여 준다.

> T: 여러분은 무엇을 하느라 바빠요? 바빴어요?

• 자기 경험 이야기하기

> - ~~~느라고 -을/를 하지 못한 경험
> - ~~~느라고 아주 바빴어요/고생했어요/힘들었어요.

⇒ 학생들이 자신의 경험에 대해서 길게 말하기로 진행할 수 있도록 한다.

• 상황에 맞게[핑계] 대화 구성하기 - 역할극으로 진행

> - 숙제를 안 했을 때 선생님에게 변명하기
> - 친구의 부탁을 거절하고 싶을 때
> - 남자/여자친구 전화를 안 받은 다음 날에 남자/여자친구를 만난 상황

⇒ 상황을 주고 그에 맞는 간단한 대화를 만들어서 역할극으로 발표하게 한다. 이때 역할에 맞게 억양이나 비언어적 요소들도 함께 지도한다.

하나 더 📖 | 학생들의 오류

ㄱ. 어제 아프느라고 학교에 못 왔어요. (X) 어제 아파서 학교에 못 왔어요.
ㄴ. 어제 TV를 봤느라 숙제를 못 했어요. (X) 어제 TV를 보느라 숙제를 못 했어요.
ㄷ. 오늘 늦게 일어나느라고 학교에 늦었어요. (X) 오늘 늦게 일어나서 학교에 늦었어요.
ㄹ. 버스를 잘못 타느라고 학교에 늦었어요 (X) 버스를 잘못 타서 학교에 늦었어요

⇒ '-느라고'는 문형에 제약이 많아서 학생들이 어려워하는 문형이다. '어제 아프느라고 학교에 못 왔어요'는 '-느라고'를 학습한 후에 대표적으로 발생하는 오류문이다. 이는 '-느라고'를 이유로 의미만을 생각해서 만들어내는 오류이다. 특히 '아프다'는 언어권에 따라서 '동사'인 경우가 있으므로 학생들이 자주 실수를 범한다. 따라서 '아프다'는 한국어에서 형용사로 쓰이며 '-느라고'는 선행 용언 제약이 중요한 문형임을 제시해야 한다.

⇒ 그리고 언어권에 따라서 시제 일치가 중요한 언어들이 있다. 특히 '어제'와 같이 과거를 나타내는 시간 부사를 쓰는 경우 학생들은 과거 시제를 같이 동반해야 한다고 생각하여 오류를 범하는 경우가 많다. 이때 교사는 'TV를 보느라 숙제를 못 하-'까지가 하나의 사건이 되며 그 사건이 일어난 시간이 '어제'이므로 마지막에 '했어요'로 과거는 한 번만 쓰고 '-느라고'에는 과거시제가 결합할 수 없음을 알려주어야 한다.

⇒ '오늘 늦게 일어나느라고 학교에 늦었다'의 경우 '-느라고' 앞에 동사를 사용하였고 과거 시제로 결합하지 않았으므로 정문으로 보이지만 한국어에서 이런 문장은 허용하지 않는다. 이는 '늦게 일어나다'가 원래 8시에 일어나야 하는데 8시 50분에 일어났다는 의미로 시간의 소요가 아닌 순간적인 시간이다. 따라서 시간이 소요가 없으므로 '-느라고'와 쓸 수 없는 것이다. '버스를 잘못 타느라고 학교에 늦었어요'도 마찬가지로 버스를 타는 데 걸리는 시간은 아주 짧은 시간이므로 '-느라고'와 결합해서 쓰이면 어색하다. 즉, 어휘가 갖는 성질에 따라 '-느라고'와 결합하면 어색한 문장들이 있음을 알려주어야 한다.

Q. 다음 오류의 원인은 바르게 설명한 것을 골라 보자.

*어제 늦게 자느라고 책을 못 읽었어요.

① '-느라고'는 선행절에 형용사가 올 수 없다.
② '-느라고'는 후행절에 부정 표현이 올 수 없다.
③ '-느라고'는 선행절에 동작의 의미가 순간적이면 안 된다.
④ '-느라고'는 과거 시간을 나타내는 부사와 함께 쓸 수 없다.

정답: ③

해설: '자느라 책을 못 읽었다'는 정문이지만 '늦게 자느라 책을 못 읽었다'는 비문이 된다. 이는 '자다'를 수식하는 부사 '늦게'가 '자다'와 함께 쓰여 자는 행위가 어느 시점에 순간적으로 일어난 것으로 쓰였기 때문이다.

54. -아/어/여서 그런지

> 다카시: 민수 씨, 한국에서는 생일에 미역국을 먹잖아요.
> 민수: 네, 그렇지요.
> 다카시: 그런데 왜 시험 보기 전날에는 미역국을 먹으면 안 된다고 하는 거예요?
> 민수: 아... 그게 미역이 미끄럽잖아요. '시험에서 미끄러진다'라는 말이 생각나서
>   그런지 시험 보기 전에는 그런 음식들을 피하는 것 같아요.
> 다카시: 아, 다른 음식도 있어요?
> 민수: 계란도 '깨진다'는 말이 생각나서 그런지 시험 보기 전에는 잘 먹지 않아요.

(1) 학습목표: '—아/어/여서 그런지'를 사용하여 이유를 추측하여 표현할 수 있다.

(2) '—아/어/여서 그런지'의 의미:

- 동사나 형용사 뒤에 붙어서 뒤에 오는 문장의 이유를 단정 지을 수 없고 막연하게
  추측함을 나타낸다.

(3) 도입과 제시

> T: 여러분, 오늘은 기분이 어때요?
> SS: 좋아요. 그냥 그래요.
> T: 그래요? 저는 오늘 아침에 일어났는데 기분이 이상했어요. 왜 그럴까 생각해 봤어요.
>   밤에 잘 때 무서운 꿈을 꾸었는데 그 일 때문인 것도 같고, 어제 친구하고 전화를
>   하다가 조금 다투었는데 그 일 때문인 것도 같아요. 확실한 것은 잘 모르겠어요.
> T: 무서운 꿈을 꾸어서 그런지 기분이 이상한 것도 같고 어제 친구하고 전화로 조금
>   다투어서 그런지 기분이 이상한 것도 같아요. 그래서 그런지 보통 때보다 일찍 일
>   어났어요.
> T: 여러분도 이렇게 이유를 잘 모르겠지만 기분이 이상할 때가 있나요?
>   그럴 때 왜 그럴까 이유를 생각해 보게 되잖아요. 그럴 때 '—아/어/여서 그런지'를
>   사용해서 말할 수 있어요.

• 형태 제시: -아/어/여서 그런지, 그래서 그런지

가서 - 가서 그런지	먹다 - 먹어서 그런지	공부하다 - 공부해서 그런지
놀다 - 놀아서 그런지	듣다 - 들어서 그런지	
예쁘다 - 예뻐서 그런지	높다 - 높아서 그런지	건강하다 - 건강해서 그런지
덥다 - 더워서 그런지	낫다 - 나아서 그런지	

- 혼잣말로 쓰는 경우 '-아/어/여서 그런가'로 쓰인다.

어제 무서운 꿈을 꿔서 그런가...
어제 그 일 때문이어서 그런가...

- 고정 표현으로 '그래서 그런지'도 제시하고, 어떤 설명 뒤에 시작하는 말로 사용될 수 있음을 제시한다.

(4) 연습과 활용

• 묻고 답하기 [오늘 기분 말하기]

T: 여러분의 오늘 기분은 어때요?
S: 날씨가 좋아서 그런지 저도 기분이 좋아요.

⇒ 학생들 중에 '오늘 아침에 용돈을 받아서 그런지 기분이 좋아요'와 같이 말하는 경우가 있다. 이때는 보다 확실한 이유이므로 '오늘 아침에 용돈을 받아서 기분이 좋아요'로 수정해 주고 '-아/어/여서 그런지'와의 차이를 말해 준다. '-아/어/여서 그런지'가 '잘 모르겠지만, 아마도 그런 이유가 아닐까' 정도로 이유를 추측해 보는 것이라는 것을 말해준다. 교사가 이때 교개를 갸우뚱거리면서 '음... 아마...' 이런 말들을 사용해서 확실하진 않지만 한번 추측해 보는 모습을 보여 주면서 이야기를 하는 것이 좋다.

• 왜 그럴까?

T: 여러분, 한국 사람들은 김치를 많이 먹잖아요. 왜 그런 것 같아요.?
SS: 김치가 건강에 좋아서 그런지 많이 먹는 것 같아요.
　　김치가 맛있어서 그런지 많이 먹는 것 같아요.
T: 한국 사람들은 사랑 이야기에 관심이 많잖아요. 왜 그런 것 같아요?
SS: 남자/여자를 좋아해서 그런지 사랑에 관심이 많은 것 같아요.
　　남자/여자에 관심이 많아서 그런지 남자친구/여자친구 이야기를 많이 하는 것 같아요.

> T: 한국 사람들을 설날에 왜 떡국을 먹을까요?
>
>   한국 사람들을 왜 기념일을 많이 챙길까요?
>
>   한국 사람들을 야구를 왜 좋아하는 것 같아요?

⇒ 다 같이 생각해 볼 만한 문화적인 주제와 내용을 가지고 함께 생각해 보며 자유로운 말하기로 진행할 수 있다.

• 문화 소개하기

> T: 일본에서는 회사에서 자기보다 높은 사람에게 '님'을 붙이지 않는데 한국에서는 '과장님', '부장님'처럼 '님'을 붙여요. 위아래를 중요하게 생각해서 그런지 다른 사람에게 '님'을 붙여서 많이 말하는 것 같아요. 여러분 나라의 문화에 대해서도 소개해 주세요.

- 학생들이 알고 있는 자기 나라의 문화에 대해서 이유를 생각해서 쓰고 발표하게 한다.

⇒ 이유를 확실하고 정확하게 알고 있는 경우에는 해당 문형을 쓰지 않도록 한다. 이때는 '-아/어/여서'나 '-기 때문에'을 써서 문화와 이유를 소개하게 한다. 문화만 알고 있고 이유에 대해서는 잘 모를 때는 목표 문형을 사용하여 해당 문화가 있는 이유에 대해 자기의 생각을 말해 보게 한다.

55. 아무 N(이)나

> 혜윤: 아빠, 다 먹었어? 나 줘, 내가 치울게.
> 아빠: 왜? 그냥 여기 두고 가도 될 것 같은데.
> 혜윤: 우리가 먹은 거니까 아무 데나 버리면 안 돼. 가지고 나가서 쓰레기통에 버리자.
> 아빠: 우리 혜윤이 다 컸네. 그러자.

(1) 학습목표: '아무 N(이)나'와 부정 표현을 함께 사용해서 정해지지 않은 것에 대해서 금지하는 표현을 할 수 있다.

(2) '아무 N(이)나'의 의미:

- 뒤에 부정 표현이 오면 정해지지 않은 사람이나 사물, 장소, 시간이 안 된다는 것을 나타낸다.

(3) 도입과 제시

> T: 여러분 영화 좋아해요?
> S: 네, 좋아해요.
> T: 우리는 영화를 보러 극장에 가잖아요. 영화표를 사고 영화관에서 앉고 싶은 자리에 앉아도 되나요?
> S: 아니요. 안 돼요. 자기 자리에 앉아야 해요.
> T: 그렇죠. 영화표가 좌석번호가 있으니까 아무 자리나 앉으면 안 돼요. 자기 자리에 앉아야 해요.
> T: 또 영화 볼 때 팝콘, 콜라를 먹을 때가 있잖아요. 다 먹고 내가 놓고 싶은 데 놓고 와도 될까요?
> S: 안 돼요.
> T: 맞아요. 먹은 음식은 아무 데나 놓으면 안 돼요. 아무 데나 버리면 안 돼요. 이렇게 '아무' 뒤에 장소를 써서 정해지지 않은 장소에 하면 안 되는 일에 대해서 말할 수 있어요. 또 '아무' 뒤에는 장소, 시간, 물건 같은 말이 올 수 있고 안 된다는 것을 말할 때 쓸 수 있어요.

• 형태 제시: 아무 N(이)나

> 아무 데나 버리면 안 돼요.　　아무 때나 가면 안 돼요.
> 아무거나 먹으면 안 돼요.　　아무나 들어갈 수 없어요.

⇒ 아무 N(이)나의 예문들을 먼저 제시하고 다음에 '아무거나'와 '아무나'를 제시한다. '아무 N(이)나'를 제시하면 학생들이 '아무 사람이나 들어갈 수 없어요'와 같은 오류 문장을 만들어 내는데 목표 문형 제시 후 '아무나'를 문장과 함께 제시하여 오류를 사전에 방지하도록 한다. 그리고 학생들이 '아무 것이나'와 같이 띄어 쓰는 경우가 있는데 단어처럼 굳어져 '아무것이나'로 쓰며 말할 때는 주로 '아무거나'로 쓰임을 알려준다.

⇒ 학생들이 '아무나'와 '아무도'의 차이를 질문할 수 있다. '아무도 들어갈 수 없어요'와 '아무나 들어갈 수 없어요'를 제시하고 '아무도'가 쓰인 문장은 (지위고하, 남녀노소)를 막론하고 들어갈 수 있는 사람이 없다는 의미로 쓰이고 '아무나'가 쓰인 문장은 어떤 특별한 누군가는 들어갈 수 있으나 관계가 없는 사람이나 보통 사람들은 들어갈 수 없다는 의미로 쓰였음을 제시한다. 어떤 장소를 나타내는 그림을 그리고 '아무도'가 쓰인 문장은 장소 입구에 큰 X 표시를 해서 들어갈 수 있는 사람 자체가 없음을 보이고 '아무나'는 같은 그림에서 VIP는 해당 장소에 있는 그림을 그려서 차이를 보일 수 있다.

(4) 연습과 활용

• 상황 보고 말하기
- 금지 표지판을 보고 무슨 뜻인지 말하기

- 아무나 들어갈 수 없어요.

- 아무 데나 차를 세우면 안 돼요.

⇒ 교사가 준비한 금지 표지판으로 연습을 한 후에 학생들에게 빈 표지판을 주고 금지 표지판을 하나씩 만들게 한 후 다른 학생들이 목표 문형을 사용해서 말해 보게 할 수 있다.

• 응답 연습 - [규칙 말하기]

> T: 영화관에서 아무 자리나 앉으면 안 되잖아요. 또 영화관에서 지켜야 하는 규칙이
>   뭐가 있을까요?
> S: 아무 때나 들어가면 안 돼요. 아무 데나 쓰레기를 버리면 안 돼요.
> T: 도서관에서는요?
> T: 학교에서 지켜야 하는 규칙은 뭐가 있을까요?

- 경기장, 콘서트장, 식사할 때 등 여러 상황에서 하면 안 되는 것에 대해 연습해 본다.

(5) 더 알아보기: '아무'의 의미

아무1: 대명사, 어떤 사람을 특별히 정하지 않고 이르는 인칭 대명사

- 흔히 부정의 뜻을 가진 서술어와 호응하나, '나', '라도'와 같은 조사와 함께 쓰일
  때는 긍정의 뜻을 가진 서술어와 호응하기도 함

> ㄱ. 아직 아무도 안 왔다.
> ㄴ. 전 아무나 괜찮아요.
> ㄷ. 여기는 아무나 들어갈 수 있어요.
> ㄹ. 여기는 아무나 들어갈 수 없어요.
> ㅁ. 이 일은 아무나 할 수 있어요.
> ㅂ. 이 일은 아무나 할 수 없어요.

⇒ 학습하는 단원에서 대화문 구성에서 '아무 N(이)나'가 부정의 형태와 어울려 쓰이는 대화
문으로 제시된 경우라면 '아무나 들어갈 수 없어요', '아무나 할 수 없어요'와 같은 문장들을
우선적으로 제시하는 것이 좋다. 이후 확장 연습에서 긍정문을 제시하는 것이 좋다.

아무2: 관형사, 어떤 사람이나 사물 따위를 특별히 정하지 않고 이를 때 쓰는 말.

> ㄱ. 아무 때나 괜찮아요.
> ㄴ. 아무 데나 앉죠.
> ㄷ. 아무 데나 세워도 괜찮아요.

- (주로 뒤에 오는 '않다', '없다', '못 하다' 따위의 부정적인 말과 함께 쓰여)

> ㄱ. 아무 말도 하지 않았다.　　　　　ㄱ´아무 말이나 했다.
> ㄴ. 아무 소용이 없다.
> ㄷ. 아무 연락도 못 받았다.

⇒ 아무 N에 결합하는 조사의 형태에 따라서 의미 차이가 발생한다. '아무 말이나 했다'를 '아무 말도 했다'로 바꾸어 쓸 수 없고 '아무 연락도 못 받았다'를 '아무 연락이나 못 받았다'로 쓸 수 없다. 즉, 아무 뒤에 오는 N에 조사 '도'가 결합할 때 주로 부정의 의미를 나타내고 아무 뒤에 오는 N에 조사 '이나'가 결합할 때 부정문의 형태와의 결합이 어색한 경우가 있다.

> Q. 다음 중 '아무'의 품사가 다르게 쓰인 문장을 골라 보자.
>
> ① 아무 연락도 없이 가도 돼?
> ② 그럼, 아무 때나 편하게 와.
> ③ 집에 아무도 없는 것 같은데.
> ④ 금방 갈게. 아무 데나 누우면 안 돼.

정답: ③

해설: ③에 쓰인 '아무'는 대명사로 사용되었고 다른 예들에서는 모두 뒤의 명사를 수식하는 관형사로 쓰였다.

56. N(이)라도

지미: 와, 민수 씨, 집이 정말 좋네요.
민수: 좋기는요. 치우지 못해서 미안해요. 들어오세요.
지미: 아니에요. 이렇게 깨끗한데요.
민수: 드릴 게 없어서 미안해요. 우선 물이라도 한 잔 드릴까요?
지미: 네, 고마워요.

(1) 학습목표: '(이)라도'를 사용하여 차선의 선택에 대해 말할 수 있다.

(2) '(이)라도'의 의미:

• 명사 뒤에 붙어서 마음에 들지는 않으나 그런대로 괜찮음을 나타낸다.

- 받침 있는 명사에 '이라도'로 사용

(3) 도입과 제시

T: 여러분, 아침 먹었어요?
SS: 네, 먹었어요. 아니요. 안 먹었어요.
T: 아침을 잘 먹어야 건강에 좋아요. 저는 아침에 밥을 먹어야 수업을 잘할 수 있어요.
   그런데 시간이 없어서 밥을 못 먹을 때는 어떻게 해야 할까요?
SS: 빵을 먹어요. 과자를 먹어요.
T: 맞아요. 밥을 먹으면 좋겠지만 시간이 없거나 밥이 없거나 할 때는 빵이라도 먹어
   야 해요. 빵이 없을 때는 우유라도 한 잔 마셔야 해요.
T: 이렇게 제일 좋은 것은 아니지만 내가 원하는 것을 할 수 없어서 다른 것을 말할 때
   '(이)라도'를 써서 말할 수 있어요. 내가 원하는 것을 할 수 없어서 다른 것을 하는
   거예요. 그래서 벌써 한 것에 대해 말할 수 없어요. 과거에 쓸 수 없어요.

• 형태 제시: N(이)라도

빵 - 빵이라도	우유 - 우유라도

⇒ '이거라도, 저거라도, 그거라도'의 형태로 많이 쓰임을 제시한다.

(4) 연습과 활용

- **문장 만들기**

- 주스가 없다, 물

: 주스가 없는데 물이라도 드릴까요?

: 주스가 없으면 물이라도 주세요.

- 전화를 받지 않는다, 메시지

: 전화를 받지 않는데 메시지라도 보낼까요?

: 전화를 받지 않으면 메시지라도 보내세요.

- 심심하다, 영화

⇒ 각 상황에서 선택이 차선의 선택임을 알려 준다. 명령이나 물음, 청유의 형태로 주로 사용됨을 알려 준다.

- **응답 연습**

> T: 배가 고픈데 밥이 없네요.
> S: 라면이라도 먹을까요?
> T: 시원한 게 마시고 싶은데…
> S: 물이라도 드릴까요?
> T: 여행을 가고 싶은데 시간이 없어요.
> T: 심심한데 뭐 재미있는 것 없을까요?

⇒ 교사와 전체 학생으로 진행하고 짝활동으로 진행할 수 있다.

- **'N(이)라도' 확장**

- 'N(이)라도'가 다른 조사와 연결해서 사용할 수 있음을 제시한다.

- 다른 조사와 어울려 쓰일 수 있는 상황을 제시하고 이에 대해 말하기로 연습

예) 부터라도, 에라도, 에서라도, 에게(한테)라도, 만이라도, 하고라도

> T: 시험이 다음 주에 있어요. 공부를 일찍 시작하지 않아서 포기하려는 친구가 있어요.
>   그 친구한테 뭐라고 말하면 좋을까요?
> S: 포기하지 마세요. 지금부터 공부하세요.
> T: 맞아요. 일찍 시작하면 더 좋았을 거예요. 하지만 지금부터라도 시작하면 할 수 있
>   을 거예요. 이렇게 '이라도'는 다른 말하고 같이 쓸 수 있어요.

⇒ 일찍 시작하는 것이 제일 좋았지만 그것을 못했으니 그다음의 방법을 이야기하는 것에
   초점을 맞추어서 조사결합 형태를 제시한다.

> T: 놀이 공원에 가고 싶지만 돈이 없는 사람이 있어요.
>   이 사람한테는 어떻게 말해 주면 좋을까요?
> S: 그러면 가까운 공원에라도 가세요.

모르는 것이 있는데 선생님이 안 계시다.	[한테라도]
운동을 시작하기에 너무 늦은 것 같다.	[부터라도]
시험이 끝나고 어디에 갈지 잘 모르겠다.	[에라도]
도서관에 자리가 없어서 공부하기가 어렵다.	[에서라도]

⇒ 조사결합형을 쓸 수 있는 상황을 제시하고 연습한다.

57. -아/어/여 놓다

> 민수: 다카시 씨, 여행 준비는 다 했어요?
> 다카시: 거의 다 한 것 같아요.
>   민수 씨 말대로 비행기 표는 3개월 전에 미리 끊어 놓았고 호텔도 예약해
>   놓았어요.
> 민수: 그럼 이제 출발만 하면 되겠네요.
> 다카시: 네, 그런데 여행지에 대해서 공부를 좀 해 놓아야 하는데 시간이 없네요.
> 민수: 비행시간이 기니까 비행기 안에서 하면 되지요.

(1) **학습목표: '—아/어/여 놓다'를 사용하여 어떤 행동을 한 후에 지속되는 상태에 대해 말할 수 있다.**

(2) **'—아/어/여 놓다'의 의미:**

    동사 뒤에 붙어서 동작이 이루어진 후 그 상태가 유지됨을 나타낸다.

(3) **도입과 제시**

> T: [컵, 물통, 핸드폰 등 준비] 안녕하세요?
>   이제 수업을 시작해야 하니까 이거 여기에 놓을게요.
>   (의도적으로 물건들을 위에서 아래로 내려 놓는다.)
> S: 네.
> T: [잠시 후] 제가 조금 전에 (컵, 물통, 핸드폰)을 어디에 놓았어요?
> S: 책상 위에요.
> T: 맞아요. 아까 책상 위에 (컵, 물통, 핸드폰)을 놓았어요. 지금도 그대로 있어요.

> T: 여러분, 고향에 언제 돌아가요?
> S: OO월이요.
> T: 네, 그러면 고향에 돌아가는 비행기 표는 언제 사요?
> S: OO월에요. 두 달 전에요.
> T: 맞아요. 미리 사면 좋아요. 비행기 표는 미리 예약해 놓아야 하죠.
>   이렇게, 고향에 가려면 준비해야 하는 것이 있는데 비행기 표를 사 놓으면 좋아요.
>   그리고 선물은 언제 사는 것이 좋을까요? 출발하는 날은 너무 바빠서 살 시간이
>   없잖아요.

SS: 일주일 전에 사요. 하루 전에요.

T: 맞아요. 부모님, 친구들 줄 선물로 미리 사 놓으면 좋을 것 같아요.

이렇게 내가 선물을 사요. 그러면 선물은 계속 나한테 있어요. 이럴 때 '-아/어/여 놓다'를 써서 말할 수 있어요. 내가 무언가를 준비할 때 사용할 수 있어요. 그리고 내가 무언가를 하고 그 결과가 계속 있을 때도 쓸 수 있어요.

· 형태 제시: -아/어/여 놓다

사다 - 사 놓다	먹다 - 먹어 놓다	공부하다 - 공부해 놓다.
쓰다 - 써 놓다	듣다 - 들어 놓다	

⇒ 교사는 '선물을 사 놓았어요. 선물을 사 놓을 거예요. 선물을 사 놓으세요.'와 같이 여러 문장 형태로 활용될 수 있음을 제시한다. 그리고 말할 때 '놓아요 → 놔요, 놓았어요 → 놨어요'와 같이 자주 쓰임을 제시한다.

(4) 연습과 활용

· 응답 연습 - [반 전체 이야기하기]

T: 친구의 생일에 무엇을 미리 준비해 놓아야 해요?

T: 집들이를 할 거예요. 무엇을 해 놓아야 해요?

T: 여행(해외/국내)을 가기 전에 무엇을 해 놓아야 해요?

T: 한국에 오기 전에 무엇을 준비해 놨어요?

⇒ 반 전체가 어떤 행위를 해 놓아야 하는 것, 그리고 해 놓은 것에 대해 이야기해 본다. 이때 준비가 필요한, 준비를 한 것만 이야기하는 것이 아니라 어떤 행위를 해 놓아야 하는 이유, 어떤 행위를 해 놓은 이유를 함께 말할 수 있도록 지도한다.

· 상황 보고 말하기

내일 아침에 일찍 일어나야 해요.	방학 때 고향에 가려고 해요.
내일은 바빠서 밥 먹을 시간이 없어요.	다음 달에 한국어능력시험이 있어요.
다음 주에 한국어 발표가 있어요.	극장에서 전화벨이 울려서 깜짝 놀랐어요.

⇒ 목표 문형을 사용해서 말할 수 있는 상황을 여러 개 제시한다.

• 주제 보고 말하기

여행 / 결혼 / 이사 / 유학 / 취직 / 시험

- 각 주제를 보고 미리 해 놓은 것, 미리 해 놓으면 좋은 것에 대해 말하도록 한다.
- 각 주제를 보고 나라면 무엇을 해 놓을 것인지 말하도록 한다.

⇒ 목표 문형 뒤에 다양한 형태로 활용할 수 있도록 과거에 해 놓은 것, 준비를 해야 하는 것, 앞으로 할 것 등과 같이 여러 형태로 이야기를 할 수 있도록 지도한다. 그리고 학생들이 한 말에 대해 이유를 함께 말하도록 해서 연결된 말하기가 될 수 있도록 지도한다.

• 부탁하는 쪽지/메시지 쓰기[엽서나 SNS 메시지 창 표시의 활동지 준비]
- 상황에 맞는 부탁하는 글을 쓰도록 한다.

친구/가족에게 부탁하기 [여행]
남편/아내에게 부탁하기 [출장]
같이 사는 룸메이트에게 부탁하기 [바쁜 날]
유학을 올 친구/후배에게 [경험에 따른 조언]

58. -(으)ㄹ 뿐만 아니라

> 민수: 냔냔 씨는 학교를 졸업하면 무슨 일을 하고 싶어요?
> 냔냔: 저는 미얀마와 무역을 하는 한국 회사에 취직하고 싶어요.
> 민수: 아, 냔냔 씨 전공이 무역학이지요?
>   전공을 살릴 수 있을 뿐만 아니라 한국어 실력도 발휘할 수 있겠네요.

(1) 학습목표: '-(으)ㄹ 뿐만 아니라'를 사용하여 어떤 사실에 더하여 다른 사실을 추가
하여 말할 수 있다.

(2) '-(으)ㄹ 뿐만 아니라'의 의미:

• 동사나 형용사 뒤에 붙어서 앞의 사실에 더하여 다른 사실도 있음을 나타낸다.

- 명사나 일부 조사 뒤에 사용하는 'N뿐만 아니라'의 '뿐'은 의존명사가 아니라
조사이다.

> - 영어뿐만 아니라 한국어도 잘한다.
> - 한국에서뿐만 아니라 세계적으로 인기가 높다.

(3) 도입과 제시

> T: 여러분, 오늘은 날씨가 어때요?
> S: 추워요.
> T: 네, 춥네요. 오늘은 날씨가 춥고 또 바람도 많이 부네요.
>   (계절/지역에 따라서 알맞게 변형하여 두 가지를 말할 것임을 노출한다.)
> T: 오늘은 따뜻한 교실에서 열심히 한국어를 공부합시다.

> T: 여러분, 같이 한국어를 공부하는 친구들에 대해서 많이 알고 있어요?
> S: 네.
> T: OO 씨, OO 씨의 좋은 점에 대해서 말해 줄 수 있어요?
> S: 네, OO 씨는 한국어를 잘해요.
> T: 그렇군요. 또 좋은 점이 있나요?
> S: 음, 영어도 잘해요.
> T: 아, OO 씨는 한국어를 잘하고 영어도 잘하는군요.
>   한국어를 잘할 뿐만 아니라 영어도 잘하네요.

- 몇몇 학생들에게 친구의 장점을 말하도록 한다.
- 관련 있는 내용이 있는 경우 교사가 '-(으)ㄹ뿐만 아니라'를 사용하여 한 문장으로 연결해 준다.

> T: 여러분, 이렇게 '앞에 있는 V만 있는 것이 아니고 뒤에 있는 V도 있어요'를 말하고 싶을 때 '-(으)ㄹ 뿐만 아니라'를 사용해서 말할 수 있어요. V가 아니고 N일 때는 'N뿐만 아니라'를 써요.

• 형태 제시: -(으)ㄹ 뿐만 아니라, N뿐만 아니라

가다 - 갈 뿐만 아니라	먹다 - 먹을 뿐만 아니라
공부하다 - 공부할 뿐만 아니라	
놀다 - 놀 뿐만 아니라	듣다 - 들을 뿐만 아니라
예쁘다 - 예쁠 뿐만 아니라	높다 - 높을 뿐만 아니라
춥다 - 추울 뿐만 아니라	
한국어 - 한국어뿐만 아니라	

⇒ 형태 연습을 할 때는 '예쁠 뿐만 아니라 마음도 착해요'와 같이 두 가지의 내용을 말하면서 형태 변형 연습을 하면 좋다.

⇒ 한국어 교재에 따라서 '-(으)ㄹ 뿐만 아니라'와 'N뿐만 아니라'를 함께 다루는 교재가 있고 독립적으로 구분해서 다루는 교재가 있다. 교재의 제시 순서, 학습자 환경, 교수 순서 등을 고려하여 학습 내용을 구성해야 한다.

(4) 연습과 활용

• 장점 말하기 [우리 반 친구들]

> T: ㅇㅇ 씨는 한국어 공부를 열심히 할 뿐 아니라 실력도 좋은 것 같아요.

- 옆 친구의 장점을 생각하며 문형을 사용하여 말하는 연습을 한다.

• 단점 말하기 [우리 반 친구들]

> T: ㅇㅇ 씨는 아침에 자주 늦을 뿐만 아니라 수업 시간에 많이 조는 것 같아요.

⇒ 교사가 목표 문형을 사용해서 장점과 함께 단점도 말할 수 있음을 알려준다. 단, 반 분위기를 살펴 반 분위기가 좋을 때 친구들끼리 재밌게 할 수 있는 분위기에서 가능한 연습이다.

• 주제 보고 이야기하기

한국 생활 / 한국의 도시 / 한국 사람 / 우리 학교

- 각 주제에 대해 학생들이 생각하는 장점이나 단점을 두 개 이상 말하도록 한다.
  ⇒ 교사는 이때 두 가지를 말할 때 장점이면 장점, 단점이면 단점으로 관련된 이야기를 해야
     함에 주의를 기울여 지도해야 한다.

• 고향 소개하기

> T: 여러분 친구들을 고향에 초대하고 싶어요.
>   고향의 좋은 점을 소개해 주세요. 친구들이 듣고 '아, 가고 싶다!' 이렇게 생각할 수
>   있는 것을 생각해서 말해 주세요.
> S: 우리 고향은 경치가 아름다울 뿐만 아니라 맛있는 음식도 많아요. 그리고...

⇒ 이때 교사는 고향의 좋은 점을 말하면서 고향을 소개하고 이야기가 '우리 고향에 꼭 놀러
   오세요!'로 이야기 구성을 할 수 있도록 지도한다.

59. N(이)야말로, N(이)라면

1) N(이)야말로

> 민수: 지미 씨는 졸업하면 어떤 회사에서 일하고 싶어요?
> 지미: 저는 일과 생활의 균형을 맞출 수 있는 곳에서 일할 수 있으면 좋겠어요.
>   낮에는 열심히 일하고 저녁은 가족과 함께 시간을 보내고 싶거든요.
> 민수: 조금 일을 더 하더라도 연봉이 높은 게 좋지 않아요?
> 지미: 연봉도 중요하지만 '워라벨'이야말로 제가 가장 중요하게 생각하는 기준이거든요.

(1) 학습목표: '(이)야말로'를 사용하여 강조하고 싶은 것에 대해 말할 수 있다.

(2) '(이)야말로'의 의미:

명사 뒤에 붙어서 그 명사의 의미를 강조할 때 사용된다.

> 야: 강조의 뜻을 나타내는 보조사
>   [명사나 부사어, 연결어미 또는 합성동사의 선행 요소에 붙어] 앞말을 강조할 때 쓰인다.

- 민수야 공부를 잘하니 걱정 없다.
- 이제야 널 만나는구나.
- 그렇게 공부해서야 어떻게 합격하겠어?
- 백화점을 지나야 갔지만 들어가지는 않았다.

(3) 도입과 제시

> T: 여러분, 한국 음식 하면 뭐가 생각나요?
> SS: 김치요, 불고기요, 삼계탕이요.
> T: 그래요. 여러 가지가 있네요. 불고기는 맛있고 한국의 대표적인 음식이죠. 삼계탕도
>   맛이 담백하고 건강에 좋은 음식이고요. 김치는 한국 사람들이 매일 먹는 반찬인데요.
>   제 생각에는 한국을 대표할 수 있는 음식이 여러 가지가 있지만 그중에서도 김치야
>   말로 한국을 대표할 수 있는 음식인 것 같아요.
> T: 김치야말로 한국을 세계에 알릴 수 있는 음식인데요. 이렇게 한국에는 자랑할 것
>   들이 많이 있어요. 저는 그중에서도 한글이야말로 한국의 자랑이라고 생각해요.
> T: 여러분 나라에서 자랑할 수 있는 것은 무엇이 있을까요?
> S: [학생들이 국적에 따라 대표적인 문화, 관광지 등을 이야기한다.]
> T: 맞아요. [ ](이)야말로 [국가]의 대표적인 관광지/문화라고 할 수 있네요.

이렇게 다른 것이 아니고 바로 이것이에요. 여러 가지 중에서 이것을 정말 말하고 싶을 때 'N(이)야말로'를 써서 말할 수 있어요.

- 형태 제시: N(이)야말로

김치: 김치야말로 대표적인 한국의 음식이에요.
한글: 한글이야말로 한국의 자랑이에요.
부산: 부산이야말로 한국의 대표적인 항구 도시예요.

(4) 연습과 활용

- 응답 연습 - [자랑하기]

T: 여러분 나라에 자랑할 만한 것은 뭐가 있어요?
T: 여러분 나라에서 가 볼 만한 곳은 어디에요?

- 학생들 나라별로 자랑할 수 있는 것에 대해 이야기해 본다.
- 반 구성원이 특정 국적이 많은 경우 그 나라의 고향이나 지역으로 이야기해 본다.

- 응답 연습 - [건강에 중요한 것]

T: 우리는 모두 건강하게 살고 싶어 하죠. '이것이야말로 정말 건강에 안 좋다' 이런 것은 뭐가 있을까요?
S: 담배야말로 건강에 안 좋은 거예요.
S: 스트레스야말로 건강에 나쁜 것이에요.
T: 그러면 건강하게 살기 위해 정말 필요한 것, 중요한 것은 뭘까요?
S: 잘 자는 것이야말로 건강에 필요한 것이에요.

- T-SS로 진행

⇒ 학생들이 목표 문형을 사용해서 말한 후에 왜 그렇게 생각하는지 이유까지 이어서 말할 수 있도록 지도한다.

• 응답 연습 - [인생에서 중요한 것]

> T: 우리 인생에서 이것이야말로 정말 중요하다! 이런 것은 뭐가 있을까요?

- 학생들에게 생각할 시간을 주고 생각을 정리하여 말하게 한다.
  ⇒ 학생들이 목표 문형과 함께 학습한 이유 표현들을 함께 사용해서 하나의 담화를 구성할 수 있도록 지도한다.

2) N(이)야말로 VS N(이)라면

(이)라면: 강조하여 가리키고자 하는 대상임을 나타내는 조사.
- 일반적으로 처음 지적하고자 하는 대상임을 강조할 때 쓴다.

> ㄱ. 한국어라면 우리 학교가 정말 잘 가르치죠.
> ㄴ. 한국의 대표적인 여행지라면 역시 제주도죠.

(1) 학생들의 오류

> ㄱ. 한국어야말로 우리 학교가 정말 잘 가르치죠. (?)
>   → 우리 학교야말로 한국어 가르치기는 최고죠.
> ㄴ. 한국의 대표적인 여행지야말로 제주도죠. (?)
>   → 제주도야말로 한국의 대표적인 여행지죠.

(2) N(이)야말로 VS N(이)라면

N(이)야말로	N(이)라면
구체적인 대상(이름)과 함께 쓴다.	이야기를 하려고 하는 큰 범주를 이야기한다.
에스프레소야말로 정말 맛있는 커피죠. □(이)야말로 최고의 스마트폰!	커피라면 에스프레소가 정말 맛있죠. 스마트폰이라면 역시 □!

⇒ 위에서 보는 바와 같이 'N(이)라면'은 이야기를 하는 큰 범주에 사용한다. '커피'에 대해서 이야기를 하는 것이기 때문에 '커피라면 에스프레소'와 같은 문구가 자연스럽고 커피 중에서도 구체적인 하나의 대상을 지정하여 강조하는 경우 'N(이)야말로'를 사용해서 '에스프레소야말로 진짜 커피'와 같은 문구가 자연스러운 것이다.

ㄱ. 야구라면 자다가도 벌떡 일어난다.
ㄴ. 바퀴벌레라면 질색이다.
ㄷ. 수영이라면 자신 있다.
ㄹ. 그림이라면 자신 없다.

⇒ N에 대해서 말하자면

ㅁ. 야구야말로 자다가도 벌떡 일어날 만큼 좋아하는 것이다.
ㅂ. 바퀴벌레야말로 정말 싫어하는 것이다.
ㅅ. 수영이야말로 자신 있는 운동이다.
ㅇ. 그림이야말로 자신 없는 것이다.

⇒ 여럿 중에서 다른 것이 아닌 바로 그것

⇒ 비슷한 표현에 대해서 'N(이)라면'과 'N(이)야말로'를 써서 나타낼 수 있는데 이때는 그 뒤에 이어지는 문장 표현들에 차이가 있다. 교사는 두 문형의 의미 차이와 함께 해당 문형 뒤에 주로 쓰이는 말을 제시해서 연습을 하는 것이 좋다.

60. 간접화법 1

1) -다고 하다

> 민수: 윤서 씨가 지난달에 딸을 낳았다고 해요.
> 다카시: 그래요? 축하할 일이네요. 윤서 씨가 그전부터 딸을 낳고 싶다고 했었잖아요.
> 민수: 이름은 지윤이라고 하더라고요.
> 다카시: 예쁜 이름이네요.
> 민수: 네, 윤서 씨를 닮아서 눈이 크다고 해요.

(1) 학습목표: '–다고 하다'를 사용하여 다른 사람에게 들은 말을 전달할 수 있다.

(2) '–다고 하다'의 의미:

- 동사나 형용사 뒤에 붙어서 다른 사람에게 들은 말을 전달할 때 사용된다.
- 명사에 붙을 때는 'N(이)라고 하다'의 형태로 사용한다.
- 말하는 사람의 생각, 의견을 표명할 때 사용한다.

(3) 도입과 제시 1

> T: [한국 전통 악기, 놀이(제기, 윷, 공기), 등 준비]
>   여러분, 이거 본 적 있어요?
> SS: 네, OO예요. 아니요. 본 적 없어요.
> T: 그럼, (제기/공기/단소 등을 보이며) 이거 이름도 알아요?
>   한국 사람들이 이것을 뭐라고 하는지 들어 본 적 있나요?
> S: 아니요. 몰라요.
> T: 한국에서는 이것을 제기라고 해요.
>   (제기를 힘주어 말하고 잠깐 쉼을 둔 후 '-라고 해요'를 이어서 말한다.)
> T: 이 놀이를 언제 할까요?
> SS: 몰라요. 설날이요.
> T: 맞아요. 설날에 해요. 한국에서는 음력 1월 1일을 설날이라고 해요.
>   이렇게 어떤 것을 소개할 때 우리는 '제기라고 해요', '설날이라고 해요'처럼 말해요.
>   이 말은 여러 사람들이 '제기라고', '설날이라고' 부른다는 말이에요.

- 형태 제시: N(이)라고 하다

제기라고 하다	설날이라고 하다

- 'N(이)라고 하다/했어요/할 거예요'와 같이 쓰일 수 있음을 제시한다.

(4) 연습과 활용

- 응답 연습 - [우리나라에서는?]

> T: 한국에서는 전화 받을 때 '여보세요'라고 말해요. 여러분 나라에서는 뭐라고 해요?

- 학생들 언어권에 따라 뭐라고 하는지 묻고 대답하기를 한다.
  ⇒ '여보세요'에 해당하는 각 언어의 전화 표현을 각 언어권에서 쓰이는 말로 하게 하여 인용의 의미를 전달한다. 다양한 언어권으로 구성된 반의 경우 자연스럽게 친구들의 말을 하나씩 배워보는 효과를 볼 수 있다.

> T: 한국에서 고백할 때 '사랑해요'라고 하잖아요. 여러분 언어로는 뭐라고 해요?

  ⇒ '사랑해요'에 해당하는 각 언어권의 표현을 학생들의 말을 통해 같이 알아보고 인용의 의미를 전달한다. 또는 학생들이 알고 있는 다른 언어권의 표현을 말해 보게 할 수도 있다.

- 응답 연습 - [별명, 애칭을 말해 주세요]

> T: 저는 딸이 둘이 있는데 말을 안 들을 때 딸들한테 똥강아지라고 해요. 제가 어렸을 때 우리 엄마도 저한테 똥강아지라고 불렀어요. 아이들을 부르는 재밌는 말이에요.
> T: 여러분 나라에서는 뭐라고 해요?
> SS: OO라고 해요.
> T: 재미있게 부르는 말이 많네요. 이렇게 여러 나라 친구들이 같이 한국어를 공부하면 재밌는 말도 배울 수 있고 좋은 것 같아요.

(5) 도입과 제시 2 - 평서문의 간접화법

> T: 지에 씨, 요즘 한국어 공부는 어때요?
> S1: 재미있어요. 하지만 어려워요.
> T: 사치카 씨, 지금 지에 씨가 말한 것 들었어요? 뭐라고 했는지 알아요?
> S2: '재미있어요'라고 했어요. 하지만 '어려워요'라고 했어요.
> T: 아, 한국어가 재미있다고 했군요. 하지만 어렵다고 했군요.

T: 그래요. 많은 학생들이 한국어를 배우면 재밌다고 해요. 하지만 어렵다고 해요.
   또 공부할 것이 많다고 해요. 그래서 열심히 공부해야 한다고 해요.
T: 이렇게 다른 사람이 말한 것을 다시 말할 때, 다른 사람한테 들은 말을 말할 때
   '-다고 하다'를 사용해서 말할 수 있어요.

• 형태 제시: '-다/ㄴ/는다고 하다'

예쁘다 - 예쁘다고 하다   많다 - 많다고 하다
가다 - 간다고 하다   먹다 - 먹는다고 하다
놀다 - 논다고 하다

- 간접화법의 종결형이 '해요'와 '했어요'로 쓰일 수 있음을 제시한다.

   - '-다고 해요'는 그 말은 들은 시간이 지금일 때
   - '-다고 했어요'는 그 말을 들은 시간이 과거일 때

⇒ 평서문의 간접화법은 선행 용언의 품사와 시제에 따라서 형태가 다양하므로 형태 변형
   연습을 충분히 하도록 한다.

(6) 연습과 활용

• 응답 연습 - [오늘 날씨]

T: 여러분 혹시 오늘 날씨 본 사람 있어요? 일기예보에서 뭐라고 했어요?
SS: 오늘은 덥다고/춥다고/따뜻하다고/비가 온다고 했어요.

⇒ 학생들 중에서 일기예보를 본 학생이 있으면 본 것을 말해 보게 한다. 일기예보를 본 학생이
   없으면 날씨 검색을 해서 말해 보게 한다.

• 응답 연습 - [오늘 내 친구는]

T: 지에 씨, 오늘 권우 씨는 어때요?
S: 오늘 권우 씨는 예뻐요.
T: 권우 씨, 지에 씨가 권우 씨한테 뭐라고 했어요?
S: 지에 씨가 저한테 예쁘다고 했어요.

- 옆 친구들에게 돌아가며 친구에 대해 이야기하고 그 말은 들은 사람이 간접화법
  으로 다시 말하도록 한다.

- 이때 교사는 의미와 더불어 평서문의 간접화법 형태를 잘 활용하는지 모니터링을 하고 학생들이 형태에 익숙해지도록 지도한다.

- **응답 연습에 이은 제시: '-았/었/였다고 하다'**

> T: 지에 씨, 지난 주말에 뭐 했어요?
> S: 명동에 갔어요. 집에서 쉬었어요.
> T: 여러분, 지에 씨가 지난 주말에 무엇을 했다고 했어요?
> S: '명동에 갔어요'라고 했어요. 명동에 갔다고 했어요.
> T: 맞아요. 지에 씨가 지난 주말에 명동에 갔다고 했어요.

- **형태 제시: '-었/았/였다고 하다'**

> 예쁘다 - 예뻤다고 하다   많다 - 많았다고 하다
> 가다 - 갔다고 하다   먹다 - 먹었다고 하다
> 공부하다 - 공부했다고 하다

- **응답 연습 - [지난 주말에 친구들은?]**

> T: 권우 씨, 지난 주말에 뭐 했어요?
> S: 아르바이트를 했어요.
> T: 아, 그래요? 아르바이트는 어땠어요?
> S: 힘들었어요.
> T: 여러분, 권우 씨가 뭐라고 했어요?
> S: 주말에 아르바이트를 했다고 했어요. 힘들었다고 했어요.

- 반 친구들의 주말 이야기를 묻고 전체가 간접화법을 사용하여 대답한다.
- 옆 친구의 주말 이야기를 묻고 물은 사람이 간접화법으로 대답을 전달한다.

- **응답 연습에 이은 제시: '-(으)ㄹ 거라고 하다'**

> T: 권우 씨는 아르바이트를 해서 힘들었다고 했죠?
> S: 네.
> T: 힘들지만 아르바이트비를 받는 날은 기분이 좋을 거예요.
>   아르바이트비를 받으면 뭐 할 거예요?
> S: 여행을 갈 거예요.

> T: 그래요. 어디에 갈 거예요?
>
> S: 부산에 갈 거예요.
>
> T: 그래요, 부산에서 뭐 먹을 거예요?
>
> S: 돼지국밥을 먹을 거예요.
>
> T: 그렇군요. 여러분, 권우 씨가 아르바이트를 비를 받으면 부산에 갈 거라고 해요. 부산에서 돼지국밥을 먹을 거라고 하네요. 여러분 중에서 부산에 가 보고 싶은 사람이 있으면 권우 씨랑 같이 가 보세요.

• 형태 제시: '-(으)ㄹ 거라고 하다'

가다 - 갈 거라고 하다	먹다 - 먹을 거라고 하다
예쁘다 - 예쁠 거라고 하다	많다 - 많을 거라고 하다
공부하다 - 공부할 거라고 하다	

• 응답 연습 - [방학에 친구들은?]

> T: 이본 씨, 방학에 뭐 할 거예요?
>
> S: 고향에 돌아갈 거예요.
>
> T: 여러분, 이본 씨가 뭐라고 했어요?
>
> S: 방학에 고향에 돌아갈 거라고 했어요.

- 반 친구들의 방학[미래] 이야기를 묻고 전체가 간접화법을 사용하여 대답한다.
- 옆 친구의 방학[미래] 이야기를 묻고 물은 사람이 간접화법으로 대답을 전달한다.

• 형태 통합 연습 - [문장 바꾸기]
- 시제가 다양한 평서문을 간접화법으로 바꾸는 연습한다.

⇒ 교사는 문장의 종결이 과거, 현재, 미래로 끝나는 여러 형태의 문장 카드를 준비한다. 처음에는 '현재 –> 과거 –> 미래' 순으로 문장의 전환 연습을 한 후에 문장 카드를 섞어서 무작위로 나오는 문장을 전환하는 연습을 한다. 간접화법은 형태를 바르게 익히는 것이 중요하므로 여러 문장을 간접화법으로 전환하는 쓰기 숙제를 병행하여 내 주는 것이 좋다.

- 응답 연습 - [한국에 대해서 들은 이야기]

> T: 한국에 오기 전에 한국에 대해서 들은 말이 있어요?
> T: 친구들이나 아는 사람들한테서 들은 이야기가 있어요? 아니면 책이나 인터넷에서 본 이야기도 괜찮아요.

⇒ 학생들이 간접화법을 사용해서 자신이 들은/읽은/본 이야기를 하게 한다.

> T: (학생들의 대답 후에) 여러분은 한국에 대해서 지금은 어떻다고 생각해요?

⇒ 자신의 의견이나 주장을 말할 때 '−다고 생각하다'로 이야기할 수 있음을 알려주고 함께 이야기해 본다.

- 인터뷰하기 - [짝 인터뷰]
- 좋아하는 가수/음식/운동 등에 대해서 묻고 친구의 대답을 간접화법을 사용해서 발표하기

⇒ 의문문의 간접화법까지 배운 후에는 '무엇을 좋아하냐고 물었는데 수영을 좋아한다고 했어요'와 같이 질문에 대해서도 소개하고 응답을 같이 말하는 통합 활동으로 진행할 수 있다.

- 신문이나 뉴스 기사 전달하기
❶ 쉬운 내용(학생들이 관심 있는 분야)의 신문이나 뉴스 기사를 발췌하여 학생들에게 나누어 준다.
- 해당 내용을 간접화법으로 전달하는 활동을 한다.

❷ 시간을 주고 자기 나라의 뉴스를 검색하게 한다.
- 해당 내용을 간접화법으로 전달하는 활동을 한다.

- 포스터나 안내문 보고 전달하기
- 포스터나 안내문을 보고 해당 정보를 전달하는 활동이다.
- 짝활동 - 정보 채우기
           - 안내문 ①, ②를 준비
           - 한 명은 모르는 정보를 간접화법을 통해 질문
           - 한 명은 알고 있는 정보를 간접화법을 통해 대답

사랑의 음악회	사랑의 음악회
일시: 2024년 10월 31일 저녁 7시 - 9시 장소: 잠실 한강 공원 입장료: 무료 ※ 교통이 통제되니 대중교통을 이용하시기 　바랍니다.	일시: 장소: 입장료: ※ 교통이 (　　　　　　　　　　　　)

> 예) S1: 음악회를 언제 한다고 해요?
> 　　S2: 음악회는 다음 달 31일에 한다고 해요.
> 　　S1: 장소는 어디라고 해요?
> 　　S2: 잠실 한강 공원에서 한다고 해요.

⇒ 위와 같이 한 명은 전체 정보가 있는 안내문을 보고 다른 한 명은 정보가 누락되어 있는 안내문을 보면서 서로 대화를 통해 정보를 채우는 활동을 할 수 있다. 교사는 한국어능력시험(TOPIK) 듣기, 읽기, 쓰기 기출문제에 나오는 안내문이나 그래프가 등장하는 문항들을 활용할 수 있다.

2) -자고 하다

> 다카시: 민수 씨, 다음 달 마지막 주말에 시간 돼요?
> 민수: 네, 시간 있는데 왜요?
> 다카시: 아, 유키 씨가 오랜만에 다 같이 놀러 가자고 해서요.
> 민수: 네, 좋지요. 기대되는데요. 어디가 좋을까요?
> 다카시: 요즘 날씨가 좋으니까 캠핑 어때요?
> 민수: 캠핑 좋네요. 모닥불 피워 놓고 밤새 밀린 이야기를 해 봐요.
> 다카시: 그럼, 제가 유키 씨한테 캠핑 가자고 물어볼게요.

(1) 학습목표: '–자고 하다'를 사용하여 다른 사람에게 들은 권유나 제안을 다시 전달할 수 있다.

(2) '–자고 하다'의 의미
　• 동사 뒤에 붙어서 다른 사람에게 들은 권유나 제안을 전달할 때 사용된다.

(3) 도입과 제시

> T: 여러분, 이번 학기가 끝나면 다 같이 축하 파티를 하는 게 어때요?
> SS: 좋아요.
> T: 파티하기에 좋은 곳이 있으면 추천해 주세요.
> S: 찜닭을 먹으러 가요.
> T: ○○ 씨가 찜닭을 먹으러 가자고 하는데 여러분 생각은 어때요?
> SS: 좋아요.
> T: 밥 먹고 또 무엇을 같이 할까요?
> SS: 노래방에 가요. 아이스크림을 먹는 게 어때요?
> T: ○○ 씨가 노래방에 가자고 하네요. ○○ 씨는 아이스크림을 같이 먹자고 하고요.
>   이렇게 다른 사람이 '무엇을 같이 해요'라고 말한 것을 다시 말할 때 '-자고 해요'를
>   써서 말할 수 있어요.
> T: 시험이 끝나고 같이 기분 좋게 파티를 하려면 먼저 공부를 열심히 해야 해요. 우리
>   놀지 말고 열심히 공부합시다.
> T: 제가 지금 뭐라고 했죠?
> S: 열심히 공부하자고 했어요.
> T: 그전에는요?
> SS: 놀지 말자고? '놀지 마세요'라고 했어요.

- **형태 제시: -자고 하다, -지 말자고 하다**
  - 청유형을 전달하는 것이므로 동사에만 쓰일 수 있음을 제시한다.

(4) 연습과 활용

- **형태 연습 [문장 연습]**
  - 청유 표현의 다양한 문장 형태를 간접화법으로 바꾸는 연습

> 같이 밥 먹을까요?
> 커피 마시러 갑시다.
> 같이 노래방에 가는 게 어때요?
> 우리 같이 공부해요.(청유형)

⇒ 청유의 의미를 나타내는 문장의 형태가 다양할 수 있음을 알려준다. '같이 밥 먹을까요?'와
   같이 의문문의 형태로 쓰여도 그 의미가 다른 사람에게 권유나 제안을 하는 경우에는 '-자
   고 하다'를 통해서 전달할 수 있음을 제시하고 다양한 문장 형태를 전환하는 연습을 한다.

• 상황 보고 말하기 - [다음 상황에서 뭐라고 할 거에요?]

- 시험 끝나고 반 친구들한테
- 주말에 심심할 때 친구한테 전화
- 공부가 어려워서 도움이 필요할 때

⇒ 이때 교사는 학생들에게 그 상황[시험 끝난 후 반 친구에게, 심심할 때 전화한 친구에게, 도움을 요청하는 친구에게]에서 직접 말하는 것이 아님을 알려주고 해당 상황에서 뭐라고 할 것인지 교사에게 말해 보도록 한다.

61. 간접화법 2

1) -(으)라고 하다

> 다카시: 민수 씨, 그럼 윤서 씨한테도 오라고 전달해 줄 수 있나요?
> 민수: 네, 물어볼게요. 지윤이랑 같이 오면 좋겠네요.
> 다카시: 캠핑은 지에 씨가 전문이니 좋은 캠핑장을 추천해 달라고 해야겠어요.
> 민수: 네, 지에 씨도 시간 된다고 하면 지에 씨한테 예약해 달라고 해도 괜찮을 것
>   같아요.
> 다카시: 아, 그게 좋겠네요.
> 민수: 다른 사람들한테도 연락해서 다음 달은 미리 일정 조정하라고 해야겠어요.

(1) **학습목표:** '-(으)라고 하다'를 사용하여 다른 사람에게 들은 명령을 다시 전달할 수
  있다.

(2) **'-(으)라고 하다'의 의미:**

  · 동사에 붙어서 다른 사람의 명령이나 의견을 전달할 때 사용된다.

(3) **도입과 제시 1**

> T: 여러분, 어렸을 때 공부 열심히 했어요?
> SS: 네, 아니요.
> T: 그렇군요. 저는 어렸을 때 노는 것을 좋아했는데, 우리 부모님은 저를 보면 이런
>   말씀을 하셨어요. '그만 놀아! 이제 공부해!' 이렇게요.
>   저한테 그만 놀라고 자주 하셨어요. 그리고 공부하라고 하셨어요.
> T: 여러분도 이렇게 부모님한테 저처럼 들은 말이 있어요?
> SS: 집에 빨리 오세요. 공부하세요. 밤에 놀지 마세요.
> T: 아, 집에 빨리 오라고 하셨군요. 우리 부모님처럼 공부하라고 하셨어요.
>   그리고 밤에는 놀지 말라고 하셨어요.
> T: 이렇게 우리가 다른 사람에게 '~세요. ~하세요'라고 들은 말을 다시 말할 때
>   '-(으)라고'를 써서 말할 수 있어요.

  · 형태 제시: -(으)라고 하다, -지 말라고 하다

(4) **연습과 활용**

- **형태 연습 - [문장 만들기]**

- 명령형의 문장을 간접화법 형태로 바꾸기

  열심히 공부하세요.

  열심히 공부해야 해요.

  ⇒ '열심히 공부해야 해요'를 '열심히 공부해야 한다고 해요'로도 바꿀 수 있지만 내포되는
  의미가 명령을 나타낼 수 있으므로 이러한 문장들은 '열심히 공부하라고 해요'로 바꿀 수
  있음을 알려 준다.

- **응답 연습**

> T: 선생님이 학생들에게 무엇을 하라고 할까요? 어떤 말을 많이 해요?
>
> T: 부모님은 자기 딸, 아들한테 무엇을 하라고 할까요? 어떻게 하라고 할까요?
>   어떤 말을 많이 해요?
>
> T: 여러분이 고향의 가족, 친구하고 전화할 때 가족이나 친구들이 여러분한테 무엇을
>   하라고, 어떻게 하라고 해요?
>
> T: 선생님이 학생들에게 무엇을 하지 말라고 할까요? 어떤 말을 많이 해요?
>
> T: 부모님은 자기 아들, 딸한테 무엇을 하지 말라고 할까요? 어떤 말을 많이 해요?

(5) **도입과 제시 2 [주라고 하다, 달라고 하다]**

> T: 지에 씨, 저 잠깐 펜 좀 주세요.
>
> S: 네, 여기요.
>
> T: 여러분, 지금 제가 지에 씨한테 뭐라고 했어요?
>
> S: 펜을 주세요, 펜을 주라고? 펜을 달라고.
>
> T: 맞아요. 저는 지에 씨한테 펜을 달라고 했어요.
>   제가 말했어요. 그리고 지에 씨가 저한테 펜을 줬어요.
>
> T: 그럼 이번에는, 지에 씨, 펜을 이본 씨한테 주세요.
>
> S: 네, 여기요.
>
> T: 여러분, 지금 제가 지에 씨한테 뭐라고 했어요?
>
> S: 이본 씨한테 펜을 주라고? 달라고?
>
> T: 지에 씨한테 펜을 이본 씨한테 주라고 했어요.
>   제가 말했어요. 이본 씨한테 주세요. 지에 씨가 이본 씨한테 펜을 줬어요.

- 형태 제시: 달라고 하다, 주라고 하다
- 도식이나 그림을 통해 설명할 수 있다.

 지에 씨, 펜을 주세요.	선생님한테 달라고 했어요.
 지에 씨, 펜을 이본 씨한테 주세요.	이본 씨한테 주라고 했어요.

- 형태 연습 - [문장 만들기]
- 받는 대상에 따라 다른 문장 형태를 연습한다.
- 에릭: "저 좀 도와 주세요"

> 에릭 씨가 (자기)를 도와 달라고 했어요.

⇒ 학생들이 위의 문장을 '에릭 씨가 저를 도와 달라고 했어요'와 같이 말하는 경우들이 있다. 간접화법에서 '저'는 '자기'로 재귀대명사로 바꿔 써야 함을 함께 제시해 주어야 한다.

> ㄱ. 선생님: "지에 씨, 이본 씨한테 이 책을 주세요"
>   선생님이 지에 씨한테 이본 씨에게 이 책을 주라고 했어요.
>
> ㄴ. 선생님: "지에 씨, 이본 씨한테 이 책을 전해 주세요"
>   선생님이 지에 씨한테 이본 씨에게 이 책을 전해 주라고 했어요.
>   선생님이 지에 씨한테 이본 씨에게 이 책을 전해 달라고 했어요.

⇒ 위의 문장은 '전해 주라고'와 '전해 달라고'가 모두 가능하다. 그러나 그 의미를 살펴보면 차이가 있는데 '전해 주라고'는 책을 받는 대상에 초점을 맞추어 이본에게 책이 가기 때문에 '전해 주라고'를 사용하는 것이다. '전해 달라고'는 책을 전해 주는 행위가 선생님에게 도움이 되는 행위이기 때문에 도움이 방향이 선생님을 향하게 되어 '전해 달라고'가 가능한 것이다.

• 부탁하기 1

> T: 지에 씨, 이따가 수업 끝나면 칠판을 지워 주세요.
> S: 네.
> T: 여러분, 제가 지에 씨한테 뭐라고 했어요?
> S: 수업이 끝나면 칠판을 지워 달라고 했어요.
> T: 맞아요. 이제 옆 사람에게 부탁을 한 개씩 해 볼까요?

- 돌아가며 옆 사람에게 부탁을 한다.
- 부탁을 받은 사람은 어떤 부탁을 받았는지 간접화법을 활용하여 말하게 한다.

• 부탁하기 2

인물을 설정하여 해당 인물한테 부탁하는 글을 쓰게 한다.

[선생님, 대통령, 의사, 내가 좋아하는 가수, 군인, 하숙집 아줌마, 룸메이트]

- 자신이 받은 종이에 써 있는 인물에 대해 부탁하는 내용 3-5 가지를 쓰게 한다.
- 학생들이 쓴 것을 모두 모은 후에 무작위로 학생들에게 다시 나누어 준다. 그리고 학생들은 거기에 써 있는 내용을 간접화법으로 말하게 한다.

2) -(으)냐고/느냐고 하다

> 민수: 다카시 씨, 유키 씨하고는 통화해 봤어요?
> 다카시: 네, 유키 씨도 캠핑 가는 것 좋다고 했어요.
> 　　　　기대가 되는지 이것저것 물어보더라고요.
> 민수: 그래요? 뭘 물어봤는데요?
> 다카시: 누구누구 오느냐고 물어보더라고요. 자기가 뭘 준비하면 되느냐고 했어요.
> 　　　　그래서 준비는 우리가 한다고 하니까 고기는 뭘 먹느냐고,
> 　　　　캠핑장 경치는 좋으냐고 하고... 다 기억도 안 나네요.
> 민수: 하하하, 진짜 기대되나 봐요.

(1) 학습목표: '-(으)냐고/느냐고 하다'를 사용하여 다른 사람에게 들은 질문을 다시
　　　　　　 전달할 수 있다.

(2) '-(으)냐고/느냐고 하다'의 의미:

- 동사나 형용사 뒤에 붙어서 다른 사람에게 하는 질문을 전달할 때 사용된다.
- 누군가 한 질문 내용을 인용하거나 전달할 때 쓴다. 뒤에는 주로 '묻다, 질문하다, 하다, 말하다' 등이 쓰인다.
  - 말할 때는 '-(으)냐고/느냐고'를 '-냐고'로 쓰기도 한다.

(3) 도입과 제시

> T: 여러분, 제가 대학생 때 미국에 간 적이 있는데요. 그때 미국 사람들이 저한테 제일 많이 물어본 말이 무엇이었을까요?
> S: 어느 나라 사람이에요?
> T: 비슷해요. 처음에는 저한테 일본사람이냐고 했어요. 제가 아니라고 하니까 그러면 중국 사람이냐고 했어요. 다시 아니라고 하니까 그러면 어느 나라에서 왔냐고 했어요. 조금 마음이 아팠지만 한국 사람이라고, 한국에서 왔다고 대답해 주었어요.
> T: 여러분도 한국에 와서 한국 사람한테 질문을 많이 받죠? 어떤 질문을 받아요?
> SS: 어느 나라 사람이에요?, 어디에서 왔어요?, 몇 살이에요? 한국 음식 무엇을 좋아해요? 남자/여자 친구 있어요?
> T: 그렇군요. 어느 나라 사람이냐는 질문을 많이 받는군요. 남자/여자 친구 있냐는 말도 많이 물어보는 것 같아요. 한국 사람들은 나이를 많이 생각하니까 나이가 몇 살이냐는 질문도 많이 하는 것 같아요.
> T: 이렇게 우리가 다른 사람에게 질문은 받은 것을 다시 말할 때 '-냐고 하다'를 써서 말할 수 있어요.

- 형태 제시: -(으)냐/느냐고 하다

예쁘다 - 예쁘냐고 하다	많다 - 많으냐고 하다	덥다 - 더우냐고 하다
가다 - 가느냐고 하다	먹다 - 먹느냐고 하다	공부하다 - 공부하느냐고 하다

- 몇 살 - 몇 살이냐고 하다   어느 나라 사람 - 어느 나라 사람이냐고 하다
  - '-(으)/느냐고'는 말할 때 '-냐고'의 형태로 주로 쓰임을 제시

(4) 연습과 활용

- 형태 연습 - [문장 만들기]
  - 의문형의 문장을 간접화법 형태로 바꾸기
  - 시제에 따라 여러 형태를 연습

예) 어디에 가요? - 어디에 가느냐고 해요/어디에 가냐고 해요
　　어디에 갔어요? - 어디에 갔느냐고 해요/어디에 갔냐고 해요
　　어디에 갈 거예요? - 어디에 갈 거냐고 해요

⇒ 의문문을 간접화법으로 바꿔 말하는 경우에도 시제에 따라 형태들이 다르기 때문에 형태 변형 연습을 충분히 하는 것이 좋다.

• 응답 연습

> T: 제가 여러분한테 보통 때 많이 하는 질문은 뭐예요?
> SS: 아침을 먹었냐고 하세요. 숙제 다 했냐고 해요. 주말에 뭐 했냐고 해요.
> T: 선생님들이 많이 물어보는 질문은 뭐가 있어요?
> T: 여러분의 고향 친구들이 여러분한테 많이 물어보는 건 뭐예요?
> T: 부모님이 많이 물어보시는 건 뭐예요?
> T: 한국에 처음 왔을 때 한국 사람들이 많이 물어본 것은 뭐예요?
> T: 여러분 한국 친구/다른 나라 친구가 여러분한테 많이 물어보는 것은 뭐예요?

⇒ 의문문의 간접화법을 배우는 단계는 평서문의 간접화법을 배운 후이므로 다른 사람에게 들었던 질문이 무엇이었는지 간접화법으로 말하게 하고 그에 대한 대답은 어떻게 했는지를 물어서 평서문의 간접화법 전환하기도 함께 연습할 수 있다.

• 질문 만들기

> T: 여러분이 기자가 되어서 유명한 사람을 인터뷰할 거예요.
> 　 질문을 만들어 봅시다.

- 인터뷰하고 싶은 유명인을 정하도록 한다.
- 그 인물에 대한 질문을 3-5개 쓰도록 한다.
- 자기가 쓴 질문을 간접화법으로 발표해 본다.

• 인터뷰하기 - [유명인과 기자]
- 짝활동
- 2명이 각각 유명인과 기자를 번갈아 한다.
- 이전 활동에서 작성한 질문을 사용해서 실제 인터뷰를 하고 대답을 적는다.
- 자신이 물어본 질문과 들은 대답을 간접화법 의문형과 평서형을 사용하여 발표 한다.

(5) 간접화법 총복습

- **형태 연습 - 문장 연습**
  - 평서형, 청유형, 명령형, 의문형의 문장을 준비한다.
  - 각 문장 형태에 따라 순서대로 한 번씩 확인을 한 후에 전체 문장을 섞어서 무작위로 제시하고 간접화법 형태로 바꾸는 연습을 한다.
  - 조금씩 말하는 속도를 높여가며 빨리 바꿔 말하기로 진행할 수도 있다.

- **간접화법 총복습 [엽서/편지 쓰기]**
  - 고향에 있는 친구, 반 친구, 선생님, 부모님 등에게 편지 또는 엽서를 쓰게 한다.
  - 여러 문장 형태가 들어 있는 예시를 제시한다.
  - 학생들의 쓰기에서 여러 문장 형태가 있으면 좋으나 특별히 제한을 둘 필요는 없다.
  - 쓴 편지의 내용을 간접화법을 통해 발표하도록 한다.

62. 간접화법의 축약

1) '-대', '-냬'

> 지미: 민수야, 내가 요즘 달라 보여?
> 민수: 응? 그게 무슨 말이야? 갑자기 왜?
> 지미: 아니, 내 친구들이 자꾸 무슨 일 있냬서... 내 표정이 달라 보인대.
> 민수: 글쎄... 그렇게 말하니까 그런 것 같기도 하고
> 지미: 그러면서 자꾸 결혼할 사람 생겼냬.
> 민수: 친구들이 어떻게 알았지? 다음에 만나면 나랑 결혼한다고 말해.
> 지미: 뭐? 누가 너랑 결혼한대? 말도 안 되는 소리 하지 마.

(1) **학습목표:** 간접화법의 축약형 '–대', '–냬'를 사용하여 다른 사람에게 들은 말, 질문을 다시 전달할 수 있다.

(2) **'–대, –냬'의 의미:**

- '-대'는 '-다고 했어', '-냬'는 '-냐고 했어'의 줄임 표현으로 다른 사람에게서 들은 말을 전달할 때 사용된다.
  - 특정 사람에게 들은 말일 수도 있고 불특정의 일반인들이 하거나 알고 있는 사실을 인용하여 말할 때도 쓴다.

(3) **도입과 제시**

> T: [사회, 생활, 연예, 흥미를 끌 수 있는 기사 내용 준비]
>   어제 신문을 봤는데 정말 재미있는 기사가 있었어요.
> S: 뭐예요?
> T: 배우 OO하고 가수 OO하고 서로 사귄다고 해요.
> S: 정말요?
> T: 네, 진짜 사귄대요.
> T: 그리고 어제 또 재미있는 말을 들었어요.
> S: 네? 어떤 말이요.
> T: 오랜만에 길에서 아는 사람을 만났는데요. 저한테 언제 결혼할 거냐고 했어요.
>   그러면서 저한테 사귀는 사람이 있냬요. 없으면 소개시켜 준대요.
> S: 선생님은 뭐라고 했어요?
> T: 네, 결혼했다고 했어요. 그리고 저도 그 사람한테 결혼했냐고 물어봤는데 자기는

결혼했대요. 이렇게 우리가 '-다고 했어요', '-냐고 했어요'를 줄여서 말할 때 '-대요', '-내요'처럼 말할 수 있어요. 보통 친한 사이에서 많이 써요. 그리고 다른 사람에게 들은 소문이나 재밌는 말을 이야기할 때 많이 사용해요.

• 형태 제시: '-대/ㄴ/는대요'

가다 - 간대요	먹다 - 먹는대요	공부하다 - 공부한대요
예쁘다 - 예쁘대요	많다 - 많대요	
선생님 - 선생님이래요	가수 - 가수래요	

- N은 '(이)래요'로 쓰임을 제시한다.
- 화자의 발화 시간에 따라 '-대요', '-댔어요'로 쓰일 수 있음을 제시

⇒ 교사는 간접화법의 기본형에서 어떻게 축약이 되는지를 보여주는 것이 좋다. '가요 – 간다고 해요 – 간대요'와 같이 줄임의 과정을 보여 준다. 줄어드는 부분을 색을 달리해서 줄임의 형식을 보여 준다.

• 형태 제시: '-내요'

가다 - 가내요	먹다 - 먹내요	공부하다 - 공부하내요
예쁘다 - 예쁘내요	많다 - 많내요	
선생님 - 선생님이내요	가수 - 가수내요	

- N은 '(이)내요'로 쓰임을 제시한다.
- '-내'의 경우 철자 오류가 많으므로 주의할 것을 제시한다.
- 쓰기에서 '-내요?'와 같이 쓰지 않도록 제시한다.

⇒ '-내요'의 경우 다른 간접화법의 축약과 달리 이중모음이 있어서 쓰기 오류가 많이 생긴다. 따라서 이에 주의하도록 지도한다. 그리고 학생들이 질문을 옮긴 것이라 생각해서 문장 부호로 '?'를 쓰는 경우가 많은데 질문을 간접화법을 바꾼 후에 '?'를 쓰지 말 것을 강조해서 알려 주어야 한다.

(4) 연습과 활용

• 형태 연습 - 문장 연습

- 평서형, 의문형의 문장을 통해 축약형 연습

⇒ 먼저 간접화법으로 바꾸고 그 후에 간접화법 축약형으로 바꾸는 연습을 몇 번 한 후에 바로 간접화법 축약형으로 바꾸는 연습으로 진행할 수 있다.

• 신문이나 뉴스 기사 전달하기

❶ 쉬운 내용의 신문이나 뉴스 기사를 발췌하여 학생들에게 나누어 준다.

- 해당 내용을 간접화법 축약형으로 전달하기
- 이때 대화 상황은 커피숍에서 가볍게 이야기하는 분위기로 진행한다.

❷ 시간을 주고 자기 나라의 뉴스를 검색하게 한다.

- 해당 내용을 간접화법으로 전달하기

• 인터뷰하기 – [짝 인터뷰]

- 좋아하는 가수/음식/운동에 대해서 묻고 대답하기를 진행한다.
- 질문을 들은 사람은 어떤 질문을 들었는지 간접화법 축약형으로 발표한다.
- 질문에 대한 답을 간접화법 축약형으로 발표한다.

• 간접화법에서 사용한 다양한 연습을 활용하여 축약형으로 연습

2) '-래', '-재'

> 미키: 윤서 씨, 민수 씨랑 지미 씨랑 결혼한대요.
> 윤서: 정말이요? 둘이 그냥 친구 아니었어요?
> 미키: 제 말이요. 그런데 민수 씨가 예전부터 지미 씨를 많이 좋아했었대요.
> 윤서: 그랬군요. 오래 알던 사이니까 잘 됐네요. 축하할 일이네요.
> 미키: 네. 그래서 다카시가 다 같이 축하 파티를 하재요. 두 사람 이야기도 좀 듣고요.
>   윤서 씨 시간이 언제 괜찮은지 저보고 물어보래서 전화했어요.
> 윤서: 저는 평일은 어렵고 주말이면 괜찮을 것 같아요.
> 미키: 네, 그럼 주말로 한번 추진해 볼게요.
>   참! 파티 이야기는 두 사람한테는 아직 하지 말래요.

(1) 학습목표: 간접화법의 축약형 '−래', '−재'를 사용하여 다른 사람에게 들은 명령, 제안을 다시 전달할 수 있다.

(2) '−래', '−재'의 의미:

- '−래'는 '−라고 했어', '−재'는 '−자고 했어'의 줄임 표현으로 다른 사람에게서 들은 말을 전달할 때 사용된다.

- 친구 관계나 친한 사이에서 일반적으로 쓴다.

(3) 도입과 제시

> T: 여러분 언제가 시험이죠? 시험이 끝나면 다 같이 뒤풀이를 하는 게 어때요? 어디에
>   가면 좋을까요?
> SS: 삼겹살 먹으러 가요. 노래방에 가요.
> T: 여러분, OO 씨가 뭐라고 해요?
> SS: 삼겹살 먹으러 가자고 해요. 노래방에 가자고 해요.
> T: 맞아요. OO 씨가 삼겹살 먹으러 가재요. OO 씨는 노래방에 가재요.
>   이렇게 '-자고 하다'는 줄여서 '-재요'로 말할 수 있어요.
> T: 파티를 기분 좋게 하려면 먼저 시험을 잘 봐야겠죠? 열심히 공부하세요. 여러분 지금
>   제가 뭐라고 했어요?
> S: 열심히 공부하라고 했어요.
> T: 맞아요. 제가 여러분한테 열심히 공부하라고 했어요. 열심히 공부하랬어요. 이렇게
>   '-라고 하다'는 '-랬요'로 줄여서 말할 수 있어요.

- 형태 제시: '-(으)래요'

가다 - 가래요	먹다 - 먹으래요	공부하다 - 공부하래요

- 명령형이므로 동사와만 결합함을 제시한다.
- '가세요 - 가라고 해요 - 가래요'와 같이 줄임의 과정을 보여 주는 것이 좋다.

- 형태 제시: '-재요'

가다 - 가재요	먹다 - 먹재요	공부하다 - 공부하재요

- 청유형이므로 동사와만 결합함을 제시한다.
- '가요 - 가자고 해요 - 가재요'와 같이 줄임의 과정을 보여 주는 것이 좋다.

(4) 연습과 활용
- 형태 연습 - 문장 연습
- 명령형, 청유형의 문장을 통해 축약형 연습
  ⇒ 먼저 간접화법으로 바꾸고 그 후에 간접화법 축약형으로 바꾸는 연습을 몇 번 한 후에
     바로 간접화법 축약형으로 바꾸는 연습으로 진행할 수 있다.

- 제안하기 - 제안 내용 전달하기

> T: 지에 씨, 시험 끝나고 우리 반 같이 파티할까요?
>   지에 씨, 제가 한 말을 권우 씨한테 전달해 주세요.
> S: 권우 씨, 선생님이 시험 끝나고 우리 반 같이 파티하재요.
> T: 이렇게 옆 사람에게 제안해 보세요.

- 돌아가면서 제안을 하면 제안을 받은 사람은 옆 사람에게 그 말을 간접화법 축약형을 써서 전달한다.
- 전달을 한 후 그에 대한 적절한 반응을 통해 3인의 대화로 이어갈 수 있도록 유도한다.

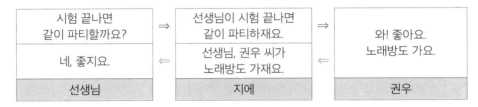

- 위와 같이 3명씩 팀을 짜서 중간에 말을 전달하는 사람을 두고 말을 계속 이어가는 식으로 진행할 수 있다.

• 응답 연습

> T: 여러분, 부모님께서 여러분한테 무엇을 하래요? 어떻게 하래요? 무엇을 하지 말래요?
> T: 고향의 친구하고 전화할 때 친구들이 여러분한테 무엇을 하래요? 어떻게 지내래요?

⇒ '—래요'와 '—지 말래요'를 모두 연습할 수 있도록 문장을 구성해야 한다.

• 부탁하기

> T: 권우 씨, 지에 씨한테 제 말 좀 전해 줄 수 있어요.
> S: 네.
> T: 이따가 수업 후에 저 좀 도와 달라고 전해 주세요.
> S: 지에 씨, 선생님이 수업 후에 선생님도 도와 달래요.

- 돌아가며 다른 사람에게 대한 부탁을 전달하게 한다.
- 부탁을 받은 사람은 어떤 부탁을 받았는지 간접화법을 축약형을 활용하여 말하게 한다.

⇒ '주라고 하다, 달라고 하다'에서 학습했던 내용을 다시 주지시켜 '주래요'와 '달래요'를 바르게 사용할 수 있는지에 초점을 맞추어 지도한다.

- **간접화법에서 사용한 다양한 연습을 활용하여 간접화법 축약형으로 연습**

(5) 간접화법 축약형 총복습

- **형태 연습 - 문장 연습**
  - 평서형, 청유형, 명령형, 의문형의 문장을 준비한다.
  - 각 문장 형태에 따라 순서대로 한 번씩 확인을 한 후에 전체 문장을 섞어서 무작위로 제시하고 간접화법 형태로 바꾸는 연습을 한다.
  - 조금씩 말하는 속도를 높여가며 빨리 바꿔 말하기로 진행할 수도 있다.

- **간접화법 총복습 [엽서/편지 쓰기]**
  - 여러 문장 형태가 들어 있는 엽서 또는 편지의 예시를 제시한다.
  - 고향에 있는 친구, 반 친구, 선생님, 부모님 등에게 편지 또는 엽서를 쓰게 한다.
  - 학생들의 쓰기에서 여러 문장 형태가 있으면 좋으나 특별히 제한을 둘 필요는 없다.
  - 다 쓴 후에는 옆에 있는 학생에게 전달한다.
  - 전달받은 학생은 받은 편지의 내용을 간접화법 축약형을 사용해 발표하도록 한다.
    ⇒ 이때 '해요'체를 사용해서 발표를 하게 할 수 있고 반말을 사용해서 발표를 하게 할 수도 있다. 그리고 발표할 때 '저', '나'와 같은 대명사는 재귀대명사 '자기'로 바꾸거나 편지를 쓴 사람의 이름으로 바꾸어 말할 것을 알려주어야 한다.

63. 간접화법과 결합 문형들

1) -다니까

> 윤서: 둘이 결혼한다니 정말 기뻐요. 둘이 참 잘 어울린다고 생각했거든요.
> 지미: 정말이요? 고마워요.
> 미키: 갑자기 결혼한다니까 처음에는 믿을 수가 없었어요.
> 지미: 미리 말 못해서 미안해요.
> 윤서: 민수 씨가 오랫동안 좋아했다면서요.
>   그렇게 오래 한 사람만 좋아했다니 민수 씨 대단하네요.
> 지미: 저도 몰랐는데 민수가 그렇게 말해 주니까 참 고맙더라고요.
>   저 프랑스에 있는 동안에도 기다렸다니까 이 사람이구나 싶었어요.

(1) 학습목표: '−다니까'를 사용하여 들은 말을 근거로 자신의 감정이나 생각을 표현할
    수 있다.

(2) '−다니까'의 의미

 • '-다니까'는 '-다고 하다'와 '-(으)니까'가 결합된 표현으로 들은 말을 근거로 자신의 감정
 이나 생각을 표현할 때 사용된다.

(3) 도입과 제시

> T: 여러분, 한국어를 공부한 지 얼마나 됐지요?
> SS: 6개월이요. 1년이요.
> T: 그래요. 우리가 지금은 3급, 한국어 중급을 공부하고 있잖아요. 3급, 한국어 중급
>   공부는 어때요?
> S: 괜찮아요. 재미있어요. 어려워요.
> T: 여러분이 괜찮다니까 다행이네요. 한국어가 재미있다니까 가르치는 제가 기분이
>   좋네요. OO 씨는 어렵다니까 제가 더 쉽게 잘 가르쳐야겠어요.
> T: 이렇게 여러분의 말을 들으니까 그것 때문에 제가 어떤 생각이 났어요. 이렇게
>   다른 사람의 말을 듣고 그것 때문에 어떤 느낌이 들 때, 그 말을 듣고 그것 때문에
>   생긴 기분을 말할 때 '-다니까'를 써서 말할 수 있어요.

 • 형태 제시 – '-다/자/냐/라니까'
 - '-다니까'를 기본으로 형태를 제시한다.

- 간접화법의 다른 형태들도 확인 차원에서 제시한다.
- '-다/자/냐/라'니까 후행절에는 주로 감정/기분을 말하는 말이 옴을 제시한다.

(4) 연습과 활용

• 문장 연습 - 선행절 만들기 1

- 후행절의 주로 오는 감정을 나타내는 말들을 제시한다.

> [기분이 좋다 / 기분이 나쁘다 / 부럽다 / 대단하다 / 짜증이 나다 / 마음이 아프다 /
> 믿을 수 없다 / 불쌍하다 / 부끄럽다 / 화가 나다 / 놀랍다 / 행복하다]

- 어떤 말을 듣고 감점 표현의 말을 하는지 선행절을 목표 문형을 사용해서 만들어 본다.

• 문장 연습 - 선행절 만들기 2

> ~~~ 어/아/야겠어요.
> ~~~ 고 싶어요.

- 기본적으로 쓰이는 감정표현 외에도 희망, 의지 등을 표현하는 내용이 후행절에 올 수 있음을 제시하고 다양한 문장을 만들어 보게 한다.

• 응답 연습

> T: 여러분 이번 시험은 어렵대요.
> T: 우리 반 지에 씨가 다음 주에 고향에 돌아간대요.
> T: 이본 씨가 내일 생일이라서 한턱낼 거래요.
> T: 사치카 씨가 방학 때 같이 놀러 가재요.

- 여러 간접화법 형태의 문장을 준비하여 그것을 듣고 학생들의 반응을 말하게 한다.

• 추천하기

- 학생들에게 서울/한국에서 맛집, 유명한 관광지, 가 볼 만한 장소 등을 추천하게 한다.
- 추천하는 장소의 특징, 추천하는 이유를 쓰게 한다.
- 학생들이 저마다 추천하는 장소에 대해 듣고 '-다니까' 사용하여 그에 대한 생각과 느낌을 말하게 한다.

2) -대서

> 윤서: 지미 씨는 민수 씨 또 어디가 마음에 들었어요?
> 지미: 사실, 주변에 사람들이 민수 씨가 괜찮대서 조금 관심이 있긴 했어요.
> 미키: 와! 정말요?
> 지미: 일을 같이 해 보면 좋을 거래서 같이 프로젝트를 하기도 했는데요.
> 윤서: 네, 그래서요?
> 지미: 사람들이 왜 칭찬을 하는지 알겠더라고요.
>   자기 일도 열심히 하고 또 남을 배려하는 모습이 참 좋아 보였는데... 만나고 보니 정말 그렇더라고요.

(1) **학습 목표: '−대서'를 사용하여 들은 말은 근거로 자신의 행위에 대해 말할 수 있다.**

(2) **'−대서'의 의미**

- '-대서'는 '-다고 하다'와 '-아/어/여서'가 결합한 표현으로 어떤 말을 듣고 그것이 이유가 되어 어떤 행위를 하게 됨을 나타낸다.
  - 어떤 말을 듣고 그에 대한 느낌이 어떠하다는 것을 나타낼 때도 쓰인다.
    ⇒ '−다니까'를 학습하고 '−대서'를 학습하게 되는 경우 느낌에 대한 것은 '−다니까'를 통해 나타내고 행위에 대한 것은 '−대서'를 통해 나타내도록 기능을 나누어 제시하는 것이 좋다.

(3) **도입과 제시**

> T: 여러분, 한국어 공부가 재밌어요?
> S: 네, 재밌어요.
> T: 한국에서 한국어를 가르치는 학교가 많잖아요. 그런데 여러분이 우리 학교를 선택한 이유가 있나요? 선택하기 전에 우리 학교에 대해서 들은 말이 있나요?
> S: 고향에 있는 선생님이 우리 학교가 좋다고 했어요. 우리 학교에 가라고 했어요.
> T: 아, OO 씨는 고향에 있는 선생님이 우리 학교가 좋대서 여기를 선택했군요.
>   고향 선생님이 우리 학교에 가래서 여기에 왔군요. 잘 왔어요.
> T: 저는 대학교 때는 한국어 선생님이 될 줄 몰랐어요.
>   그런데 제 선배가 한국어 선생님이 괜찮다고 했어요. 좋은 직업이라고 했어요.
>   그래서 한국어 선생님이 되기로 했어요.
>   제 선배가 한국어 선생님이 좋은 직업이래서 한국어 선생님을 하기로 했어요.
> T: 이렇게, 다른 사람한테서 듣거나 책이나 인터넷을 통해 알게 된 것 때문에 우리가 어떤 행동을 해요. 그럴 때 '-대서'를 써서 말할 수 있어요.
>   예전에 내가 한 행동, 지금, 그리고 미래에 내가 할 행동에 대해서도 말할 수 있어요.

- 형태 제시 – '-대/재/내/래서'
  - '-대서'를 기본으로 형태로 제시한다.
  - 간접화법의 다른 형태들도 확인 차원에서 제시하고 예문을 확인한다.
  - '-대/재/내/래서' 후행절에는 주로 행동이 옴을 제시한다.
  - '-대/재/내/래서' 후행절에는 명령, 청유 형태가 올 수 없음을 제시한다.

여기서 잠깐 ✋ | '-대서'의 의미

다른 사람의 말이나 어떤 사실을 듣고 그래서 다음 행위를 한다거나 들은 느낌이 어떠하다는 것 등을 나타낸다.

* 교수 현장 – '-대서'의 의미
1) '-대서' 뒤에 행위가 옴:
   철수가 다음 주에 고향에 간대서 이번 주말에 만날 거예요.

2) '-대서' 뒤에 느낌이 옴:
   철수가 다음 주에 고향에 간대서 슬퍼요.
   ⇒ 2)의 의미를 1)과 같이 제시하면 학생들이 혼란을 느낀다.
      2)의 쓰임은 '-다니까'를 통해 제시된다.

   철수가 다음 주에 고향에 간다니 슬퍼요.
   ⇒ '-다니까' 뒤에 기분을 나타내는 말, '-대서' 뒤에 행동을 나타내는 말로 제시한다.

---

(4) 연습과 활용

- 응답 연습 – [이유 말하기]

T: 왜, 우리 학교를 선택했어요?
T: 친구 추천으로 한국에서 가 본 곳이 있어요?
T: 친구가 추천해서 한국에서 먹은 음식은 뭐예요?
T: 부모님의 말을 듣고 한 일은 뭐예요?
T: 부모님이 하지 말라고 해서 안 한 일이 있어요?

- 길게 말하기 - [귀가 얇은 사람]

> T: 제가 지난주에 백화점에 갔어요. 빨간색 운동화를 사고 싶었어요. 운동화를 보고
> 있는데 직원이 계속 새로 나온 제품을 소개해 줬어요. 사고 싶은 생각이 없었는데
> 직원이 계속 좋은 운동화래서 한번 신어 봤어요. 제가 신으니까 직원이 저한테 너무
> 잘 어울린댔어요. 빨간 운동화보다 그 신발이 더 좋대서 그냥 사 버렸어요. 그런데
> 집에 와서 생각해 보니까 너무 비싼 신발을 산 것 같아서 후회가 됐어요.

- 교사가 예시를 보여 주고[활동지 준비] 학생들이 다른 사람 말을 듣고 한 일에
  대해서 쓰고 발표하게 한다.
- '-대/재/냬/래서' 했는데 후회가 된 일
- '-대/재/냬/래서' 했는데 하기를 잘했다고 생각하는 일

3) -다고 해 놓고

> 민수: 정말 모두 오랜만이에요.
>   졸업해도 자주 연락한다고 해 놓고 제가 연락을 잘 못 했네요. 미안해요.
> 윤서: 아니에요. 자주 만나자고 해 놓고 바쁘다는 핑계로 저도 연락을 못했는걸요.
> 미키: 이렇게 모두 모였으니까 괜찮아요. 그런데 다카시 씨는 왜 아직 안 오지요?
>   자기가 제일 먼저 와 있겠다고 해 놓고 제일 늦네요.
> 다카시: 아, 늦어서 미안해요. 차가 막혀서...
> 지미: 그런데, 오늘 왜 갑자기 모이라고 한 거예요?
> 냔냔: 그거야, 두 분의 결혼을 축하하기 위해서지요. 자, 하나, 둘, 셋!
>   결혼 축하해요.

(1) 학습목표: '−다고 해 놓고'를 사용하여 어떤 약속을 한 후에 지키지 못한 일에 대해
            말할 수 있다.

(2) '−다고 해 놓고'의 의미

- '-다고 해 놓고'는 '-다고 하다'와 '-아/어/여 놓다'가 결합된 표현으로 어떤 말/약속을 한
  후에 일어나는 일에 대해 말할 때 사용한다.

(3) 도입과 제시

> T: 여러분, 우리는 살면서 약속을 하죠. 여러분은 약속을 잘 지키는 편이에요?

SS: 네, 잘 지켜요. 아니요.

T: 우리가 약속을 다른 사람하고 하기도 하지만 자기하고도 약속을 하잖아요.
　　여러분은 자기하고 한 약속은 잘 지켜요?

SS: 네. 아니요.

T: 그렇군요. 제가 올해 1월 1일에 올해는 열심히 살겠다고 저하고 약속했거든요.
　　그러면서 몇 개 나하고의 약속을 적어 봤어요.

T: 제가 한 번 읽어 볼게요

　　1. 하루에 30분씩 매일 운동을 한다.
　　2. 한 달에 한 권 책을 읽는다.
　　3. 외국어 공부를 시작한다.
　　4. 가족들과 여행을 간다.
　　5. 핸드폰을 보는 시간을 줄인다.

T: 자, 나하고 한 약속 중에서 저는 몇 개를 지켰을까요?

SS: 2개요. 1개요. 0개요.

T: 저는 이 중에서 한 개만 약속을 지켰어요. 하루에 30분씩 매일 운동한다고 해 놓고
　　운동을 하지 않았어요. 한 달에 한 권 책을 읽을 거라고 해 놓고 지금까지 한 권도
　　못 읽었어요. 외국어 공부를 시작하겠다고 해 놓고 못했어요. 핸드폰을 보는 시간
　　을 줄이겠다고 해 놓고 요즘도 많이 보고 있어요.

T: 이렇게 여러분 나한테, 또는 다른 사람한테 '이렇게 할 거예요. 이렇게 해요. 이런
　　약속을 해 놓고 지키지 못할 때가 있죠?' 그럴 때 우리는 '-다고 해 놓고 못 했다,
　　-다고 해 놓고 안 했다' 이렇게 말할 수 있어요.

• **형태 제시 – '-다/자/냐라고 해 놓고'**

- '-다고 해 놓고'를 기본으로 형태 제시
- 간접화법의 다른 형태들과 결합한 형태도 예문과 함께 제시한다.
- '-다/자/냐라고 해 놓고' 후행절에는 하지 못 한 일, 안 한 일, 다르게 한 일들이
　올을 제시한다.
- 자신의 이야기, 다른 사람의 이야기에 쓸 수 있으나 이때 선행절과 후행절의 주어
　가 일치해야 함을 제시한다.

> ㄱ. 한 달에 한 권 책을 읽는다고 해 놓고 못 읽었어요.
> 　　　　　　　　　　　　(내가 약속하고 못 지킨 일)
> ㄴ. 민수는 한 달에 한 권 책을 읽는다고 해 놓고 안 읽었어요.
> 　　　　　　　　　　　　(민수가 약속하고 안 지킨 일)
> ㄷ. 민수는 한 달에 한 권 책을 읽는다고 해 놓고 못 읽었대요.
> 　　　　　　　　　　　　(민수가 약속하고 못 지켰다고 들은 내용)

⇒ 위의 문장에서 다른 사람에 대한 이야기를 할 때는 '못' 보다는 '안'이 더 자연스러운데 이는 그 사람이 약속을 지켰는지 안 지켰는지 그 사실을 내가 확인하는 것이지 상황을 확인하는 것이 아니기 때문이다. 그런데 민수한테 이야기를 들은 것이라면 '못 읽었대요'와 같이 쓸 수 있는데. 이는 민수가 1인칭으로 자기 이야기를 한 것을 전달하는 것이기 때문이다.

(3) 연습과 활용

• 응답 연습

> T: 여러분이 많이 한 거짓말은 뭐 해요?
> T: 부모님/선생님/친구들이 많이 하는 거짓말을 뭐예요?
> T: 사람들이 말만 하고 행동으로 실천하지 못하는 것은 뭐예요?

⇒ 일부러 하는 거짓말이 아니라 말을 해 놓고 지키지 못해서 결과적으로 거짓말이 된 것임을 알려주고 이러한 경험에 대해서 말해 보게 한다.

• 경험 말하기

> T: 자기한테 이렇게 하겠다고 해 놓고 지키지 못한 일이 있어요?
> T: 계획을 했는데 하지 못한 경험이 있어요?

여기서 잠깐 ✋ | '–다고 해 놓고' VS '–다더니'

ㄱ. 매일 5시간 자고 공부한다고 해 놓고 오늘도 늦잠 잤어요.
ㄴ. *매일 5시간 자고 공부한다고 해 놓고 진짜 열심히 하더라고요.
ㄷ. 매일 5시간 자고 공부한다더니 오늘도 늦잠 자고 있더라고요.
ㄹ. 매일 5시간 자고 공부한다더니 진짜 열심히 하더라고요.

⇒ '-다고 해 놓고'는 어떠한 말을 해 놓았는데 그것을 지키지 못하였을 때 사용한다. 반면에 '-다더니'는 들은 사실과 다를 때도 쓸 수 있고 들은 사실과 같아서 조금 놀랐다는 표현을 말할 때도 사용할 수 있다. '-다더니'는 '-다고 하다'와 '-더니'가 결합한 표현으로 '-더니'의 쓰임과 동일하게 사용할 수 있다. 다만 '-더니'는 내가 직접 관찰한 사실이 바탕인 반면에 '-다더니'는 간접화법이 결합하여 내가 들은 사실을 바탕으로 하는 것에서 차이가 난다.